U0467172

自育育人·育人自育

积极心理学视角下的中小学班级治理实践

李春兰　主编

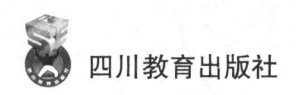

四川教育出版社

图书在版编目（CIP）数据

自育育人·育人自育：积极心理学视角下的中小学班级治理实践／李春兰主编．－－成都：四川教育出版社，2025.1．－－ ISBN 978-7-5408-9331-6

Ⅰ．G632.421

中国国家版本馆 CIP 数据核字第 2025C6D370 号

自育育人·育人自育：积极心理学视角下的中小学班级治理实践
ZIYUYUREN YURENZIYU：JIJI XINLIXUE SHIJIAO XIA DE ZHONGXIAOXUE BANJI ZHILI SHIJIAN

李春兰　主编

出 品 人	雷　华
责任编辑	梁康伟
责任校对	刘世霞
封面设计	庞　毅
版式设计	四川胜翔数码印务设计有限公司
责任印制	李栩彤
出版发行	四川教育出版社
地　　址	四川省成都市锦江区三色路 238 号新华之星 A 座
邮政编码	610023
网　　址	www.chuanjiaoshe.com
制　　作	四川胜翔数码印务设计有限公司
印　　刷	成都新凯江印刷有限公司
版　　次	2025 年 1 月第 1 版
印　　次	2025 年 1 月第 1 次印刷
开　　本	787mm×1092mm　1/16
印　　张	21.5
字　　数	420 千
书　　号	ISBN 978-7-5408-9331-6
定　　价	88.00 元

如发现质量问题，请与本社联系。总编室电话：（028）86365120

编委会

主　编：李春兰

副主编：刘春琰　郭俊梅　何　颖　郭小丽　王　萍

编　委：黄　英　房国臣　贠　欣　熊敬娟　高　燕
　　　　李德生　苏　玥　张华川　唐华芹　覃　叶
　　　　贾　锐　徐永志　罗儒琳　蒋佩岑

序

2010年12月30日,一个平平常常的日子。我接到一通电话,电话里传来欢快的声音:"老师,我的县级名师工作室成立了,我也像您一样,成为导师了!"这位导师就是李春兰。2018年11月,李春兰又成为"成都市第二届名师工作室领衔人"。

在工作室成立之初,她即提出了"自育育人·育人自育"的教育主张。我问她为什么要这么提?有何含义?她告诉我说,老子在《道德经》第四十七章和第五十四章中分别写道:"不出户,知天下;不窥牖,见天道。""善建者不拔,善抱者不脱,子孙以祭祀不辍。修之于身,其德乃真;修之于家,其德乃余;修之于乡,其德乃长;修之于国,其德乃丰;修之于天下,其德乃普。故以身观身,以家观家,以乡观乡,以国观国,以天下观天下,吾何以知天下然哉?以此。"儒家经典《大学》讲:"格物、致知、诚意、正心、修身、齐家、治国、平天下。"儒道经典中蕴含的道理用现代语言表达出来即"每个人成长的核心要义就是自我教育"。"自育育人·育人自育"就是以自我教育为核心的教育理念,"自育"与"育人"的相互作用遵循了马克思主义唯物辩证法关于内外因关系原理的思想,包括三层含义:导师须加强自我教育方能胜任导师之职、学员须坚持自我教育方能担当教师之职、学生须学会自我教育方能适应未来之变。习近平总书记关于党的自我革命的重要思想让我们更加坚定了这一主张,要做一名勇于自我革命的新时代教师。

李春兰名师工作室先后吸纳了50位来自小学、初中、高中及中职的年轻教师作为学员,同时辐射引领其他学校以及少数民族地区的教师参与研修,几乎涵盖了语文、数学、生物、化学、物理、地理、艺术、体育、思政、劳动等全部学科,学员岗位涉及学科教学、班主任、年级组长、教学干事、德育干事、中层管理干部及校级干部。他们自诩为"青春语者",针对6~18岁年龄段中小学生的成长问题,引入积极心理学和教育治理理论,遵循创新教育理念、改变育人策略、勤于实践探索、关注学生成长的自我革命逻辑,开启了一趟跨学科、跨学段、跨类别的教育融合研究之旅,坚守"为每一朵花寻找开放的理由"之教育理想,追寻教育本质,叩问教育真谛!

党的十八大以来，中国特色社会主义进入了新时代，面对"培养什么人、怎样培养人、为谁培养人"这一教育根本问题，工作室坚持以习近平新时代中国特色社会主义思想为指导，进一步明确了研修思路和框架——运用积极心理学理论，在借鉴苏联教育家苏霍姆林斯基的"自我教育"理论和美国心理学家 K.勒温"心理学场论"的基础上，提出并阐释了"积极自我""积极自我教育""'PERMA（帕尔玛）'积极教育场"等概念，经过十多年的努力，逐步将教育主张转化为实践体系；进一步确立了为学生幸福人生奠基的教育价值观，以班级为阵地，以班主任为主导，以班级治理体系和治理能力建设为路径，从建班育人、学科育人、课程育人、协同育人、自主发展等维度基本构建起协同育人体系，并梳理出班主任班级治理能力、教师课堂治理能力、学生积极自我教育能力等指标及评价方法。

也许，这个教育主张的观点还较为浅显、实践还有待进一步细化、理论性和系统性也尚需进一步提炼和梳理、内涵阐释还需深化，但我还是从一个个鲜活的实践案例中看到了他们的思考和行动及其带来的启发意义，看到了老师们在成为"四有"好老师、新时代"大先生"路上的坚定身影，看到了老师们的教育理想正在天府大地生根、发芽、开花、结果！

岁月很长，生命很短，每一个人都显得那么渺小，在庞大而系统的教育工程中，正是因为有无数个像这群"青春语者"一样的教育者，生命之间才有了连接，文明之光才会延续，教育的天空也终将群星闪烁！

成都市教育科学研究院　文春帆
2024 年 3 月

前言

党和国家实施人才强国战略，不仅是为中国特色社会主义事业提供人才保证，更是为了促进每个人全面充分自由的发展。强国必先强教，强教必先强师，加强教师队伍建设、提升教师的育人能力和水平是实施人才强国战略的基础和关键。为更好地强教强师，成都市双流区于2009年启动了"名师工作室"建设，致力汇集名师资源，为青年教师的专业提升和职业发展搭建学习共同体。双流区李春兰名师工作室于2010年12月成立，2018年成为成都市李春兰名师工作室（以下简称"工作室"）。学员们均来自成都市双流区及其他区（县）的小学、初中、高中及职高，以中小学德育与班主任工作为研修方向。工作室成立时，结合6～18岁学生的共同性和差异性特点，借鉴新疆民歌《我们的祖国是花园》的歌词及寓意，拟定了共同理想：为每一朵花寻找开放的理由。尊重学生的个体差异以及在成长过程中所面临的不同的家庭环境、学校教育、社会人文、国际环境、自然环境、虚拟世界等影响因素，以班主任为主导，联合教学团队、家长及其他力量，将心育、德育、美育"三育融合"，开展班级建设及学科教学，为学生提供有温度的教育。通过个性化教育、多元化评价等方式帮助每一个学生成长为最好的自己，绽放出属于自己的精彩，拥有幸福人生。

教育主张

为了实现这个理想，工作室提出了"自育育人·育人自育"的教育主张，鼓励学员们不断提高专业素质和教育能力，增强人文关怀品质，在实践中探索"自育"与"育人"的路径和方法，等待、包容、引导每一个学生健康成长。

"主张"一词最早出自《庄子·天运》："天其运乎？地其处乎？日月其争于所乎？孰主张是？孰维纲是？"其中，"主张"意为"主宰"。随着汉语言的发展，"主张"一词的使用更加多样化，如"见解""提倡""请求权利或索赔"，在教育领域则意为"见解""观点"。

"教育主张"是关于教育的价值取向、教育目标、教育内容、教育实践以及人才培养等问题的根本性、系统化的教育观。在更具体的教育领域所形成的教育观可以表达为教学主张、管理主张、德育主张等,如教学主张是教师对教学的个性化理解和表达,是教师对教学是什么、为什么、怎么样等基本问题的总体看法。

"自育育人·育人自育"最朴素的含义有三层:导师须加强自我教育方能胜任导师之责、学员须加强自我教育方能担当教师之责、学生须学会自我教育方能适应未来之变。作为教育主张,"自育育人·自人自育"坚持为学生的幸福人生奠基的教育价值取向,以学生为中心,以班主任为主导,通过构建"PERMA"积极教育场,推进班级治理体系与治理能力建设,凝聚家长、学科教师、学生、企业、社区等教育主体形成育人合力,实践优势导向的积极教育,以教育者的"自我教育"提升育人能力,并帮助学生形成自我教育能力,实现可持续发展,实现人生价值。

形成背景

指导思想:习近平新时代中国特色社会主义思想是马克思主义在新时代中国的继承、发展和创新,是新时代中国教育系统性改革的指导思想。党的十八届三中全会以来,以教育治理体系和治理能力现代化建设为总目标,全面深化教育领域综合改革,以教育强国建设为中国式现代化提供智力和人才支撑。习近平总书记在二十届中央政治局第五次集体学习时的讲话中提到:"我们要建设的教育强国,是中国特色社会主义教育强国,必须以坚持党对教育事业的全面领导为根本保证,以立德树人为根本任务,以为党育人、为国育才为根本目标,以服务中华民族伟大复兴为重要使命,以教育理念、体系、制度、内容、方法、治理现代化为基本路径,以支撑引领中国式现代化为核心功能,最终是办好人民满意的教育。"习近平总书记关于建设教育强国的论述为工作室指明了研修的方向和实践的路径。

理论依据:工作室以现代治理理论和积极心理学为基本理论,同时结合具体的研究课题,运用国内外各相关领域的先进理论,为教育实践提供科学的理论保障。

"治理"源自古希腊语,原意是控制,引导和操纵,是与"统治"对应的政治学术语。在现代治理理论中,治理是指多元主体围绕共同目标依据一系列治理机制所开展的治理活动,具有目标一致性、主体多元化、客体即主体、权力依赖和互动等特征。习近平总书记从宏观到微观系统阐述了中国式治理的理论体系,包括治理的指导思想、价值取向、治理主题和内容、治理机制、治理行动以及具体的治理策略等,为新时代中国特色社会主义教育治理提供了理论和方法指导。

美国心理学家马丁·塞利格曼于20世纪末创立的积极心理学倡导从心理学疾病模

式转向关注人类优势和美德，被誉为"探索人类幸福的心理学流派"。该理论围绕"积极情绪""积极组织""积极品格"等开展研究，提出"PERMA"幸福五要素模型，包含积极情绪（Positive Emotion）、投入（Engagement）、人际关系（Relationship）、意义（Meaning）、成就（Accomplishment），并从跨文化研究中梳理出人类共有的六大美德共24种积极品格，按照"发现积极品格优势—强化和发展优势—实现蓬勃人生—获得幸福"的逻辑形成理论体系。清华大学彭凯平教授团队于2008年将积极心理学引入中国，在中华优秀传统文化背景下开展应用和实践研究，为新时代中国教育实践提供了理论指导。

实践依据：自20世纪70年代末恢复高考以来，中国教育发展迅速，成效卓著。但是，一些现实问题也在很大程度上制约着中国教育高质量发展，如以升学为主要目标的价值取向限制了学生的全面发展，家庭教育、社会教育的功能没有得到充分发挥而使学校成为教育"孤岛"，学生的主体性发展受限，教育评价机制单一化等。推进新时代中国教育治理，要通过对教育活动的目标、主体、机制、评估等方面进行改革，充分调动各方面因素参与学校治理，建立健全党组织、政府、家庭、学校、社会、企业、学生等多元治理主体的协同育人机制，形成全员、全过程、全方位的三全育人新格局。

主张内涵

主张含义：以幸福人生为教育价值取向，以培养学生积极自我教育能力为目标，实践以优势为导向的积极教育，促进教育者和受教育者全面、充分、自由地可持续发展，在为社会创造幸福的过程中实现人生价值，拥有幸福人生。

核心概念：积极自我、积极教育、积极自我教育三个概念是"自育育人·育人自育"教育主张的核心。"自我"指一个独立的个体人。17世纪的哲学家笛卡尔最早提出"自我"即"自身存在意识"，并且认为其是人类存在的核心。马克思强调"自我"是自然性和社会性的统一体。苏霍姆林斯基的"自我"是指学生，是教师对学生作为人的主体性的认可和尊重。塞利格曼认为"自我"是指每个个体人都拥有很多的天赋、潜能和积极品格，并与外部世界有着积极的互动关系。在继承和发展"自我"这一概念的基础上，本教育主张使用"积极自我"的概念，意为教育活动中的每一位个体人都拥有许多优势、美德和无限潜能，是由核心层、社会层、外显层三个层次构成的统一体（见表1）。积极教育是以幸福为价值取向，发现和培养学生的优势、美德和潜能，统筹学校、家庭、社会等要素构建起以学生为中心的积极教育育人体系，促进学生的主体性发展，实现"PERMA"蓬勃人生的教育活动。积极自我教育是指"积极自我"基于内在动机,根据自身生存、兴趣等内在需求,整合外部条件的作用实现自主发展的教育活动。

表1 积极自我的构成

层次	名称	含义
核心层	心理的积极自我	是一种积极的内隐导向,拥有充盈的内心,更稳定、更易形成积极人格体系,是人发展和成长的内在动力,决定着一个人成为什么样的人
社会层	社会的积极自我	是社会交往及活动中表现出的稳定的积极人格特质,包括积极品格及后续价值观等
外显层	职业的积极自我	指具有专业知识、技能,能胜任某种职业劳动的自我,因其彰显出积极的职业风格而最容易被人识别

机制条件:"教育是有历史性和阶级性的""教育要与生产劳动相结合""每一个人都是劳动者,是历史的参与者和创造者"……马克思关于教育的论述充分说明了任何教育都应当置于现实之中而走向未来。历经磨难的中国从站起来到富起来并正在向强起来迈进,社会的发展、国家的强大为每一个人的主体性发展创造了前所未有的条件,这些条件需要个体的内在转化才能促进发展。

本教育主张的内在机制包括自知、自省、自新、自觉等由低到高的四大环节(见表2),并在新的状态下开启新一轮自我教育循环,周而复始呈螺旋式上升。

表2 积极自我教育的内在机制

机制	内涵	价值
自知	是对自己的觉察,包括身体、心理、道德、知识、技能及思想等,也是对世界的感知,对自我与世界的关系的认知	是积极自我教育的起点
自省	是通过自我意识来省察自己言行的过程。这是积极的、建设性的、愉快的自我批判和自我肯定的过程,即使是不完整也要从中学会成长的过程	是走向积极自我教育的突破口
自新	是指个体根据社会的发展、知识的更新、技术的迭代,开展积极自我教育,主动进行学习和自我重构,以增强个体适应性,促进可持续发展的过程	是破茧成蝶般从旧的自我中诞生新的自我的关键环节
自觉	是一个人的知识、能力和品格的综合表现,是一种不依赖外部约束的自我警觉和自我要求,是思想与行为的高度统一	是积极自我教育达到的最高境界,也是下一个成长循环的新的起点

外部条件是指每一个自我的生存和发展都与其所处的时代和社会发展所赋予的时空条件紧密相连,这些条件包括环境建设、学习资源和激励机制(见表3)。

表3 积极自我教育的外部条件

时空条件	支持系统	具体描述
环境建设	家庭学校社会	人是一种社会性的动物,中国古代思想家荀子说:"人之生,不能无群。"经济、政治、文化、社会、生态等因素及其在家庭、学校、社会的具体表现和相互作用影响着人的发展
学习资源		学习资源有不同的形态。在社会中表现为图书馆、网络资源、"全民阅读"活动等;在学校则表现为通过"课程"满足个性化需求。随着AI时代的到来,学习资源正以前所未见的速度实现数量递增、内容迭代等,影响着每一个人的学习、生活和工作
激励机制		积极自我的发展,需要每个家庭、学校以及全社会变革人才观,构建起能够充分激发优势和潜能的评价体系,包括以尊重孩子个体独立性和差异性的家庭教育评价、以促进学生积极品格发展和能力成长的学校教育评价、以增进公民幸福和社会福祉的国家发展评价,从而建立一个充满生机、蓬勃发展的社会,使人人尽其才,都有出彩的机会

实践路径

实践主题:在推动教育治理体系和治理能力现代化建设的进程中,班级治理、课堂治理是学校最基层的教育治理活动。本主张继承和发展了苏霍姆林斯基的"自我教育"理论和K.勒温"心理学场论",将积极心理学和心理学场论融合应用到教育治理的实践中,以"构建'PERMA'积极教育场,推进班级治理体系与治理能力建设"为实践主题,从治班育人、学科育人、课程育人、协同育人、自主发展五个维度开展研究,建立起以学生为中心,以班主任为主导,整合家长、学科教师、学生、企业、社区等多元主体形成协同育人体系。通过教育者的自我革命引领学生的学习革命,帮助学生从被动学到主动学、从被管理者转变为治理主体,形成适应未来社会的积极自我教育能力,为幸福人生奠定基础。

"PERMA"积极教育场:"场"是物理学家法拉第于19世纪提出的物理学概念。K.勒温将场理论引入心理学,于1936年提出了"心理学场论",他认为个人活动于其中的生活空间是一个心理场。阿尔伯特·班杜拉发展了该理论,认为个人和环境存在着心理场和环境场,这两个场内的全部情况决定着某一时间内的个人行为。

"PERMA"积极教育场是将积极心理学"PERMA"幸福五要素和"心理学场论"融合应用到教育治理实践中,以优势教育为导向,充分挖掘与班级建设、课堂教学相关的各种积极因素，及时发现、处理消极因素并从中挖掘其积极影响，通过这些因素的正向联系和作用形成积极场效应。积极教育场包括显性场和隐性场。显性场的要素如课堂上可见的人、物及事件，学生、教师、课程资源、物质环境、行为等；隐性场的要素如在课堂上不可见的学生的家庭、课堂外的其他人、已经发生的事件、情绪、教师的教育理念与方法、学生的学习理念与方法等。显性场与隐性场的交互作用使同一时空中的教师、学生、教学内容、教学环境之间产生相互影响、相互融合、同构共振的作用，呈现出多元性、民主性、理解性、交互性、契约性、正向性的"积极教育场"的特征（见表4）。

表4 积极教育场的特征

特征	含义
多元性	指班级治理主体是多元的，包括班主任、学生、家长、学科教师等
民主性	指多元主体之间是平等民主的关系，这是建立沟通与对话的前提
理解性	指所有参与者的目标是共同的，价值取向是一致的，都是为了学生的成长，因而能够达成很好的理解性
交互性	指所有参与者之间在信息传递上是相互的，不是师生之间的单向传递，以此实现资源共享、信息互通
契约性	指参与者基于共同的目标制定的班级公约，是大家共同遵守的规则，使每个人形成规则意识，培养学生的契约精神
正向性	指开展优势导向的积极教育，着力培养学生的积极品格，挖掘学生潜能

班级治理八步法：班级治理是以学生为中心，以班主任为主导，激发学生发展的自主性，调动学科教师、家长、企业、社区等各种要素参与班级治理，为学生发展创设条件的教育活动。基于学校与班级的特殊性，以及班主任的差异性，会形成不同的班级治理理念，形成个性化的治理主题，采取不同的班级治理策略，开展不同的治理活动，形成班级特色，彰显师生个性，从而呈现出多元化的班级治理样态。

依据工作室成员的治理实践经验，工作室提炼出了班级治理八步法（见表5）。在实践应用中，班主任可以根据此方法进行班级治理方案的设计、撰写，对班级治理进行预设和研究。在治理实践的过程中形成主题班会、应急预案处理、家长会设计、教育案例、心理健康教育案例等班主任技能大赛的项目内容，不仅能为班主任参赛打下基础，更因其具备政治性、理论性、针对性、系统性、示范性等特点而独具特色，能够展示班主任的治班风采。

表5 班级治理八步法

步骤	主题	含义	表现
1	背景依据	政策、理论、实践所呈现的发展趋势及需求	党和国家的政策发展导向，国内外最新理论发展，国内外发展形势及校情班情等
2	班级文化	育人理念或育人主张	理念的提炼、班训或班级口号的设计以及班级其他文化符号如班歌、班服及班徽等
3	育人目标	结合国家、学校及专业的育人目标而提出的目标	可以设计为总目标和分段目标，是班级育人理念的具体表达
4	育人活动	围绕育人目标而设计的活动框架	梳理学校常态活动、社团活动等，结合班级特色活动，吸纳临时活动，构建育人活动框架
5	机制建设	保持常有机制的前提下，进行机制重构	为了学生及协同教育主体参与班级治理，需要新建治理机构和制度，支撑育人活动实施
6	活动实施	围绕具体育人目标开展的各类活动	针对活动框架中的各种具体活动拟订方案并实施，呈现出丰富多彩的育人形式
7	建设成效	包括成果与效果	教师、学生、家长等各主体的发展及社会效益，特别是学生个体在学业、品格、能力等方面的发展成效
8	问题改进	治理是一个动态的过程，在改进中优化	随着时代的发展或学生的变化不断调整治理方案，完善各环节的不足，优化治理

育人能力指标体系：以"PERMA"积极教育场建设为基础，通过班级治理体系和治理能力建设，构建起积极教育的育人体系，形成了以学生为中心的学生自育、班主任治班育人、教师教书育人、家长家庭教育、企业产业育人、社区治理育人等"育人合力"六大能力指标体系，如班主任治班育人能力指标如表6所示。

表6 班主任治班育人能力指标

维度	指标	具体内涵
综合能力	1. 幸福能力	有积极的职业心态、积极的人格品质，有正确的世界观、人生观和价值观
	2. 观察能力	运用心理健康教育知识观察、引导学生的情绪
	3. 沟通能力	表达、倾听、解决冲突
	4. 写作能力	能进行各种文体的写作并有自己的风格
	5. 审美能力	有一定的艺术修养，擅长一项艺术活动，或者有欣赏艺术的能力
	6. 运动能力	有一定的体育素养，有擅长的体育项目或者能够欣赏体育比赛项目
文化领导能力	7. 文化建设能力	建设积极组织文化，体现积极心理学理念——发现优势和潜力；引导学生"三观"形成，培养独特的班级风格
	8. 机制建设能力	建设以学生为主体的自主治理委员会等，建立班级治理公约（含奖惩制度或救助办法）等制度，关注学生的人格、尊严，促进学生自我教育
学习领导能力	9. 引领学习革命能力	引导学生变革学习理念、学习方法、学习手段；构建4A学习模式，引导学生正确利用网络资源开展学习
	10. 建设学习机制能力	创新学习组织形式和激励制度，促进学生自主学习，为实现学科育人创设条件
	11. 激发学生兴趣能力	尊重学生差异，保护、培养学生兴趣，提升学生综合素质
课程建设能力	12. 充分利用国家课程、校本课程资源能力	挖掘校本课程、社团、心理健康中心、图书馆、教室图书角等资源，为学生成长服务
	13. 建设班会课程能力	结合学生发展实际，建立序列化的班会课程
	14. 开发特色课程能力	充分挖掘家长教育资源，进行课程开发等，多维度培养学生兴趣和潜能
	15. 职业体验和规划能力	引导学生参与校内外各种活动或比赛，体验职业活动，规划职业生涯

续表

维度	指标	具体内涵
数字化能力	16. 数字化思维和应用能力	培养学生的数字化能力，帮助学生适应未来数字化生活
	17. 平台思维和应用能力	综合利用学校、家庭、企业、社区等资源，运用信息平台为学生提供服务、教育和帮助
团队协作能力	18. 人际关系建设能力	在班级内部、班级之间、班校之间、家校之间、校企之间进行沟通与协作
	19. 教师团队建设能力	加强班科联系，发挥学科育人作用
	20. 志工建设能力	调动发挥家长及社区人员的教育作用，为班级中的单亲子女、留守儿童等提供成长指导

实践效益

教育主张的实践应用，促进了学生、教师的成长和学校的发展，扩大了社会影响。

学生成长方面，对培养学生积极自我教育能力、改善班风学风有积极作用，效果明显，以点带面促进学校师风、校风的改善和优化。通过对学生及班级发展情况进行前后测分析，发现学生在学业发展、积极品格、行为习惯、个人特长、综合素质、团队协作等方面都有很大的改善和进步。

教师发展方面，先后参与工作室研修的50位成员有明显的成长变化，全部成员均获得区级及以上荣誉，有1名市特级教师、1名区级教科院业务干部、3名校级干部、32名学校中层干部以及班主任、教研组长、备课组长、教学干事、德育干事等，成为学校发展的中坚力量，实现了"名师工作室"孵化名师的目标。

引领辐射方面，工作室直接或间接引领辐射各类学校超过100所。研究成果通过国家级、省级、市级的教师培训及精准扶贫、乡村振兴等项目加以推广应用，先后为西藏、四川多地的中小学及中职学校开办教师培训讲座、提供结对帮扶。在全国职业院校第二届课程思政交流培训会及全国职业教育联盟云学院开展线下线上的交流和讲座，宣传、推广研修成果，产生了良好的社会效益。

成都电子信息学校　李春兰

目录

001 第一篇 治班育人

003 积极培育自主个体，创新发展幸福班级
　　——积极心理学视角下的普通高中班级治理实践/刘春琰

009 和谐·共生·成长
　　——基于生态学理论的普通高中班级治理实践/郭俊梅

015 循环新生·重现力量
　　——生态文明视域下中职学校的班级环保教育实践/张亚

022 成长在现在，成就在未来
　　——基于企业"7S"管理理论的中职学校班级治理实践/李德生

029 中职旅游专业"文旅融合"型班级治理实践/刘燕

034 槐轩文化润心 班级治理促行
　　——地方传统文化视域下的农村中学班级治理实践/李小彬　林艳

040 和而不同·自主成长
　　——人的主体性思想视域下初中学生自主治理的班级实践/蒋佩岺

050 人人炫彩，多元发展
　　——核心素养视域下的小学班级治理实践/黄英

057 品格教育"闪耀"红领巾
——积极心理学视角下的小学生班级治理实践/王萍

062 "数"说青春，"志"向未来
——以数字教育建设引领民族地区高中班级治理的创新实践/黄建祥

071 / 第二篇　学科育人

073 生活化教学策略在中职思政课中的实践应用
——以"中国特色社会主义"课程为例
/陈嫱　文成忠　王琴　周毅姗　贾锐

080 中职美育课程思政的教学创新实践
——以"一滴水的故事：平面构成"课程为例/房国臣

086 拟写文案悟自然情怀　社区服务扬文化自信
——课程思政视域下中职语文专题教学创新实践/兰燕　王金秀

092 用马克思主义哲学思想培育新时代青年
——中职"哲学与人生"教学创新实践案例/江永梅　赵燕

099 中职"旅游地理"课程思政学历案实践案例/徐永志

107 让课堂成为学生生命生长的地方
——运用SOLO理论实现初中语文学科育人价值/李萍

112 浅谈高中体育教学对学生体育精神的培养
——高中"体育与健康"课程思政的教学创新实践探究/王健

117 让课堂成为孩子释放潜能的舞台
——论积极心理学在城乡接合部初中语文课堂教学中的运用/李道艳

122 中职"心理健康教育"课程思政的教学创新实践/鲍诚

128 中职数学课程思政的教学实践探索/罗儒琳

135 / 第三篇　课程育人

137　中职学校国际化人才培养策略探索/李春兰　刘露

143　文化视域下中职学校教育国际化的实践探索
　　　——以成都电子信息学校为例/谢菲

148　中职学校国际理解教育"三力"校本课程的开发实践
　　　——以成都电子信息学校为例/李德生

153　绿色环保我行动
　　　——生态文明建设背景下的中职学校垃圾分类实践课程
　　　/张亚　李解

161　中职学校汽车维修专业学生职业安全能力培养实践
　　　/孟建　李春兰　刘云志　胡鑫　蒋金局

167　安全与幸福
　　　——汽车维修工职业安全教育校本课程建设
　　　/张燕　兰云　房国臣　肖春华　郑洋　钟奕静

173　成长·幸福
　　　——基于优势视角的高中学生幸福教育校本课程建设实践
　　　/张含凤　贠欣　李春兰

181　青春与责任同行
　　　——初中生责任品格教育系列班会课程建设/郭小丽

187　律己达己，成人成才
　　　——初中学生自律品格培养系列班会课程建设/蒋佩岑

193　好学近知，有难必克
　　　——初中生好学积极品格的培养探究与实践/张华川

199　传承中华美德·建设美好生活
　　　——中职学校感恩品格教育系列班会课程建设实践/负欣

204　小学"三色"劳动课程体系建设实践/黄英　王莉莉

209 / 第四篇　协同育人

211　凝聚家校合力　共育时代新人
　　　——以双流永安中学高中班级协同育人实践为例/熊敬娟　郭俊梅

216　以会为介搭桥梁　家校携手共育人
　　　——中职学校家长会策略优化/赵又苇

221　一体两翼三融合　协同赋能劳动育人
　　　——以四川大学西航港实验小学为例/黄英　张权伟

226　家校的双向奔赴
　　　——积极心理学视角下初中家庭教育指导服务实践/覃叶

235　"1+2+3"家校合力育英才
　　　——基于家校共育的小学班级实践/王萍

239　构建三全育人新格局　培育新时代产业大军
　　　——成都市中职学校电子信息专业职教集团的教育实践
　　　/李春兰　张伟华　贺建波　郭晓凤　税先德　易云霞　黄德开

245　政校企会研同行　产教融合育匠星
　　　——成都市电子信息专业职教集团的建设实践　/谭周辉

250　预测产业人才需求　提升教学改革实效
　　　——校企协同开展电子信息产业人才需求调研的实践
　　　/谭周辉　李明睿　刘翔　郑清　苏炳华　冯军波

255　锚定人才需求　调整人才培养方案
　　　——校企协同开展成都市电气自动控制人才需求调研的实践
　　　/王智勇　易治庆　李明睿　钟孙国　庞大彬

261 / 第五篇　自主发展

263 让自助、互助、他助之花开满班级
　　——高中学生自主学习能力的培养实践 / 刘春琰

268 班主任助力高中生走出心理困境的教育策略探索践
　　/ 陈兴龙　李博文

275 我的班会课我来上
　　——基于治理理论的中职生自主班会课实践 / 唐华芹

281 激发潜能　个性发展
　　——基于多元智能理论建构中职学生发展性评价方案 / 李春兰

288 在一起·融合共生
　　——听障类随班就读学生成长指引策略的小学实践 / 王萍

293 积极品格促成长，教育助残谱新篇
　　——初中随班就读学生积极品格培育的教学实践
　　/ 李韬　郭小丽　苏玥

298 新时代中国志愿服务的发展现状与未来展望 / 贾锐

304 实践志愿服务　厚植社会责任
　　——中职学校志愿服务活动的现状与展望 / 徐永志

308 培育志愿工匠，中职学校在行动
　　——以成都电子信息学校红柳志愿工匠社团建设为例 / 何颖

312 志愿工匠
　　——创造美好世界的重要力量 / 高燕

317 / 后记

第一篇　治班育人

党的十八大以来，在习近平总书记关于教育的重要论述的指引下，以推进教育治理体系和治理能力现代化建设为总目标，教育领域开启了全面深化改革的新局面。教育治理体系和治理能力现代化反映到学校层面，就是学校治理体系和治理能力现代化。班级是学校的核心和基础，是承接学校治理体系和治理能力现代化的基本细胞，推进班级治理体系和治理能力现代化建设是新时代赋予班主任的实践命题。班主任作为班级治理的主导力量，需要深度思考并付诸行动，把班级建设成为新时代青年的成长沃土。

本篇呈现了10个运用"班级治理八步法"开展班级治理的实践案例，来自成都市城镇、乡村及凉山彝族自治州民族地区的学校，包括小学、初中、普通高中及职业高中的班级治理实践。班主任们深度领会和解读党和国家及各级政府部门颁发的法律、政策文件，结合学生成长的阶段特点及成长环境，借助科学理论指导，提出了各具特色的班级治理理念，从学生成长与国家发展和社会进步的紧密关联中选择治理主题并付诸行动。这些班级治理的典型案例从班级文化建设、治理机制创新、治理活动开展以及取得的治理成效等方面作了详细阐述，可以为同类别、同学段的班主任教师带来启发、借鉴和参考。

积极培育自主个体，创新发展幸福班级

——积极心理学视角下的普通高中班级治理实践

本案例以积极心理学、多元智能理论等为学术支撑，让班级建设的顶层设计和实践路径有章可循；以"积极自主治理，多元个性发展"为治班理念，打造"四阶七段"班级育人体系，设置系列治理活动，用积极教育培育幸福生命，旨在促进学生积极自主幸福成长，发展班级综合特色。

一、研究背景

（一）政策依据

中国学生核心素养框架体系包括文化基础、自主发展、社会参与三个维度，自主发展又包括学会学习、健康生活两个方面，这为班级治理目标的确定提供了重要标准。《中小学德育工作指南》指出，要围绕理想信念、社会主义核心价值观、中华优秀传统文化等内容开展活动，形成全员育人、全程育人、全方位育人格局，这是构建班级育人体系和治理活动的重要参考和基本规范。

（二）理论依据

群体动力理论认为，群体生活就是个体与个体、个体与群体之间的互动交流过程，需要有明确的群体目标、条约、纪律和个体目标、角色、任务，它为班级治理中个体与群体关系的处理提供了理论支持。积极心理学的理论逻辑"发现积极品格优势—强化和发展优势—实现蓬勃人生—获得幸福"是班级治理的实践推进依据。多元智能理论提倡"全面的、多样化的人才观"，倡导"积极的、平等的学生观""多种多样的、以评价促发展的评价观"。这些理论指引下的班级治理，需要尊重学生身心发展规律和个体差异，引导学生积极自主地发挥个性特长，建设优秀团队。

(三) 实践依据

成都天府新区籍田中学全面贯彻党的教育方针政策，为党育人、为国育才，坚守"创造全面而个性的教育，让学生拥有更多成长可能"的办学使命，按照"一文两翼、多元发展"办学路径，整体推进学校创新发展。"一文"指学校以"做人讲实在、工作讲落实、业绩讲实效"的"三实"文化为引领，"两翼"指对学生加强自然科学教育和人文社科教育，提供丰富多样的课程和活动供学生选择，满足每个学生的发展需求和兴趣特长，促进其优势和潜能的发展。

农村中学的学生大多数发展路径不明确，学生个体的自主发展愿望和成长幸福感不明显，同时学生家长对学生的心理关怀、常规管理和职业规划等缺少必要的支持。因此，班级育人目标要与学校育人目标一致，营造积极向上的班集体氛围，让学生体验幸福、创造幸福。

二、班级治理理念的内涵与表征

实践中，我们坚持"积极自主治理，多元个性发展"的治班理念，以"培育积极、自主、幸福的人"为育人目标，通过"积极治理、自主合作"的治班策略，着力实现"积极培育自主个体，创新发展幸福班级"的建设目标，用积极教育培育幸福生命。

（一）特色鲜明的班级识别系统

在班集体成立之初，引领学生自主构建特色化的班级识别系统。班名确定为"积极自主班级"，即体现出在积极心理学理论支持下，实施自主管理，促进学生自觉成长与主动发展的班级目标。班徽设计别出心裁，图形的主体为一双翅膀、一把钥匙、一颗心的艺术组合，寓意人人展翅、全班同心，用智慧开启幸福的高中生活，打开幸福的人生之门。班服整体呈现出学生青春昂扬、积极向上的姿态。班歌改编自学生喜闻乐见的《Firefly》，与班徽设计相互呼应。

（二）积极安全的教室文化建设

通过打造"我的美丽教室"，整体设计开放书架、激励之语、和谐之声、管理之墙、魅力之影、幸福之果等板块，让教室里的每一面墙都会"说话"，让教室里的每一项指标都指向育人。围绕班级学期发展关键词设计系列活动，包括课前唱歌活动、课前三分钟演讲、课间体育运动、值日生精彩300秒推荐、每晚新闻速递、感动班级十大人物评选等。活动过程中，让每个小组都有目标任务，让每一位学生都有参与感与获得感，真正实现"小组合作、人人自主"。

（三）个性幸福的寝室文化打造

本着"我的地盘我做主"的原则，在寝室命名、门牌设计、心语心愿墙、内部个性化设计、内务整理等方面，让学生在规范要求基础上创新，个性化表达寝室文化。通过每周评选最美床位、每月评选文明寝室、每学期评选优秀室长等活动，激励每一位学生积极营造温馨的生活环境，过好集体幸福生活。

三、班级治理实践

（一）运行机制

1. 自主治理小组机制

自主治理小组建设包括三个环节——建组、评组、优组。其中，建组指向"人人有事做，事事能做好"的目标，评组坚持"过程性评价＋捆绑式评价"相结合，用过程性记录和发展性评价激励学生发挥扬长思维，积极塑造最好的自己。通过轮岗机制和激励机制持续优化小组建设，保证自主治理小组的良性发展，促进学生全面发展与分层发展。（见表1）

表1 "积极自主班级"自主治理小组建设

环节	建设方式	操作路径
建组	组间同质组内异质	每学期按照"自主选择、小组协调"方式，由学生自主组织。学生以"学业成绩＋品行学分"为选组依据，通过个人与小组之间的双向选择完成小组组建，再通过讨论确定小组成员岗位
评组	过程性评价捆绑式评价	值日生每天进行全面记录和考核，值周班长每周统计公布每一位小组成员的品行学分，班长每月对各小组进行综合评比
优组	轮岗机制激励机制	每一位学生在同一岗位上任职时长原则上为一学期，期满后进行综合性评价，优秀者可作为班级"小先生"，合格者另选其他岗位任职，不合格者继续在此岗位锻炼。获得优秀奖、进步奖的小组可以整体优先选择教室座位，还能实现一项由小组自主提出的愿望

2. 家校共育机制

班级建设中，学生、家长、教师组成发展共同体，共建QQ群，让沟通更畅通；共建微信公众号，让成长留下痕迹。每一个成员不断完善自育能力，让自育与育人相辅相成。家长参与班级治理，为岗位设置、职责拟定、活动规划、评优选先等班级治理活动出谋划策，更有利于班级治理目标和学生自主发展目标的实现。根据家长职业特长和学生发展所需，聘请家长担任学生的校外导师，指导学生生活与学习、心理健康建设与未来职业规划；充分利用家长的校外资源，为学生提供职业体验机会。

3. 多元评价机制

通过每天记录成长档案、每周公布品行学分、每月进行月考评比，设置优秀奖、进步奖、互助奖，完成小组合作学习的过程性评价。通过个人评价与小组评价相结合、过程评价与结果评价相结合、品格评价与学业评价相结合、表现评价与增值评价相结合等多元方式，实现以评促建、以评促改，助力学生健康成长。

（二）治理行动

1. 构建"四阶七段"班级育人体系

"四阶"即将学生的高中生活分为"初高衔接、高一、高二、高三"四个阶段。"四阶"育人目标分别为"悦纳真实的自己""遇见最好的自己""塑造最美的自己""发展最优的自己"，整体呈螺旋上升态势，让学生的成长可见、可评。"七段"是将学生成长时间段细化为初高衔接期和六个学期。每一学期以学期发展关键词为指引，围绕三级课程内容和德育内容递进式选择适切的教育教学内容，引领学生全面而有个性地发展。（见表2）

表2 "四阶七段"班级育人体系

阶段	阶段育人目标	学期发展关键词		阶段教育教学内容	
初高衔接	悦纳真实的自己	衔接期	好奇心、自知	学校文化与班级组织认同，整体感知，准确定位，科学拟订学习计划	
高一	遇见最好的自己	第一学期	热爱、自信	行为规范养成教育，积极心理健康教育，生涯规划教育	寻找适合自己的高中生活习惯和学习方法
		第二学期	欣赏、自主		
高二	塑造最美的自己	第三学期	领导力、自律	辩证唯物主义教育，爱国、爱校教育，积极生活方式培养	优化自己的生活习惯和学习方法
		第四学期	积极、自省		
高三	发展最优的自己	第五学期	智慧、自新	积极科学的世界观、人生观、价值观教育，前途理想教育	用优良的习惯、方法提升和改变自己
		第六学期	创新、卓越、自觉		

2. 整体设计班级系列活动

围绕学期发展关键词设计丰富多彩的班级活动，实现"每天有精彩、每周有期待、每月有主题、每期有特色、每年有成果"。活动主题包括高中生学习、生活、心理健康

等各方面。(见表3)

表3　"积极自主班级"系列活动

主题	内容
每天有精彩	为你读书、值日生精彩300秒演讲
每周有期待	班会课、读书课、社团活动、我爱国学经典
每月有主题	心理健康、艺术体育、学习交流、团队合作、九月诗歌会
每期有特色	小组名片、活动视频、社团汇报、个性发展挑战书
每年有成果	班级台历、作文集、毕业集、硬笔书法比赛

3. 优化班干部岗位设置与人才培养

班级岗位设置包括教学服务岗、生活服务岗、外事宣传岗、班级事务管理岗，每一个岗位职责明确，每位班干部各司其职。班干部培养通过"明确岗位设置—组织自主选聘—注重过程培养—实行学期轮岗—考核评比激励"的建设路径，助推"人人有事做、事事能做好"的班级治理目标的实现。

4. 班刊的创办与发展

学生在高一上学期时自创《墨韵》班刊，编委由1人的"独立军"发展到5人的"合作社"，全面负责征稿、修改、设计、编排、印刷、宣传等工作。每一学期汇编2册班级学生的优秀原创作品。到高一下学期，5人的"合作社"扩展为年级15人的"师生团"，班刊发展成为年级刊，内容也加入了校内与校外、学生与教师的作品。高二上学期时，在编委的努力下，班刊发展成为校刊。它是学校外宣的一张名片，内容涵盖学校文化传播、学校活动宣传、师生原创作品登载等，每月编辑出版一期。

四、班级治理建设成效

(一) 学生个体全面多元发展

经过三年的班级治理，学生的自主发展意识增强，自主规划能力、自主成长动力和幸福力大幅度提升。每一位学生均获得各级各类表彰，一半以上的学生获得校级及以上的荣誉称号。其中5名学生得到成都七中东方闻道网校表扬，8名学生获得成都市和双流区优秀学生干部、三好学生荣誉称号，4名学生获得双流区优秀团干部荣誉称号。学生进入社会后，在各行各业均展现出积极健康的心理品格，呈现出自主发展的良好态势。

(二) 班级整体综合特色发展

高一年级某班参加由成都七中东方闻道网校组织开展的打造"我的最美教室"活

动,在全国 156 个网班中位列第一名。班级每一学年都被评为优秀班级,两次被评为"双流区先进班集体"。在历次考试和各类活动中,班级名次都稳居学校前茅。2015 年全班 54 人参加高考,12 人上一本线,52 人上本科线,创学校高考成绩历史新高。班级整体呈现"各美其美、美美与共"的样态。

(三)教师专业整体快速发展

三年的班级治理过程中,教师和学生互学共长,班主任和学科教师的专业发展迅速。其中 1 人获得成都市优秀班主任称号,2 人次获得市级教育教学成果奖,3 人次获得区(县)级学科带头人、优秀青年教师、教坛新秀等荣誉称号。

四川天府新区教育科学研究院　刘春琰

和谐·共生·成长

——基于生态学理论的普通高中班级治理实践

新时代背景下的学校教育需要引导学生关注自我、关注他人、关注社会、关注人类命运共同体，让学生在学校生活和社会交往中提升个人与他人、个人与班级、个人与社会和谐相处的技能与智慧，从而增强自我生命的幸福指数。基于此，我们借助教育生态学理论和教育治理理论，积极开展普通高中"生态班级"治理实践，旨在引导学生树立正确的世界观、人生观和价值观，助力每一位学生实现与他人、与班级、与社会的和谐共生、幸福成长。

一、研究背景

（一）政策依据

党的十八大报告确立了包括经济建设、政治建设、文化建设、社会建设、生态文明建设在内的"五位一体"总体布局，正式把生态文明建设纳入了中国特色社会主义事业总体布局。2024年全国教育工作会议指出，要着力构建落实立德树人根本任务新生态、新格局。

（二）理论依据

"生态"是指一切生物的生存状态，它与生物生活环境及其他生命体休戚相关、共生共荣，构成了复杂、多元、开放的生态系统。"教育生态学"就是以一种生态的眼光、态度、原理和方法来观照、思考、理解复杂教育问题的理论。

"治理"指在一定的规则约束下，以多种形式共同行使主体性权力，其管理方式可以实现公共利益的最大化。治理主体借助多方力量共同承担责任，其中既有对事务的管理，也有对人和组织的管理；既有对眼前事务的管理，也有对长远事务的管理。班级是学校教育的基本单位，其发展与建设必然受到"生生、师生、生与社会"的影响，采用共同管理模式能形成"共生、共治、共长"的局面。

（三）现实依据

四川省永安中学是一所农村普通中学，学生大多来自农村，生活自理能力较强，思想健康、积极向上，富有正能量，性格多元化，通过学习快速提升自己的意愿强烈，但因其视野格局不开阔、自我教育能力不强，导致学业成绩不理想，自信心明显不足。学生家长大多由于受自身文化水平的限制，只希望通过学校教育快速改变孩子的现状，加之亲子沟通不畅，导致学生学习动机单一、学习状态不佳。学校教师贯彻学校"正心崇德、励志敦行"的教育文化理念，乐于与学生互动交流，但因为教师的流动性较大，不利于班级可持续发展，师生之间、学科之间的互为补充、相互协调也明显不足。

因此，普通中学的班级治理急需增强学生自信心和合作意识，提升学生的自主学习能力、沟通能力和协调能力。

二、生态班级的文化建设

（一）治班理念

"和谐·共生·成长"的治班理念指学生、教师、家长多方形成良性发展的生长共同体，形成彼此合作、协同发展、共同成长的良好生态。

（二）班训内涵

我们将"做人如壁立千仞，为学似海纳百川"作为班训。前句出自"壁立千仞，无欲则刚"，原意是千仞峭壁之所以能巍然屹立是因为没有世俗的欲望；后句出自"海纳百川，有容乃大"，原意是大海之所以能容纳千百条河流，是因为大海拥有宽广的胸怀来容纳。旨在引导学生为人能像千仞峭壁一样坚韧挺拔，为学应有大海一样宽广的胸怀，向下自我沉淀，向上扩展格局，成就自我、发展班级。

（三）治理目标

班级治理总目标为和谐共生、自我教育、幸福成长。意指师生和睦相处、互学共长，在自我发现、自我反思中提升自我教育能力，寻找成就自我的路径。具体目标按照高一、高二、高三不同阶段制订，具体内容涉及适应环境、合作竞争、凝聚力量等。（见表1）

表 1 班级治理阶段目标

目标	内容	具体表现
高一目标	适应环境，人文滋养，构建和谐班集体	学生习惯的培养，班级机制构建的过程实现学生的文化认同，帮助学生和睦相处，适应高中生活
高二目标	民主意识，合作竞争，形成共生班集体	学生合作竞争意识的培养，班级小组合作学习和参与班级治理过程，学生们互助协同成长
高三目标	凝聚力量，开拓视野，成就多元个体	学生自信心的培养，通过凝聚班级力量，在高三奋斗过程中发现自己的潜力，成就美好未来

三、生态班级的治理实践

（一）治理机构

生态班级建设的核心是构建学生成长的良好环境，在环境中建立学生、家长、科任教师、班主任、社会等元素之间的联系，形成成长共同体。

班级内部治理机构包括自主管理委员会和团支部。自主管理委员会由班长及学习部、劳动部、生活部、纪律部等部门负责人组成，团支部由团支部书记及宣传部、文体部、安全部等部门负责人组成。两大机构中各部门的具体职责（见表2）明确清晰又互为补充，他们联合行动负责各类班务的常规管理，保障班级的正常运行。

表 2 班级内部治理机构职能表

部门名称	部门职能
班长	协调学习部、劳动部、生活部、纪律部活动的开展，召开会议，反馈意见，与班主任沟通
团支部书记	协调团员、宣传部、文体部、安全部活动的开展，召开会议，及时反馈，与班主任沟通
学习部	督促学习小组，督促学科课代表，统计学生状况，梳理学生学习问题
劳动部	安排与督促教室、公区、寝室卫生
生活部	维护班级教室环境，关注学生生活需要并及时与班主任沟通
纪律部	维持班级自习纪律、课堂纪律
宣传部	负责班级板报、手抄报制作、班级新闻汇总及班级教室布置
文体部	组织与开展班级活动
安全部	负责班级安全排查和课堂内外安全教导和引导

合作学习治理机构的组成单位是合作学习小组。它是构建学生成长共同体的核心机构，具有负责开展合作学习及自主管理等职能。组长负责统筹小组各类活动的组织

与开展，并督促其他组的建设。每一位组员担任一个或多个学科合作学习职务，作为自主管理委员会一个部门成员并开展相关工作。（见图1）

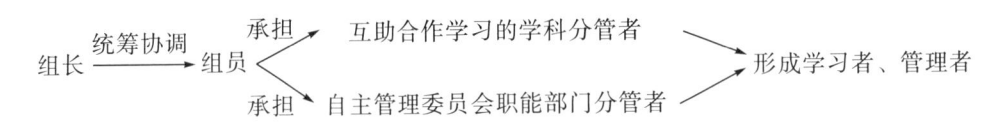

图1　合作学习治理机构图

协同治理机构由班科会（由班主任与科任教师构成）和家委会组成。它是对自主管理委员会、合作学习小组进行指导、沟通、交流、职业规划与监督的治理机构。班主任负责沟通协调科任教师，组织安排学科育人活动和家校联动育人活动。科任教师负责指导学科小组开展活动，落实学科育人任务。家委会组长负责统筹安排家长志愿者，家委会成员负责育人活动的组织与开展。（见图2）

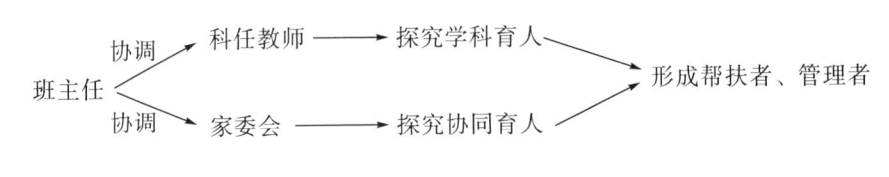

图2　协同治理机构图

（二）治理制度

共治共享制度就是班级所有学生都要参与班级治理的相关制度，它坚持公平公正、全员参与、学生自主、同质异组、整体调控、定期调换原则，由各职能部门部长及学习小组组长组织实施。班主任公开各职能部门职责，通过学生自主报名、公开演讲竞选、全班投票等流程，最终确定自主管理委员会职能部门部长和合作学习小组长。全班按照"组内异质、组间同质"原则分组，小组长结合组员的基础知识、学习能力、心理素质、兴趣爱好等进行综合评估后分配组内职务。有学科特长的学生担任一个或多个学科的组织引领者，负责一项小组常规事务。

文化引领制度是班级统一认知，形成文化认同的治理制度，通过创建班级QQ群、家校协同微信群，实现班级生长共同体的常态交流。宣传部结合治班理念创设班名、班徽等班级文化元素，各小组在组长的带领下创建组名和组徽等，让班级文化、小组文化在潜移默化中引导言行、净化心灵、陶冶情操，发挥文化引领的作用。

评价激励制度是让班级更好地量化记录、激励学生成长的治理制度。为了及时反馈学生在自治过程中的主动意识，通过"平等参与、民主决策"方式制订班级公约、小组综合评比制度、班委干部考核制度、科代表评比制度、宿舍公约、住校生评比制度、清洁卫生打扫公约等一系列制度。所有制度实施均坚持正向表扬的加分原则，用发展的眼光激励学生个性成长。

（三）治理活动

班级治理活动包括学校传统系列活动、班级系列主题活动和协同育人系列活动。每一类活动均围绕班级育人目标确定系列主题，采用不同形式开展。（见表3）

表3 班级治理活动安排表

类型	形式	目标	主题
学校传统系列活动	晋级比赛、劳动实践、社团活动、远足、团体心理辅导、高三誓师	调动学生兴趣，增加集体荣誉感，传承和发扬学校文化	高一：适应与反思 高二：合作与竞争 高三：励志与创造
班级系列主题活动	班级综评引领、主题系列活动	针对性、螺旋式培养学生核心能力，构建和谐共生的生长共同体	高一：爱与生命 高二：思维与创造 高三：突破与超越
协同育人系列活动	学科育人、家长培训系列活动	通过小组合作学习、家长志工培训增强团队合作力，推动班级和个人的共同发展	高一：职业规划 高二：学科育人 高三：协同育人

基于以上活动的梳理，班级系列主题活动将以月为单位安排，根据重大节假日和学生发展需要拟定不同活动主题。例如高一上学期围绕"爱与生命"主题制订主题班会活动。（见表4）

表4 "爱与生命"主题班会活动安排

九月	破冰活动、团体辅导	十月	九月适应小结	十一月	半期小结、后半期规划	十二月	"12·9"爱国主义教育	一月	迎新活动
	传统文化教育		运动会		时间规划		主题班会——价值拍卖		主题班会——诚信教育
	行为规范大赛		初高中学法指导		主题班会——"天生我才必有用"		主题班会——直面人生挫折		学法指导、考试技巧分享

四、治理成效

（一）学生成长

经过三年班级治理，学生逐步正确认识自我、积极发展自我，班级成员积极向上、精诚合作，各方面取得优异成绩。以 2015 级 1 班为例，学生参加竞赛获奖人数为国家级一等奖 2 人、二等奖 3 人、三等奖 5 人，省级 11 人；2 个组学生参加社会探究课题研究获得双流区二等奖；全班 25 人参加校级运动会，23 人获奖。37 人考上本科院校，至今有 19 人考上硕士研究生，其中 1 名学生保送北京大学深造；1 名学生从专科考入白俄罗斯国立大学法学专业。2012 级 2 班被评为四川省优秀班集体，2015 级 1 班被评为成都市优秀班集体。

（二）教师成长

"和谐·共生·成长"的治班理念深入人心，班科教师与学生共同成长的良好班级生态逐渐形成。科任教师陆续担任班主任或在学科教学中取得优异成绩，并将此治班理念进行推广与创新，相继成长为区优秀教师、优秀班主任，多人荣获成都市青年优秀教师、成都市优秀班主任、"成都市秀域美丽教师"、双流区数学学科带头人等荣誉称号；多人多次参加各级各类赛课并获得市级、区级一等奖。

结束语

基于生态学理论的普通高中班级治理具有适应与发展之间的和谐性、共生与竞争之间的创造性、环境与师生之间的主体性等生态特征。只有创设好班级治理的生态环境，平衡好班级治理的生态关系，才可能在生态班级的建设过程中形成积极正向的班级氛围，培养出有潜力、可持续发展的师生群体。

四川省永安中学　郭俊梅

循环新生·重现力量

——生态文明视域下中职学校的班级环保教育实践

党的十八大以来，生态文明与经济、政治、文化、社会共同构成了"五位一体"总体布局，"五位一体"也成为国家发展战略的核心理念之一。在这一总体布局的指引下，全国上下积极响应，出台了一系列切实可行的举措，不断推进生态文明建设走深走实。学校作为生态文明教育的重要阵地，承载着培养学生生态文明意识和社会责任感的重大使命。中学阶段是学生的世界观、人生观和价值观形成的关键时期，开展环境保护实践活动，将"绿色发展"的理念植根于学生心中，不仅有助于他们形成正确的生态观念，更能为建设美丽中国、实现可持续发展培养一批批具有环保意识和社会责任感的新生力量。

一、研究背景

（一）政策依据

习近平总书记在党的十九大报告中指出，建设生态文明是中华民族永续发展的千年大计，明确将推进绿色发展作为加快生态文明体制改革、建设美丽中国的重要任务之一。教育部办公厅等四部门印发《关于在中小学落实习近平生态文明思想、增强生态环境意识的通知》，要求教育行政部门和中小学校要高度重视落实习近平生态文明思想进校园工作，使学生切实增强生态环境意识、提高生态环境保护能力，把学习实践生态文明思想化为学生自觉行为。

（二）理论依据

美国著名认知教育心理学家杰罗姆·布鲁纳认为，发现学习是学习的最佳方式。他提出了关于获得知识与技能的最有效方法和规则，即结构主义教学观。其认为学生有三种基本的内在动机：好奇内驱力（求知欲）、胜任内驱力（成功的欲望）和互惠内驱力（人与人之间和睦相处的需要）。最好的学习动机应该是对所学习的知识本身具有内在的兴趣，对新发现抱有自豪感和自信心，这是学习成功的关键。同时，布鲁纳的学习理论为发现法教学模式奠定了理论基础。教学应该围绕一个问题情境展开，以学生的"发现"活动为主，教师起引导作用；发现教学模式没有固定的组织形式，其最大优点是能最大限度发挥学生在学习中的主体性和创造性。

（三）实践依据

根据对本校学生的调查发现，中职学生的生态环境保护意识与社会发展的需求尚有一定差距。近80%的学生表示，不了解"世界环境保护日"，许多学生并未接受过生态环境保护类课程教育，对于环保知识了解程度较低。在家庭生活中，仅有30%左右的学生有收集可回收废品的习惯。可见，加强对中职学生生态环境保护相关知识的教育，厚植绿色发展根基，开展环境资源可持续利用的实践活动十分必要。

二、实践主题

垃圾分类教育作为生态文明教育及五育并举中劳动教育的一个重要部分，是落实美丽中国建设要求的有效途径。本案例以成都电子信息学校计算机专业学生为对象，在新时代生态文明建设背景下，以垃圾分类为主题开展环保教育实践。通过日常管理、主题活动以及学科融合，提高中职学生对生态环境保护的责任意识和实践能力。

（一）班级理念：循环新生·重现力量

在班主任的引领下，全班同学集思广益，共同确立了"循环新生·重现力量"的班级治理理念。这一理念蕴含着双重深意：第一层寓意为废旧物品经过分类、回收与再造，能够实现循环利用，焕发新的价值活力，体现环保与可持续发展的精神；第二层则进一步将废旧物品的循环利用理念引申至每一个生命个体，寓意每个同学都能在不断循环的人生旅程中，汲取力量，焕发新生。我们秉持"循环新生·重现力量"理念，鼓励学生以积极的心态面对现在和未来，在职业学校学习生活中发掘自身潜力，实现个人价值。

（二）班名及logo设计

班级被命名为"绿色反in实验室"，"in"不仅与"应"音近，更寓意着循环再生将成为一种潮流趋势；同时，精心设计了班级logo，logo以三条绿色箭头的循环为核心元素，象征着环境保护与可持续发展，它与班名及治班理念相呼应。班级logo的整体设计风格展现出班级的开放与包容态度，以及追求时尚、潮流的精神风貌。这一设计

成了班级文化的重要组成部分，引领着师生共同迈向绿色、美好的未来。（见图1）

图1　班级理念及 logo

（三）运行机制建设

班级治理实行小组负责制。班级共 44 人，分为 8 个小组，分别设置组长、副组长各 1 人，组员 3~4 人。每学期轮换一次，确保每一位同学都能在不同岗位上得到锻炼，提升能力。

为了推进班级垃圾分类实践活动，依据《成都市生活垃圾管理条例（草案）》中的相关标准，结合班级实际情况，建立了四类垃圾分类及预处理标准（见表1），以及值周小组评价表。

表1　四类垃圾的具体范围及预处理标准

类别		范围	预处理标准
可回收垃圾	废纸类	未严重玷污的读写用纸、包装用纸和其他纸制品等，如报纸、草稿纸、办公用纸等	应先去除塑料封面、外封套、订针等，并要求做到纸张不揉团、平铺存放
	废塑料类	各种塑料制品，如各种塑料袋、塑料瓶、泡沫塑料、一次性塑料餐具等	要求做到瓶盖与瓶身分离，先清洗后晾晒，统一投放；其他废塑料，若有污染应先清洗，晒干后叠放整齐，统一投放
	废金属类	各种类别的废金属物品，如易拉罐、罐头盒、文具盒等	废易拉罐要求做到先清洗后压扁，统一投放；其他废金属统一投放
	其他类	上述以外的可回收垃圾	纸板、牛奶盒、贺卡等要求压扁平铺存放
餐厨垃圾		指学校食堂产生的有机易腐垃圾，包括剩余的食物，如米饭、面包、肉类、骨头、瓜果皮核等	统一投放

续表

类别	范围	预处理标准
有害垃圾	包括废荧光灯管、废电池、废涂改液、废温度计等	采用"什么时候产生什么时候回收"原则,及时放置于校园有害垃圾回收箱内,避免对学生产生伤害
其他垃圾	包括除上述几类外,其他被污染的废纸、纸巾等难以回收的废弃物	废弃的卫生纸、湿巾纸等统一投放

三、实施过程

(一)种子着床——通过班会课丰富关于垃圾分类的认知

垃圾分类教育重在教育与劳动相结合。通过五大主题班会课(见表2)的实施,同学们全面了解了国内外生态环境的污染状况,以及垃圾回收处理现状。在此过程中,同学们深刻认识到环境问题的严峻性和改善的紧迫性,进一步激发了他们保护环境的责任感和使命感。因此,在班会课的引导下,同学们达成共识,一致决定在班级内部推行垃圾分类,以实际行动为改善环境、保护地球贡献自己的一份力量。

表2 五大主题班会课列表

序号	主题	主要内容	课后作业	达成目标
1	我们的地球	观看纪录片《家园》(主要内容:人类发展至今,地球的宝贵资源慢慢消耗殆尽,珍稀物种灭绝,污染日益严重,面对这一切,我们的明天将何去何从)	观看纪录片《塑料海洋》(主要内容:记录塑料对海洋生态的极大影响)	感受地球之美,了解地球污染日益严重的现状,引导学生关注生态环境问题
2	我生活的地方	观看纪录片《碳路森林》	思考:作为中职学生,怎样让我们生活的环境越来越好,并分小组进行汇报	引导学生思考,初步培养学生调查研究能力、团队协作能力、语言表达能力
3	环境问题怎么办	1.分小组就上次班会的作业进行汇报分享 2.观看垃圾分类回收纪录片	调查:通过查阅资料、上网搜索等方式,进行资料收集,看看各个国家是如何进行垃圾分类的,并就这一主题进行汇报	初步接触垃圾分类知识

续表

序号	主题	主要内容	课后作业	达成目标
4	你会分类吗	1. 垃圾分类标准 2. 常见的垃圾处理方法 3. 各国垃圾分类处理的优秀经验	/	资料收集、小组协作、拓宽视野
5	循环新生 重现力量	1. 制订《班级垃圾分类实施办法指南》（简称"《指南》"） 2. 制订《班级垃圾分类实施评价办法》（简称"《评价方法》"）及《值周小组评价办法》 3. 总结实施过程，修订《指南》《评价办法》	按照计划执行、观察并反思总结	利用PDCA循环改进机制，不断制订、执行、修改、再执行，构建出学生关键能力培养闭环体系

（二）幼苗萌发——通过垃圾分类行动提升环保实践能力

根据成都市学校生态环境教育工作要求，班级以实践小组为单位，结合周、月、期的评价任务，组织开展教室生活垃圾分类行动。切实把劳动教育融入教育全过程，努力弘扬劳动精神、工匠精神，进一步强化学校文化育人功能。

各小组以周为单位负责组织全班集中开展教室垃圾分类回收工作，由值周小组负责组织垃圾投放和情况登记（见表3）。每天晚自习前，值周小组将班级学生分类收集好的垃圾送到班级专用垃圾房存放。其余未值周的小组，由组长及副组长对值周小组工作情况进行评价。

表3 垃圾分类实践小组职责表

人员	工作职责	备注
负责人	督促各小组按时开展工作	/
组长	1. 负责组内人员工作分工，督促组内人员按时按责开展工作，填写评价表 2. 组织组员进行垃圾转运 3. 为轮值小组填写评价表 4. 其他临时工作	/
副组长	1. 协助组长开展相关工作 2. 组织组员进行垃圾转运 3. 为轮值小组填写评价表 4. 其他临时工作	如遇组长请假未在岗，暂领组长工作

续表

人员	工作职责	备注
组员	按照组长的分工，开展工作： 1. 13:00、18:30 集中开展回收工作 2. 组员 A、B 负责回收可回收类垃圾 3. 组员 C 负责回收其他类垃圾 4. 进行垃圾转运工作	/

（三）枝繁叶茂——学校餐厨垃圾处理科普行动

垃圾分类教育作为生态文明教育和劳动教育的一部分，可以多种教育形式拓展和延伸。依托学校食堂的厨余垃圾智能处理器的设备条件，开展相关教育实践活动，具体活动流程包括活动准备、活动实施、总结反思、宣传推广。（见表4）同时结合中职学生专业特色，完成公益宣传海报的设计制作，开展科普宣传活动，强化学生的社会责任，让低碳理念从校园延伸至家庭、社区，最终辐射社会。

表4 "厨余垃圾处理一体机智能化工作参观与调查"主题教育活动流程

阶段	活动内容
活动准备阶段	调查身边的家庭日常产生的厨余垃圾量和处理方式，思考他们的处理方式是否正确
活动实施阶段	通过现场展板读、技术人员知识讲解、现场工作演示、互动采访等方式，了解传统填埋和焚烧的处理方式对我国土地所造成的污染与危害，认识到新技术对厨余垃圾处理的可行性和实用性
总结反思阶段	总结本次活动的收获，并填写《活动学生调查与评价手册》
宣传推广阶段	结合计算机专业课程，以已学的平面设计课程、手工课程为基础，分小组进行宣传海报的设计与制作工作

四、实践成效

（一）激发兴趣，学会学习

本案例中，垃圾分类教育为学生搭建了较为自由的平台，为学生的自主管理、自主选择、自主教育提供了条件，充分发挥了学生自我教育的主观能动性，让学生在实践中学会自我管理、主动学习。目前，该班学生已进入大学学习，活跃在各类学习社团中，其中有6人担任新班级班干部，13人担任社团干部。

（二）尊重个性，多元发展

生态文明视域下的班级治理充分尊重学生的个性特长，鼓励学生进行自我教育和多元发展。3人次代表学校参加2019年成都市第三十五届青少年科技创新大赛，获得一等奖和当代英才奖；4人次参加成都市教具制作比赛，获得二等奖；多名学生荣获"双流区三好学生"称号。经过三年努力，全班同学均升入大学继续深造，其中3人进入对口本科院校学习，41人进入对口专科院校学习。本科人数、专科上线率均高于学校同类班级。

（三）培养习惯，固化品格

当良好的行为习惯成为自然，品格提升就会随之实现。由于垃圾分类工作的组织架构与班级学习管理的组织架构高度重合，班级成员之间频繁合作，班级凝聚力快速提升，学生个体的行为习惯得到了很大改善。学生在活动中塑造的自信、合作、坚持、节俭等品格为他们的成长和未来发展赋能，助力其成为具备高度社会责任感和良好道德修养的新时代青年。

成都电子信息学校　张亚

成长在现在，成就在未来

——基于企业"7S"管理理论的中职学校班级治理实践

现代企业"7S"管理制度源自日本平野裕之提出的"5S"管理理论。就读中职学校的学生正处在"学校人"向"准职业人"及"职业人"的成长过渡时期，在班级治理中转化运用企业"7S"管理制度，实践校企合作"双元"育人，培养适应现代企业制度的技术技能人才，可促进学生在积极品格、行为习惯、专业技能等方面成长发展，为未来的职业生涯和幸福生活打下坚实的基础。

一、研究背景

（一）政策依据

中职教育的根本任务是立德树人，促进学生多样化成长。《国家职业教育改革实施方案》《中华人民共和国职业教育法》《职业教育提质培优计划》等纲领性文件均提出了促进产教融合、校企"双元"育人，坚持知行合一、工学结合，促进学生德技双修，增强职业适应性的要求。

（二）理论依据

霍华德·加德纳的多元智能理论认为，人的智能是多元的和存在差异性的。积极心理学提倡在"以人为本"的理念下，致力研究人的发展潜力和美德，主张以人潜在的具有建设性的力量、美德为出发点，用积极的心态对人的心理现象和问题做出解读，从而激发人自身内在的积极力量和优秀品质。

（三）实践依据

中职学校从规模发展走向内涵发展阶段，须在学生人才培养质量、教师教育教学水平、学校文化建设等方面进行提升，为学生成长提供更好的育人环境。我们班级为电子专业中高职衔接班,学生在学习习惯和行为习惯方面多有待提高。

二、实践主题

(一)治理理念:成长在现在,成就在未来

中职教育的目标是培养具有文明懂礼品质、自信乐观气质、创新创业特质的高素质技术技能型人才。企业衡量的标准就是学生的职业素养,特别是责任意识、纪律意识、言行规范和专业技能。因此,在班级治理中我们提出了"成长在现在,成就在未来"班级治理理念,借鉴企业"7S"管理制度实施标准化、规范化、精细化、持久化的班级治理,让学生体验和感悟现代企业制度,养成良好的职业素养,为学生现在的学业、将来的职业和未来的事业奠定坚实基础。

(二)企业"7S"管理内涵

企业"7S"源于日本的"5S",指在生产现场对人员、机器、材料、方法等生产要素进行系统管理的方法。其内容包括Seiri(整理)、Seiton(整顿)、Seiso(清扫)、Seiketsu(清洁)、Shitsuke(素养)、Safety(安全)、Saving(节约),因其均以"S"开头,因此简称"7S"。(见表1)

表1 企业"7S"管理内涵

要素	内容	目的
Seiri(整理)	要与不要,留去果断	腾出空间,活用空间
Seiton(整顿)	规划区域,各就各位	物品一目了然,减少寻物时间
Seiso(清扫)	环境设备,清扫干净	保持场所清洁,减少环境损害
Seiketsu(清洁)	清爽干净,持久保持	维持上面"3S"成果
Shitsuke(素养)	恒久保持,习惯自然	养成规范素质,营造团队精神
Safety(安全)	安全生产,重于泰山	建立安全环境,保证健康成长
Saving(节约)	节约成本,点滴做起	物尽其用,绿色环保

(三)育人目标

按照企业"7S"管理要求,我们将"7S"管理与学校常规管理结合,从学生日常生活入手,细化为教室"7S"、寝室"7S"、实训室"7S"、食堂"7S"等一系列管理规范。在具体行动标准指引下,班级育人目标设置为"树立劳动精神,整顿现场物品,清洁校园空间;培育工匠精神,改善环境品质,提升职业素养",致力使学校教育与企业要求接轨,提升企业对人才的满意度。

三、班级"7S"治理行动

(一)运行机构

基于班级和学校的实际情况,为有效推进班级"7S"治理活动,我们在班级里建立了一个推进组织——"7S"推行委员会,其组织结构(见图1)包含班级治理的各个方面。各委员各司其职,对"7S"活动进行全面的组织、监督、管理和考核,切实保证"7S"治理活动的持续推进。

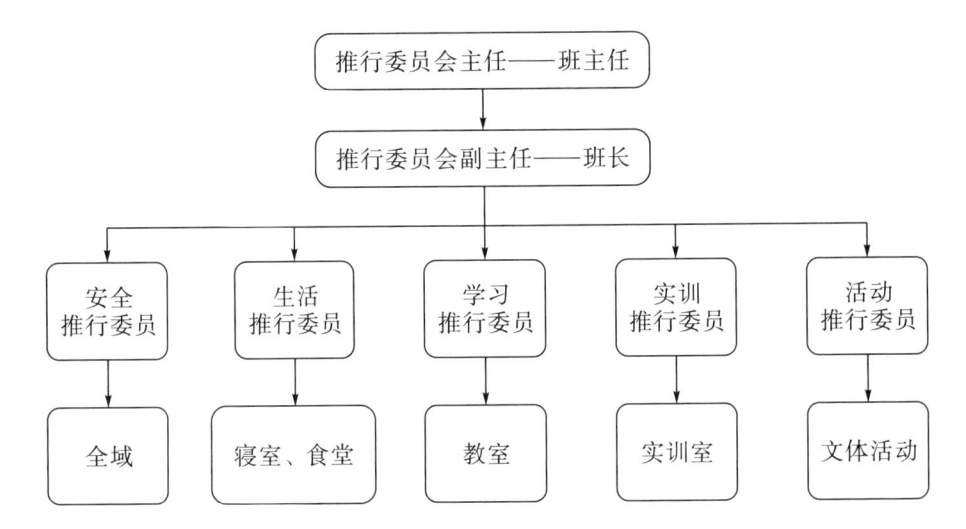

图1 班级"7S"推行委员会组织结构图

(二)制度建设

将"7S"管理融入班级治理,让学生提前适应企业的生产环境和管理,使学生在学校学习企业规范和行业流程,培养学生良好的行为习惯和职业素养。根据学校和班级的实际情况,建立班级整理、班级整顿、班级清扫、班级清洁、文明素养、日常安全、能源节约等方面的相关制度,因时制宜地确定"7S"实施区域并制订考核标准。(见表2)

表2 班级"7S"实施区域及考核标准

要素	区域	考核标准
Seiri(整理)	教室	课桌整理标准、地面整理标准、物品整理标准
	寝室	床铺整理标准、橱柜整理标准、地面整理标准、用品整理标准
Seiton(整顿)	教室	课桌椅整顿标准、地面整顿标准、物品整顿标准
	寝室	床铺整顿标准、橱柜整顿标准、地面整顿标准、用品整顿标准

续表

要素	区域	考核标准
Seiso（清扫）	教室	课桌椅清扫标准、地面清扫标准、物品清扫标准
	寝室	床铺清扫标准、橱柜清扫标准、地面清扫标准、用品清扫标准
Seiketsu（清洁）	教室	课桌椅清洁标准、地面清洁标准、物品清洁标准
	寝室	床铺清洁标准、橱柜清洁标准、地面清洁标准、用品清洁标准
Shitsuke（素养）	全域	仪容仪表素养标准、文明礼貌素养标准
Safety（安全）	全域	用电安全标准、活动安全标准、财产安全标准、信息安全标准
Saving（节约）	全域	节水标准、节电标准、节纸标准、废品回收标准

1. 落实区域标准，明确考核方式

在班级"7S"实施区域中，我们选择把教室、寝室作为"7S"管理考核区，把实训室、食堂、校园内外作为奖励区，并制定了考核要点和考核方式，考核总分为100分。（见表3）

表3 班级"7S"实施区域考核要点及方式

区域			好习惯考核要点	考核方式	考核人
考核区	班主任责任区	教室（30分）	离开桌子凳归位，果壳、纸屑指定放，课本资料用品有序理	过程考核	班委+班主任
		寝室（30分）	保持整洁卫生，保持规律作息，爱护公共财物，养成良好习惯	过程考核	班委+班主任
奖励区	学生相互监督区	实训室（20分）	一着一带：着工装进实训室，佩带校牌进实训室； 一定一齐：操作岗位固定，用品摆放整齐； 一点一检：实训前后工具清点，设备点检； 一理一还：实训结束时整理清扫，归还工具； 一关一断：实训后关闭开关，切断总控电源	自评+互评	本人+班委
	学生自律区	食堂（10分）	按秩序排队，保持安静；吃多少买多少，不浪费粮食；保持桌面干净；饭后把餐具按要求放到指定位置，椅子摆好	自评+公示	本人
		校内外（10分）	安全第一，使用礼貌用语，爱护公共财物，崇尚节约环保	自评+公示	本人

2. 实行"牵手、手拉手、放手"的习惯培养方式

（1）牵手——教给学生怎样做

以两周为一个时段确定"7S"习惯培养目标，选定教育主题和训练项目，做到体系化、具体化、可操作化。家长和教师在课桌整理整顿、叠被、工装校服折叠、工具箱整理、衣橱整理、洗漱用品整顿、清洁卫生等方面给予学生耐心示范指导，手把手教，确保人人能学会，提高学生的生活技能，让他们感到"我能行"。

（2）手拉手——让学生在合作与竞争中共同提高

指导学生制订分阶段目标，鼓励学生和自己比一比，再和他人比一比，以此实现由他律向自律的转变，促进学生"人人发展，个个成长"。

（3）放手——让学生去实践

围绕教育主题规划具体项目，调动学生"我要做"的积极性，助力学生在实践中形成好习惯。如在"光盘行动——我在做"主题活动中，让学生知道"谁知盘中餐，粒粒皆辛苦"和"俭以养德"的深刻内涵，杜绝铺张浪费，在实践中养成勤俭节约的良好习惯，培养优良品质。

（三）构建多维度习惯评价机制

人人都期望自己成长，都乐意看到努力付出后所取得的成功。在班级"7S"治理活动中构建起评价内容全域化、评价主体全员化、评价方式多元化的评价机制，充分运用评价的激励导向功能，发挥榜样的示范作用，以此提升学生养成良好习惯的自觉性和积极性。

1. 评价内容全域化

根据学生实际，把习惯分成教室好习惯、寝室好习惯、实训室好习惯、食堂好习惯、校园内外公共区域好习惯等部分，每月定时进行考核评价。只要符合规范要求都可以评为"7S"模范标兵，其意义在于让每一位学生能看到自己的细微点滴成长，收获到成功的愉悦。

2. 评价主体全员化

企业"7S"的核心理念之一是人造环境、环境育人。人人动手共同建设一个良好的学习场所和实习实训环境，有助于学生愉快地学习与实训，发展良好的职业素养。这要求学生随时随地保持教室、寝室、课桌、工作台上物品整齐清洁，统一物品的摆放位置，严格要求按位置有序摆放学习用品、工具等。为促进学生好习惯的养成，在班级"7S"治理下实行专人承包的岗位责任制，让学生成为评价的主体，由专人负责发型检查、校牌佩戴、工装穿戴、课桌整洁摆放、讲台整理、板凳进课桌、财物安全、板报宣传、工具柜摆放、课间操检查等任务。承包人每天提醒、督促、评价，全心全意为同学们服务，督促大家共同朝"7S"管理的规范迈进。

3. 评价方式多元化

对学生各种习惯养成情况进行过程性评价。每周开展当周短期性评价，半期开展阶段性评价，期末开展总结性评价，采用实事求是评自我的自我评价、三言两语话同学的学生互评、公正客观评孩子的家长点评、总评激励提希望的教师总评相结合的方式进行全方位评价。

四、治理实效

（一）改善了学生行为规范

经过三年持续的指导、培训、评价，每一位学生均能达到"7S"标准要求，均养成了每天进行整理、整顿、清扫的良好习惯。在全校班级教室、公区卫生评比中获得学校一等奖；在寝室评比中，3个寝室被评为五星寝室，2个寝室被评为四星寝室，2个寝室被评为三星寝室；班级在学校德育量化评比中名列前茅；学生在家中的行为规范也有很大程度的改善。

（二）促进了学生全面发展

1. 学习成绩方面

在班级建设中，注重学生的行为习惯、学习习惯培养的同时，学生成绩稳步上升。从入校到毕业时，学生的年级排名逐年提升。（见表4）

表4　XX届电子3班成绩纵横向比较表

名次	阶段						
	入口	第一学期	第二学期	第三学期	第四学期	第五学期	第六学期
前10名	0人	0人	2人	0人	1人	2人	升入公办高职院校的有50人，民办高职院校的有2人
前20名	0人	0人	4人	2人	2人	4人	
前40名	0人	4人	11人	9人	13人	15人	
前60名	0人	8人	22人	16人	20人	23人	
前100名	5人	16人	40人	36人	38人	41人	

2. 综合素质能力方面

28名学生获得过校级及以上的荣誉称号，其中6名学生获得双流区"优秀学生干部""三好学生"称号，4名学生获得双流区"优秀团干部"称号。

（三）促进了班级的综合特色发展

班级"7S"治理是落实学生素养教育的重要途径，是学生主动作为、自我反思、自我约束、自我矫正、自我提升的过程。正所谓"牵一发而动全身"，学生形成了良好的生活习惯和行为习惯，形成了积极品格，也提高了学业水平和学习成绩。班级3次被评为校级优秀班级、2次被评为校级优秀团支部、1次被评为区级优秀班集体。在汉字听写比赛、运动会、歌唱比赛、专业技能大赛等各级各类评比中，获得集体荣誉16项。一个班风正、学风浓、积极向上的组织系统逐渐形成。

成都电子信息学校　李德生

中职旅游专业"文旅融合"型班级治理实践

中职学生正处在世界观、人生观、价值观形成的"拔节孕穗期",对其教育的成效直接影响着学生未来的职业和生活。我们依托中职学校旅游专业开展"文旅融合"型班级治理,探索以文塑旅、以旅彰文、推动文化和旅游深度融合发展的治理策略,培养适应景区讲解、导游服务岗位工作的文化旅游产业高素质高技能文旅融合型人才,使之成为建设文化强国的新生力量。

一、研究背景

(一)政策依据

2021年,习近平总书记对职业教育工作作出重要指示,强调要增强职业教育适应性,加快构建职业教育体系,培养更多高素质技术技能人才、能工巧匠、大国工匠。针对文化旅游产业发展,习近平总书记指出,文化产业和旅游产业密不可分,要坚持以文塑旅、以旅彰文,推动文化和旅游融合发展,让人们在领略自然之美中感悟文化之美,陶冶心灵之美。这为中职旅游专业学生的专业发展指明了方向。

(二)理论依据

积极心理学中积极的人格特性(positive personality)存在两个独立的维度——正性的利己特征(PI:positive individualism)和与他人的积极关系(PR:positive relations with others)。前者是指接受自我、具有个人生活目标或能感觉到生活的意义、感觉独立、感觉到成功或者是能够把握环境和环境的挑战;后者则指当自己需要的时候能获得他人的支持,在别人需要的时候愿意并且有能力提供帮助,看重与他人的关系并对于已达到的与他人的关系表示满意。

(三)实践依据

中职学校旅游专业坚持落实立德树人根本任务,以培养德技并修的专业人才为目标，培养从事导游服务、旅行社对客服务、研学旅行服务等岗位工作，具有良好的职业道德、心理素质、服务意识与素养，掌握旅游服务相关技能，具备突出的应变能力，德、智、体、美、劳全面发展的高素质人才，帮助学生胜任旅游企事业单位实际工作岗位。

二、班级文化

（一）治班理念

为将班级建设成为"文旅融合"型班级，将学生培养成为具有高水平旅游专业技能和文化知识的"文化使者"，班级治理坚持"唤醒、赋能、出彩"理念，旨在唤醒学生正确的自我认知，为学生成长提供需要的支持与帮助，助力学生提升专业能力，形成积极品格，为获得幸福人生奠定坚实的基础。

（二）育人目标

班级治理理念同时也蕴含着"三阶"育人目标：高一唤醒、高二赋能、高三出彩，各阶段具体目标及相应实施策略如表1所示。

表 1　班级阶段目标与实践策略

	高一唤醒	高二赋能	高三出彩
阶段目标	1. 厚植家国精神，培养文化认同，构建"格物致远"育人环境 2. 树立目标，夯基提能	1. "精专深文"，树立文化自信 2. 形成专业文化特色化的班级	1. 卓越出彩，文化传播，成为中华优秀传统文化的传播者 2. 建成传承和弘扬中华优秀传统文化班级
实施策略	1. 定班规、明目标，确定职业生涯规划 2. 实施班级"五自"管理、"全人教育" 3. 开展相关主题活动，以活动育文化	1. 开展相关主题活动 2. 搭建三维成才平台、学生评价数字化网络平台 3. 持续推进班级"五自"管理、"全人教育"	1. 优化教育手段 2. 开展多方评价 3. 开展各类竞赛活动 4. 实现阶段职业生涯目标

（三）系列活动

"文旅融合"班级围绕以文崇德、以文笃学、以文思美、以文强体、以文尚劳系列教育主题，构建"文旅融合＋五育并举"系列活动。学生参加社团、竞赛、竞技、志愿者服务等活动，在活动中完善人格、提高人文素养，增强班级凝聚力。（见表2）

表2 班级"文旅融合＋五育并举"系列活动

阶段	活动类型				
	以文崇德（德育活动）	以文笃学（智育活动）	以文思美（美育活动）	以文强体（体育活动）	以文尚劳（劳育活动）
高一年级	开展"强国有我，请党放心"演讲活动	开展"新学期认识专业"主题活动	参加各项专业相关的兴趣社团	组织班级专业体能训练——拔河、篮球赛等活动	开展学雷锋活动
	开展"班级文化阵地我设计"活动	职业生涯规划活动	开展以"感恩"为主题的活动	组织开展"疫情下的公民卫生"知识竞赛	开展"爱国卫生"运动
	开展"学百年党史，话青春"活动	开展疫情下的学生导游讲解活动（线上线下形式）	开展"美德"手抄报活动；开展"心怀梦想，美梦同行"活动	开展专业知识竞赛、技能大比拼活动	开展致敬"劳模"活动；开展致敬"工匠"主题班会活动
高二年级	开展五四、"一二·九"青春红歌赛活动	定期开展"品味中华文化经典"活动	开展"品味一首诗、一幅画"活动	组织训练学生参加学校课间操比赛	开展疫情期间家务大比拼活动
	开展"微班会——诗词会"诗词分享活动	开展"疫情下假期共学"活动	开展每日"礼仪站姿"训练	组织开展"内务"整理活动	开展"人人皆有责"活动
	参加学校"心理活动月"心理趣味活动；开展"宪法我知晓"活动	开展"文化经典"讲解活动；开展旅游行业观摩活动；开展校企共育活动	开展"班级之星"选拔宣传活动	开展以"合理饮食，健康成长"为主题的系列班会课	邀请学校"劳模"进班讲述自己的故事
高三年级	开展学月"微班会——思政小课堂"活动	开展"导游基础知识"系列竞赛活动	开展"生活中的美与丑"主题活动	组织学生参加高三年级运动会	开展劳动工具设计活动
	开展"法治课堂进班级"系列活动	开展学生技能大赛，以赛促学	开展"做一件美事"系列任务	组织开展"爱国卫生"运动	开展学生劳动技能展示活动
	定期开展团体辅导活动；开展"致敬百年百人"系列活动	持续开设国际理解课程；持续开展校企共育活动	开展"礼仪进社区"活动；参加高职院校选拔考试"仪容仪表"展示	开展以"青春期身心健康发展"为主题的系列班会课	开展展示旅游人风采活动

三、运行机制

（一）机构建设

一是开展小组自治，实施"五自"管理——自我管理、自我教育、自我服务、自主学习、自主评价。二是建立"三维育人"学生成长共同体，组建家委会、班科联系会、行业指导委员会，实施家校社协作。

（二）制度建设

结合班级专业特色和班级学生发展现状，搭建班级学生综合素养评价平台，建立学生成长评价体系，开展过程性和终结性评价。（见表3）

表3　班级学生成长评价体系

崇德	笃学	思美	强体	尚劳	实践
德育学分评价	学业成绩考核评价	学生活动评价	心理量表测试与体质健康测评	家校劳动评价	行业实训实践评价

（三）活动实施

"以文崇德"系列活动以"文化建设"为核心，组织开展思政正德、文化润德、心理育德、道法明德、中国精神等主题活动，让学生在活动中培塑优良品德，并能润德于心、实践于行。

"以文笃学"系列活动以兴趣培养、学习力培养、实践创新、多方共育为目标，通过"认识我的专业"活动、"文化浸润式"班会活动、旅游行业观摩活动等，让学生在活动中掌握学习方法，了解专业背景，丰富文化内涵。

"以文思美"系列活动包括欣赏美、传播美、践行美、成就美，通过开展每日礼仪站姿训练、感恩主题"520"教育活动、各类兴趣社团活动等，全面培养学生认识美、爱好美和创造美的能力。

"以文强体"系列活动围绕"强体"目标，开展活动强体、卫生强体、身心健美活动，如组织学生参加课间操比赛、组织班级拔河比赛、班级内务打扫活动、公民卫生知识竞赛活动等。

"以文尚劳"系列活动围绕"尚劳"目标，通过家务大比拼活动、劳模进班级活动、爱国卫生运动等相关主题活动，培养学生的劳动观念、劳动习惯、劳模精神和工匠精神，促进学生形成正确的劳动态度和价值观，更好地适应社会劳动需求，提升就业竞争力。

四、实践成效

（一）学生发展

经过三年的班级建设，学生成长成果显著。班级被评为区优秀班集体1次、校优秀班集体1次、校优秀团支部1次，集体活动项目获奖9次。全班学生单招上线率为100%，其中上线公办专科院校32人，占全班人数的86%。学生个体发展良好，团员人数从1人增加至6人，4人参加学生会工作，参加艺体社团的学生从3人增加至8人，参与行业实践的学生人数从1人增加至37人。

（二）教师发展

在稳步推进"文旅融合"型班级建设中，班科教师多人荣获成都市优秀班主任、成都市最美中职班主任和校级优秀共产党员等荣誉称号。教师参加四川省中职学校班主任能力比赛获省级三等奖、市级一等奖。指导学生参加全国职业院校技能大赛酒店赛项，多人分获国家级三等奖、省级一等奖、市级二等奖。教师主编的"十三五"规划教材《全国导游基础知识》在各大中职学校使用。

成都电子信息学校　刘燕

槐轩文化润心 班级治理促行

——地方传统文化视域下的农村中学班级治理实践

中华优秀传统文化是前人留下的宝贵财富，源远流长。我们借助成都市双流区彭镇本土教育资源优势，充分发挥"槐轩文化"在班级治理中的积极作用，将本土"槐轩文化"中"仁义礼智信"的"五常"观念融入师生教育学习中，将"槐轩文化"的家风治理融入家庭教育中。

一、研究背景

（一）政策依据

习近平总书记在庆祝中国共产党成立 95 周年大会上提出，要坚持"四个自信"，特别强调文化自信的重要性。2023 年，习近平总书记在参加十四届全国人大一次会议江苏代表团审议时强调，我们的教育要善于从五千年中华传统文化中汲取优秀的东西，同时也不摒弃西方文明成果，真正把青少年培养为拥有"四个自信"的孩子。党的二十大报告指出，要以社会主义核心价值观为引领，发展社会主义先进文化，弘扬革命文化，传承中华优秀传统文化。因此，传承和弘扬中华优秀传统文化的重要性与必要性不言而喻。

2017 年颁布的《中小学德育工作指南》指出：要充分发挥学生会作用，完善学生社团工作管理制度；积极推进学校治理现代化，提高学校管理水平；明确岗位责任，建立实现全员育人的具体制度，明确学校各个岗位教职员工的育人责任，规范教职工言行，提高全员育人的自觉性；积极争取家庭、社会共同参与和支持学校德育工作，引导家长注重家庭、注重家教、注重家风。

（二）理论依据

班级治理学等为创新班级治理实践提供了理论支撑。南京师范大学教授齐学红在

《论班级治理方式的三种变革》中指出，班级治理方式要进行三种变革，首先为观念变革，从管理走向经营；其次是制度变革，从教师主导走向师生自治；最后是行为变革，从管理控制走向文化建设，实现班级管理本质意义的回归。

（三）实践依据

双流艺体中学以"文化＋艺体"相结合的方式为学生搭建多元发展平台。由于学生家长多数为当地农民，文化素养普遍不高，育人观念较为落后。"槐轩文化"作为双流三大地标文化之一，倡导以"仁义礼智信"的"五常"观念来处理人事关系，对精神文明建设具有指导意义。

二、班级文化

（一）班级治理理念

我们以"槐轩文化润心 班级治理促行"为治班理念。"槐轩文化润心"指将本土优秀传统文化"槐轩文化"融入班会、家长培训会、作品展览、经典诵读、亲子活动中，达到浸润学生身心的目的。"班级治理促行"即通过班级共同体建设和学生系列活动，让学生在活动中做行动者，成为班级主人，实现自主管理和自我教育。

（二）班级文化符号

为统一思想，达成发展共识，班级形成了系列文化符号。包括"扎根槐轩沃土，开出五常新蕊"的班训，"承槐轩之韵，展班级之风"的班级口号，集体设计的班徽，教室的黑板报宣传栏等。通过这些显性的文化符号增强班级凝聚力，促进人人学习、理解和践行槐轩文化，在学校各类大型活动中展示独特的班级风貌。

（三）班级育人目标

为深入践行"槐轩文化"，班级育人总目标设定为"家庭有家训，个人有家教，家风促班风，班风带民风"。阶段目标以年级分段，从学生、家庭、班级、社区四个维度分别设定。（见表1）

表1 班级分段育人目标

年级	学生	家庭	班级	社区
初一	了解槐轩文化，会正确宣传	了解槐轩文化	形成学习槐轩文化的氛围	营造和谐友爱的社区氛围
初二	认同其积极作用，争做"四有"好少年	形成家训，家庭成员身体力行	结合槐轩文化，制订班规	吸引更多人参与到文化建设中来

续表

年级	学生	家庭	班级	社区
初三	传承并发扬其精髓	培养和睦家庭氛围，促进学生成长	引领个体成长，促进和谐发展	促进社区和谐发展

（四）班级系列活动

为实现班级育人目标，结合槐轩文化的相关内涵，构建起系列班级活动。（见表2）

表2 班级系列活动

年级	班级活动	目的
初一	认识身边的名人刘沅	让新生了解地方名人刘沅及其创立的槐轩学派
	槐轩故里游学	加深学生对槐轩文化的认识
	沅乡书局调研	实地感受地方文化对外来游客的影响
	槐轩故里我来讲	把槐轩文化讲给家长、亲戚朋友听
初二	《豫诚堂家训》学习	掌握理解该家训的内容及其对后人的重大影响
	我的祖训分享	在前期学习了《豫诚堂家训》后，再和同学们分享自己家族的祖训，提高学生对祖训的认可及自豪感
	家训制订和分享	让学生和家长合力打造属于自己小家庭的家训，再通过分享，让每个孩子及其家庭在践行家训的过程中相互监督
	治班治家齐行	通过家训学习、践行再把相关经验、方法和思想运用到班级治理中
初三	家族名人事迹分享	提高学生的自豪感，帮助其锁定奋斗目标
	探索学习的真相	帮助学生探索自己的学习真相，掌握自己的人生，成为家族的骄傲

三、治理实践

（一）机构建设

参照学校治理机构的设置和年级自主治理责任制，建立了班级治理机构。

1. 教学治理机构

"槐轩文化"背景下的教学治理机构由班主任牵头，教研组长、班长、家委会主任具体负责确定班级治理目标，设计并实施治班策略。（见图1）

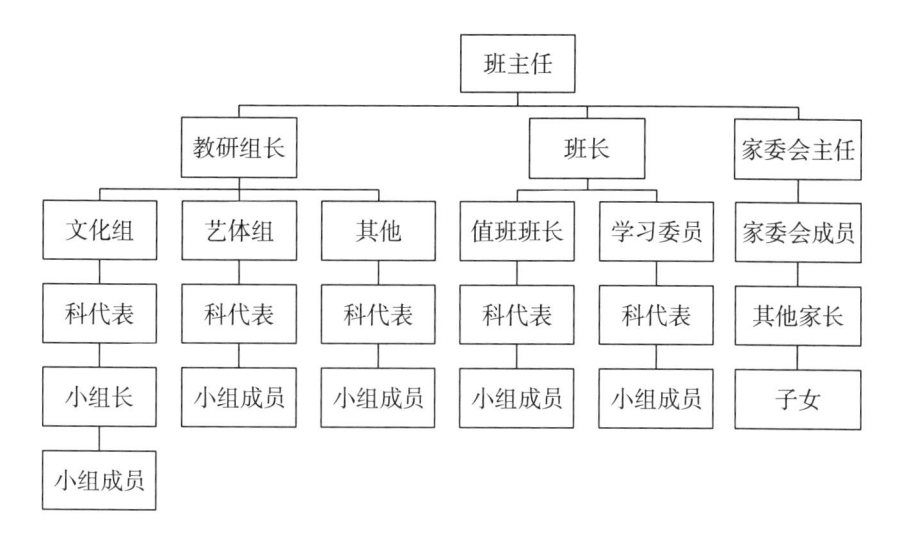

图 1 教学治理机构图

2. 学生自主治理机构

"槐轩文化"背景下的学生自主治理机构以学生为本,确立学生在班级中的主体地位,充分发挥学生在班级管理中的主人翁作用。(见图 2)

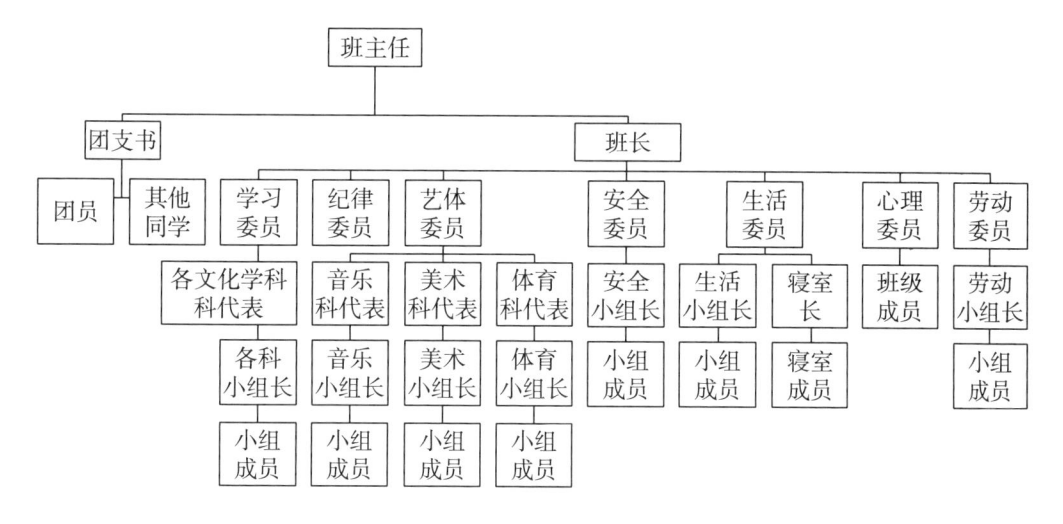

图 2 学生自主治理机构图

3. 协作治理机构

成立以"槐轩文化"推广为核心任务的家长群,建立地方"槐轩文化"实践基地。积极动员家长、社区人员参与,与学校形成参与式"同盟"治理机制,为班级治理提供有力支持。(见图 3)

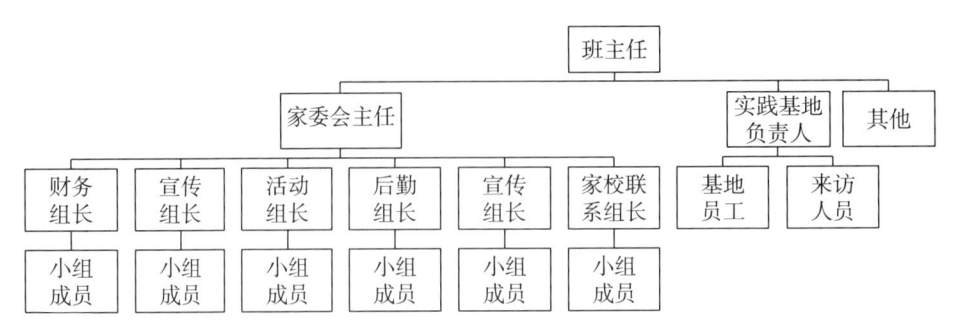

图 3　协作治理机构图

（二）制度建设

1. 教学治理板块

教师层面，严格执行学校的课堂教学管理、常规检查、教学评价、教研活动检查、班科联系、家访、作业管理、学月教师工作例会等制度。学生层面，建立并执行学习积分、课堂课间管理、班级岗位管理、工作评价等制度。家长层面，严格执行学校的家长学校、家长委员会、家长开放日、家长工作等制度，同时针对班级情况设置家长积分、家长学习、协作管理等制度。

2. 学生自主治理板块

坚持民主选举、奖惩分明、日清月结、日常管理、活动开展、考核评价、班干部轮值等制度，为学生自主治理提供制度保障。

3. 协作治理板块

实行家长委员会责任制。由家委会成员根据班级建设需求，按照学校家委会工作制度以及班级家委会相关工作制度进行管理。"槐轩文化"实践基地按照合作协议及相关公约制度，配合班级发展需求开展活动。

（三）活动实施

初一年级开展"认识身边的名人刘沅"系列活动。通过问卷调查，摸底学生对地方文化、地方名人的了解情况。凭借任务卡，采取上网、访谈、实地调研等方式了解槐轩创始人刘沅的故事。借助手抄报、书画作品、班会分享、歌舞剧表演等形式呈现学生的学习成果。

初二年级学习《豫诚堂家训》，营造和谐家庭氛围。引导学生回家分享对《豫诚堂家训》的学习体会，并根据自身家庭情况和家庭成员共同编写适宜的家训，使之成为家庭公约。开展家训分享主题班会，由学生评选出最具代表性的家训，再优化完善，收集汇编成册。

初三年级组织开展家族名人事迹分享系列活动，引导学生以家族名人为榜样，家庭以培养家族名人为目标。教师制订调查问卷，摸底学生对家族名人的了解情况；发放体验任务卡，让学生通过网络调查、走访亲人、与家中杰出人物共同生活等方式深入了解家族名人，解开他们成功的"密码"；班级开展主题分享会，引导学生为自己制订未来的角色目标，并探讨目标达成途径和方法。

四、治理成效

（一）班级治理成果

经过三年实践，班级构建了文化特征鲜明的班本德育课程，形成了初一至初三以"槐轩文化"为核心的系列特色班会课例集和活动方案集，汇编成《槐轩文化·诵读篇》《槐轩文化·故事篇》《槐轩文化·传承篇》等班级成果集。

（二）班级发展成效

班级先后被评为校级先进班集体、区级优秀班集体。班级中大多数学生荣获各类奖励，获奖数量居全年级第一。5名学生被评为双流区"三好学生"、2人被评为双流区优秀班干部、1人被评为双流区"新时代好少年"。

班科教师团队中有2人被评为成都市优秀班主任，2人荣获双流区"德育先进个人"称号，5人荣获校级"德育先进个人"称号。各科教师的德育论文或案例均获得市、区级奖励。"槐轩文化在班级治理中的应用策略研究"成功立项为省级子课题。

在"槐轩文化"治理体系的运行中，班级家委会被评为学校先进集体，家委会成员及部分家长志愿者被评为校级优秀家长。家庭更加和谐幸福，社区的整体育人环境得以改善提升。

四川省双流艺体中学　李小彬　林艳

和而不同 · 自主成长

——人的主体性思想视域下初中学生自主治理的班级实践

初中阶段的学生正处于青春期发展的早期阶段，他们自主意识强，个性张扬，充满活力，可塑性强。在班级治理中，我们坚持以人的主体性思想为引领，在"和而不同·自主成长"育人理念指引下，借助学校、科任教师、家长等相关资源力量，构建积极向上的成长共同体，开展学生自主治理实践，激发学生成长内驱力。

一、研究背景

（一）政策依据

近年来，为解决人民群众在教育方面的急难愁盼问题，促进学生身心健康发展，教育部先后印发了多个通知，对中小学生手机管理、睡眠管理、读物管理、作业管理、体质管理等作出了相关规定。2021年5月，国务院教育督导委员会办公室印发《关于组织责任督学进行"五项管理"督导的通知》，要求各省（区、市）教育督导部门，组织当地中小学校责任督学开展"五项管理"督导工作，即要求加强对中小学生作业、睡眠、手机、读物、体质的管理。2021年7月，中共中央办公厅、国务院办公厅印发了《关于进一步减轻义务教育阶段学生学业负担和校外负担的意见》，要求减轻学生课业负担。这些文件为学生的健康成长和全面发展提供了政策保障。

（二）理论依据

积极心理学认为，积极人格特质主要通过对个体各种现实能力和潜在能力加以激发和强化，促使某种现实能力或潜在能力变成一种习惯性的工作方式，以此实现积极人格特质的形成。培养积极人格特质的最佳方法之一就是增强个体的积极情绪体验，使个体对自身的发展能做出某种合适的选择并加以坚持。自主治理理论主要解决"一群相互依赖的利益相关者如何才能把自己有效地组织起来，进行自主治理，从而能够在有些利益相关者出现搭便车、规避责任或其他机会主义行为诱惑的情况下，使所有利益相关者或者整个团体取得持久性的共同利益"这一中心问题。

（三）实践依据

我校是一所地处城乡接合部的公办九年一贯制学校，学生均为通过划片招生入学的学校周边走读生。学生差异较大，发展层次参差不齐。大部分学生能够自觉主动遵守班级纪律，但是有少部分学生纪律性较差；大部分学生勤奋好学，但也有少部分学生学习态度较差，缺乏学习兴趣。在人际交往方面，少部分学生集体意识较差，缺乏团结意识，需要班主任长期持续引导和帮助。在家庭教育方面，家长们普遍受教育程度较低，教育方法较单一。

因此，通过构建人的主体性思想视域下的初中学生自主治理班级文化，引导班级开展学生自主治理实践，可以帮助初中学生自我觉察、自我管理，提升自觉学习、自主规划能力，从而增强自我认知，提高学习效率，促进自主发展，助力学生成功成才。

二、班级文化

（一）治理理念

班级以"和而不同·自主成长"为治理理念，"和而不同"要求既要展现班级整体和谐的精神面貌，又要引导学生保持自己的独立性，发现自身之美，欣赏他人之美，在取长补短的多元交融中实现班级的和谐统一发展。

（二）文化建设

教室布置方面，教室前方放置书架，窗台布置绿植；前方墙设置激励性标语和荣誉榜，两侧墙设有评比栏。班级卫生方面，教室干净、整洁，物品有序摆放，营造一个安静、安全的学习环境。开展"班级文化我建设"活动，指导学生一起设计班名、班级口号、班徽等，增强学生的归属感和认同感。（见图1）

班名：向阳一班

寓意：班级每一个学生的内心都充满阳光，努力向上

班级口号：天道酬勤，思者常新

班徽：千纸鹤向着太阳飞翔，寓意不论遇到什么问题都会勇敢坚持地面对

（班徽）

图 1　"向阳一班"班级文化

（三）育人目标

班级育人总目标为"让每一个学生成为乐学、乐思、乐行的人"，期待学生在初中三年中提升自主管理能力和解决问题的能力，培育"乐观向上、独立担当、与人为善"的精神品质，敢于直面未来挑战。其中，"乐学""乐思""乐行"分别为初一、初二、初三分阶段侧重目标。（见表 1）

表 1　"向阳一班"育人目标

阶段	目标	含义	精神品质及能力
初一	乐学	学会学习	培养良好习惯、与人为善，具有自主学习的能力
初二	乐思	学会思考	保持情绪稳定、乐观向上，具有解决问题的能力
初三	乐行	学会实践	树立理想信念、独立担当，具有自主治理的能力

（四）系列活动

班级活动的有效开展是培养学生集体观念的有效途径，可增强班级纪律、发展同学友谊、增强班级凝聚力，助推班级育人目标的实现。"向阳一班"系列活动包括主题班会活动、职业启蒙活动和多彩学科活动。学生在各类活动的策划组织与参与中逐步建成团结友爱、自主治理、积极向上的成长共同体。（见表 2）

表 2 "向阳一班"系列活动安排表

活动		具体实施内容	目标
主题班会活动	自主学习类	1. 定期开展读书分享会——书香如蜜,以书会友	引导学生自主阅读、自主学习,帮助学生拓展知识面,提升学生的认识、思考、自主学习能力和综合实践能力
		2. 明确目标,畅想未来——承奋进之志,予明天以梦想	帮助学生树立远大理想,明确目标,规划未来,引导学生学会朝着自己的目标而努力,促进学习内驱力的提高
	自主管理类	1. 手机管理——不做"手机奴"	引导学生正确认识手机的功能,科学地使用手机;意识到人沉迷手机实际上是陷入了一场人与人之间的"较量",从而提高对使用手机的自主治理能力
		2. 情绪管理——做情绪的主人,是成全自己最好的方式	引导学生觉察情绪、认识情绪,培养学生的情绪觉察能力及社会适应能力,提高对情绪的自主治理能力
		3. 时间管理——抓住那个"岁月神偷"	引导学生感受时间的宝贵,体会时间的价值;帮助学生寻找节约时间的方法,树立珍惜时间的意识
		4. 班级管理——我是班级的小主人	让学生懂得自己是集体中的一员,是集体的小主人,引导学生积极参与班级管理,为班级建设出谋划策,使学生乐于参加集体活动,自觉维护集体荣誉,从而增强班级凝聚力
	自我意识类	1. 节约资源——节能我行动,低碳新生活	提高学生"节约光荣,浪费可耻"的意识,让学生懂得幸福生活来之不易;培养学生珍惜粮食、爱惜物品、自觉节约用水用电的好习惯,树立勤俭节约、从我做起、从小事做起的意识
		2. 珍爱生命——独特的叶子	让学生了解生命个体的独特性,从看、触、听来感受和认识生命;理解生命独特的含义,思考生命的意义和价值,从而悦纳每个独特的生命个体
		3. 敬畏法律——知法懂法,做明理少年	加强对学生的法治教育和法治意识的培养,使学生能够做到不断提高自身法治修养,做一名遵法、学法、懂法、用法的好学生
职业启蒙活动	阳光实践课堂	1. 走进消防队,致敬火焰蓝 2. "魅力空港,活力课堂"——走进川航	通过实践课堂,引导学生深入、真实地接触和了解各种职业及相关职业人,感受、体验职业的多彩和职业的意义,激发学生学习的主动性
	家长进课堂	1. 医学知识普及 2. 快递站服务工作普及 3. 智能 AI ……	让家长更好地了解孩子在校情况,零距离地了解教师教学的过程;让家长积极参与孩子教育,做孩子成长路上的引领者;向学生普及课外知识,培养学生志向,播撒梦想的种子,为其终身发展奠基

续表

活动		具体实施内容	目标
多彩学科活动	政治	关注时事新闻——我是新闻播报员	引导学生了解世界上各个国家每天发生的重大新闻事件，把眼光从教室投向更广阔的世界；让学生学会关心世界的变化，关心祖国的进步，关心家乡的成就，关心他人的冷暖，成为有时代使命感的新时代青年
	语文	编辑班级作文集	由语文科代表牵头收集班上的优秀作文，一学年制作一本具有班级特色的"作文集"，锻炼学生的写作能力和组织能力
	地理	制作地球仪	进一步加强对地理相关概念的认识，培养学生的动手能力和地理实践能力

三、治理实践

（一）机构建设

1. 班级常态建设

为了让每一位学生都有锻炼机会，班级实施班干部轮换制，每两个月轮换一次。为强化班委角色意识，通过岗前培训和定期会议，让每一位学生明确各个层级管理者的职责。学生从"被管理者"到"管理者"的身份转变，让他们学会了换位思考，在工作中学会了准确认识自我、完善自我，多维度提升综合能力。（见表3）

表3 "向阳一班"班委职责分工表

班委	职责分工
班长	1. 对班上学习、纪律、劳动、卫生和生活情况全面负责 2. 及时处理班上出现的突发事件 3. 研究班上存在的热点、难点问题，撰写班级周总结并及时与班主任沟通 4. 整理全班每周操行得分
卫生委员	1. 负责排出值日生表及大扫除岗位人员表，并指导督促同学们认真做好本职工作 2. 对班级卫生情况全面负责，做好日常保洁
学习委员	1. 负责及时监督各组长收发作业 2. 与组长一起研究工作，负责"一帮一"活动，并主动帮助学习有困难的同学 3. 负责学习方面的操行分登记工作
文艺委员	1. 负责中午娱乐时间的歌曲播放 2. 收集同学们点播的歌曲 3. 负责组织配合学校的各类文艺活动
体育委员	1. 负责升旗集队、课间操、体育课及课外活动的组织工作，及时登记请假同学的名字和原因，并及时向相关教师报告 2. 做好运动会的报名动员及参赛工作

续表

班委	职责分工
宣传委员	1. 负责教室展板的设计 2. 对班上的舆论导向负责
管理员	对班级相应事务负责
小组长	1. 以身作则，引领小组 2. 全方位管理组员各项常规工作（纪律、卫生、学习等） 3. 带领全组同学积极参与班级的各项活动
科代表	1. 按照科任教师的要求收发练习册、试卷等 2. 及时反馈同学在学科学习上的困惑，与科任教师进行有效沟通，协助科任教师了解班上同学的学习情况 3. 负责科任教师指派的任务，例如准备课堂教具、协助教师做实验等 4. 了解班级后进生的学习困难和障碍，尽力帮助教师分担一部分的辅导工作 5. 负责提醒同学们做好课前准备工作

2. 自主治理建设

为了让每一个学生都有展示才能、获得成功的机会，我们实行班级自主管理，将班级内的各种管理职能分解为一个个具体明确的岗位，再根据学生兴趣、特长、能力等对应匹配合适的岗位，充分发挥学生优势，努力实现"人人有事做，事事有人做"。（见表4）

表4 "向阳一班"管理员职责分工表

管理员职位	职责	所需品质
校服管理员	检查同学们的仪容仪表、校服、红领巾等	爱卫生、讲清洁
午休管理员	维持午休秩序	做事认真
学习监督员	督促同学们完成学习任务	学习优秀且能力强
纪律监督员	维持课堂秩序	自控力强
书桌监督员	督促同学们将书桌物品摆放整齐	细心
课前准备监督员	提醒同学们做好课前准备（教材、资料等）	外向大方
展板管理员	负责班级展板的布置	擅长绘画、设计
地面卫生管理员	检查日常卫生保洁情况	勤快且细心
花草管理员	负责班级花草的管理	富有爱心
考勤管理员	负责监督每天上课迟到情况	时间观念强
眼保健操管理员	督促同学们认真做眼保健操	责任心强
……	……	……

3. 协同治理建设

初中生的成长不仅需要班主任的引导，还需要家长、科任教师一起参与到他们的成长过程中。班级实行协同治理机制，学生、家长、科任教师共同谋划、共同促进、协同治理，形成育人合力。（见图 2）

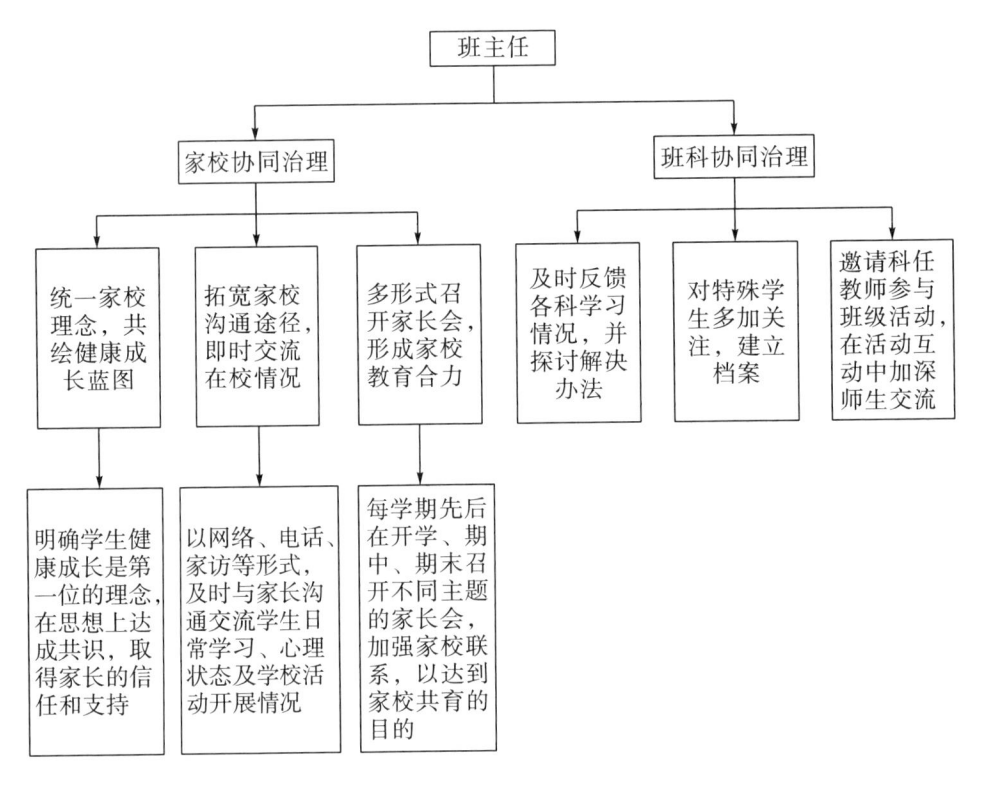

```
                          班主任
              ┌─────────────┴─────────────┐
         家校协同治理                  班科协同治理
      ┌──────┼──────┐           ┌──────┼──────┐
  统一家校  拓宽家校  多形式召   及时反馈  对特殊学  邀请科任
  理念，共  沟通途径， 开家长会， 各科学习  生多加关  教师参与
  绘健康成  即时交流  形成家校  情况，并  注，建立  班级活动，
  长蓝图    在校情况  教育合力  探讨解决  档案      在活动互
                              办法                动中加深
                                                  师生交流
      │         │         │
  明确学生  以网络、  每学期先
  健康成长  电话、    后在开学、
  是第一    家访等    期中、期
  位的理念， 形式，    末召开不
  在思想上  及时与家   同主题的
  达成共识， 长沟通交  家长会，
  取得家长  流学生日  加强家校
  的信任和  常学习、  联系，以
  支持      心理状态  达到家校
            及学校活  共育的目
            动开展情  的
            况
```

图 2　"向阳一班"协同治理机制

（二）制度建设

1. 操行分评价制

操行分评价是班级全体成员共同讨论、共同决定的一种"约定"，是学生自主参与班级治理、自觉遵守班级制度的重要依据。评价指标通过各小组和班委干部逐层收集意见，反复讨论，并在班会课上集体表决，最终形成"班规"和"操行分评分细则"。评价维度主要包括纪律、卫生、学习三个方面。学生每一周的操行分由相关班干部统计好公示于教室两侧评比栏，并作为学生评选各级"三好学生""优秀干部"的重要参考依据。

2. 小组评价制

为激励学生自主成长，我们将 43 名学生进行分组管理。每个学习小组推选学习能力或者管理能力较强的学生担任组长、副组长，确立小组奋斗目标，掌控小组学习节奏。组长、副组长带领小组制订学习帮扶计划，明确帮扶对象、目标、内容等。班级的各项活动都以小组为单位进行捆绑式评价。每周将小组的学习、纪律、卫生等情况折算成操行分，再根据小组评优细则进行奖励。（见表5）

表5 "向阳一班"小组分组依据

类别	平时表现
A类	学习基础扎实、成绩突出的学生
B类	学习比较自觉、成绩一般偏上的学生
C类	学习基础一般、学习习惯较差的学生
依据每个小组A类、B类、C类学生各2名的原则进行分组	

3. 有效的奖惩监督机制

我们坚持"以奖为主、以惩为辅"原则，将操行分评价制与小组评价制结合，对学生个人累计积分及综合表现进行奖惩。奖励方面，个人积分可按班级积分兑换规则兑换相应的权益；对学习刻苦、成绩优秀或进步较大的学生，奖励一本课外书；对守时、讲卫生、助人为乐、随手捡拾垃圾、尊敬师长等有正能量的学生，颁发表扬卡等。惩戒方面，对上课交头接耳的学生，让他誊抄本节课知识点或绘制本节课的思维导图；对上课看课外书的学生，让他做读书分享等。（见表6）

表6 "向阳一班"积分兑换商店

兑换商品		所需积分及使用要求
学习用品类	黑笔/红笔（按动）	10分/支
	草稿本	20分/个
	笔记本	30分/本
	便利贴	25分/个
	文件袋	5分/个
体验卡类	值周班长体验卡	30分/天
	减作业卡	50分/次（一次只能用一个科目，且使用相应权益前应提前告知相应学科教师）
	免扫地卡	30分/次（一组同时只能1人用）
	免请家长卡	50分/次
	换座位卡	30分/次
	免值日卡	30分/次

续表

兑换商品		所需积分及使用要求
零食类	薯片	20 分/个
	奥利奥饼干	25 分/个
	小小蛋糕	50 分/个
	流心蛋黄酥	30 分/个
	牛奶	30 分/盒

（三）活动实施

以家长进课堂进行医学知识普及为例，由学校德育处、教务处统一协调，确定课程时间，以家长走进课堂授课的形式开展。在班主任组织下，王同学家长受邀走进课堂，给同学们带来一堂"常用急救知识"医学知识课，带领大家走进医学世界，了解医学常识。家长结合自身的专业和学情，从专业的角度，给同学们讲解遇到溺水、中暑、触电、气道异物堵塞、外伤、猫狗抓咬伤、烧烫伤、流鼻血等意外情况时的应急处理办法。课堂上，学生通过听课学习和实际操作练习，初步掌握了一些基本的健康知识和急救技能。（见表6）

表6 "家长进课堂活动"效果

学生反馈	1. 通过这堂课，我学习到了很多急救知识，提醒我要注重对自身身体的保护，并且在一些必要的时候也能够对他人进行救治。还有，在学校里有一些意外也可以有意识地避免 2. 我对医生这个职业有了进一步的认识，并产生了浓厚的兴趣。我下来会利用课余时间去深入了解，朝着这个方向前进，努力成为一名救死扶伤的医生
家长反馈	1. 通过这种方式，我和孩子们的距离拉近了，我也感受到了教师平时授课的辛苦 2. 这堂课不仅拓宽了孩子们的视野，让他们学到课本以外的知识，还让孩子们学会了一些基本的健康知识和急救技能。同时，本堂课也增强了孩子们的自我保护意识，帮助他们提高了面对意外事故的应急处理能力。相信他们以后遇到类似意外情况时，能够正确运用所学的急救方法

四、治理成效

（一）班级治理成绩

经过一年的自主治理，班级学生成绩在同年级班级中名列前茅。在2020—2021学年度下期"讴歌党史伟业，唱响青春之歌"主题合唱比赛中荣获一等奖；在2021—2022学年度上期"传承中华经典、弘扬红色文化"展板活动中荣获二等奖；在2020—

2021学年度下期"放飞青春，迎篮而上"篮球联赛中荣获第一名；在学校第四届体育综合运动会中，荣获初中组团体总分一等奖。

（二）班级发展成效

本班学生的行为习惯、学习习惯等有较大转变，学习内驱力、自主学习能力显著增强，解决问题的能力明显提升。学生积极参与班级事务，建立积极的人际关系，用更加乐观积极的心态来面对学习生活中遇到的困难。班主任在班级自主治理过程中，与学生、科任教师、家长建立了有效的沟通合作关系，生生、师生、家校配合越来越默契，班级凝聚力逐渐增强。

成都信息工程大学常乐实验学校　蒋佩岑

人人炫彩，多元发展

——核心素养视域下的小学班级治理实践

小学阶段是儿童品格与价值观塑造的关键时期，此时，良好的班级治理对于培养孩子健康、坚韧、负责的精神特质和优良品质具有至关重要的作用。因此，如何在班级活动中引导学生实现自主治理，进而养成良好的品格，成为重要议题。本文全面剖析了一个小学班级在核心素养视域下，依托特色的班级治理机制，以丰富多样的主题活动为载体，构建以学生为主体、多元主体协同参与的班级自主治理体系，从而实现学生个体与班集体共同成长的实践路径。

一、爱的指南针——班级治理的依据

（一）政策依据

习近平总书记在祝贺中国少年先锋队建队 70 周年的贺信中指出，共青团要履行好全团带队职责，团结带领少先队牢记初心使命，始终听党的话、跟党走，让红领巾更加鲜艳。这一讲话精神的价值导向提醒小学班主任须全面贯彻党的教育方针，紧紧围绕党和国家大局，根据少年儿童时代特点，生动活泼地开展实践活动，让学生在实践中锻炼能力、锤炼品格。

（二）理论依据

美国心理学家马丁·塞利格曼曾提出"幸福是多元的"。他创建的积极心理学主张"优势导向"的积极教育，即要发现每个学生的优势，促进学生拥有蓬勃人生，获得终身幸福。霍华德·加德纳认为，智力的基本结构是多元的，各种能力以相对独立的形式存在。现代社会需要各种人才，这就要求教育必须让学生的个性得到充分发展和完善，以激发学生的优势，完善多元智能结构。

（三）实践依据

四川大学西航港实验小学秉承"让每一朵花炫出自己的色彩"办学理念，尊重学生身心成长规律，构建适合每一个学生发展的育人机制，形成了以"炫出最美的自己"为主旨的优良校园文化环境。

在学校办学理念的指引下，学生聪慧活泼、身心健康、积极向上，但是部分学生存在不爱阅读、规则意识较差、集体意识淡薄等问题。班级学科教师经验丰富，教学能力强，有很强的责任感，容易形成班级合力。家长调查问卷结果显示，班级大部分"90后"家长对孩子的学习和生活干预较多。为了帮助学生全面而有个性地发展，实施班级自主治理、充分发挥育人合力必要且重要。

二、爱的风向标——班级治理的理念

（一）理念内涵

为打造班貌整齐、积极进取的和谐班集体，我们坚持"人人炫彩，多元发展"的班级自主治理理念，即每一个学生都有自己的优势，使全班学生都能够展示自身的特长，个性都能够得到充分发挥和完善。学生自主选取向日葵作为班级标志，黄色的花朵代表幸福的感受，绿色的茎叶代表蓬勃的希望，花叶锦簇象征着师生团结进取的精神风貌。

（二）文化符号

班歌是班级的外在文化表征，整体代表着班级学生积极向上、朝气蓬勃的姿态。我们选用《我相信》作为班歌，其欢快激昂的旋律和充满力量的歌词，如"我相信我就是我，我相信明天，我相信青春没有地平线"等，激励着班级每一个学生努力向上、积极生长。

（三）育人目标

班级确立了"人人自主，个性发展"的育人目标，分低、中、高三段设立递进式学生发展阶段目标（见表1）。班级以培养学生"责任担当"素养为核心，开展"自主治理"行动，激励学生努力做最好的自己。

表1　学生发展阶段目标

学段	阶段育人目标	目标内涵
低段（一、二年级）	人人做主，班级有序	人人是班级小主人，班级治理事事有序发展
中段（三、四年级）	人人有岗，事事担当	人人承担自主治理岗位，做有责任担当之人

续表

学段	阶段育人目标	目标内涵
高段（五、六年级）	人人炫彩，个性成长	人人炫出最美自己，各美其美，美美与共

为了更好地实现班级育人目标，激发学生潜能，班级设计了分学段、体系化的主题活动（见图1）。在多元智能理论指引下，班级活动丰富多彩，包括职业体验、社区服务和企业研学等类型。学生在活动中锻炼和提升了人际交往能力、沟通能力、学习能力以及关爱他人的能力。

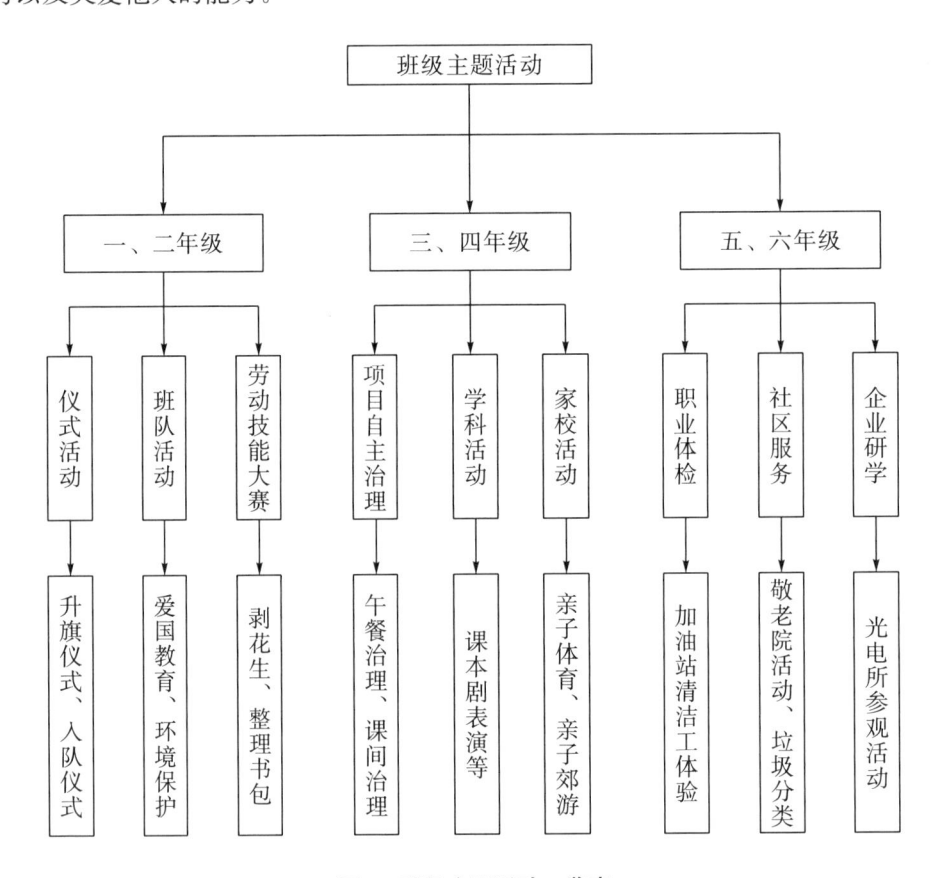

图1 班级主题活动一览表

三、爱的启明星——班级治理的机制

（一）育人机构

为了有效地实现班级治理目标，我们建立了"一中多翼共联通"的班级自主治理机构（见图2），即以学生为中心，学校、家庭、班主任、学科教师、社区、企业为多翼支撑，共同联合的环形班级自主治理机构。

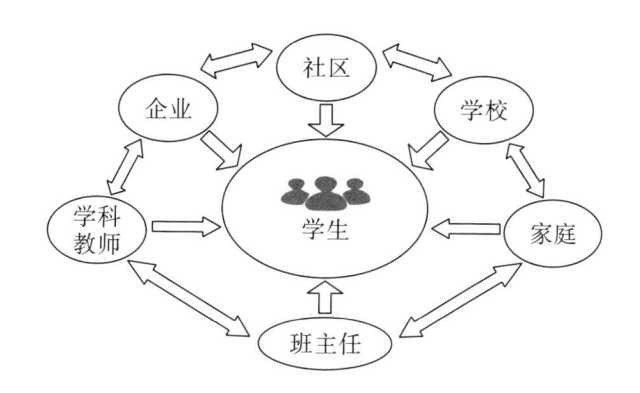

图 2 "一中多翼共联通"的班级自主治理机构

以学生为中心的环形机构构成了学生成长的自主体系和外围支撑体系，有利于家校社协同育人，最终形成育人合力。

班级的自主治理是学生在教师积极引导下发现自我价值、发掘自身潜力、确立自我发展目标、形成发展意识和能力的一种教育模式，是促进学生从他律到自律的自主治理过程。因此，班级实施了治理岗位承包制（见表2），通过让学生自主选择治理岗位促进学生的全面发展。

表 2 班级治理岗位职责表

部门	岗位	自主治理内容
劳动部	卫生部长	负责班级卫生及桌椅整齐摆放
	图书部长	负责班级图书角
	讲台部长	负责讲台卫生及黑板卫生
课间部	走廊部长	负责班级走廊卫生
	课间安全部长	负责课间各项安全
午餐部	餐前管理部长	负责每天餐前餐布的铺设以及餐后卫生的打扫
	分餐部长	负责每天班级分餐
	餐后管理部长	监督每天餐盘、餐桶的归还情况
路队部	路队部长	负责维持各项集会的路队纪律
交通部	公共交通部长	负责宣传公交车乘坐文明礼仪及交通规则
	步行交通部长	宣传交通规则及监督文明过马路情况
心理部	男女心理部长	宣传有关心理健康的知识
学习部	早读部长	负责班级日常早读
	午自习部长	负责午自习学习
	作业部长	负责作业的布置和收发工作

（二）育人制度

好的班级治理制度可以促进学生之间的互动与交流，增强班级凝聚力，进而促进班级自主治理机构的运行。结合校情和学情以及家长情况，我们特制订了"一二三"班级自主治理运行制度（见表3）。

表3 "一二三"班级自主治理运行制度

类别	具体内容
"一"为教师志愿者服务队	学校组建教师志愿服务队，承担教学班级的日常管理工作。如晨检、午休、班级体育锻炼、班级德育建设等。学校教务处制订相关考核方案，以量化的方式对教师志愿服务队给予相应的考核和肯定
"二"为家校交流双平台，即QQ群和现代家庭教育平台	制订合理合规的班级QQ群交流制度，规定每周一、三、五对学生学习相关事宜展开交流；每周二、四对学生的德育生活相关事宜展开交流。现代家庭教育平台则由班级家委会成员根据学校要求，将相关学习链接公布在QQ群，督促家长及时学习和反馈
"三"为线上家长沟通会、线下家长培训会、个别家长指导会，三种会议交叉举行	班级制订相关的会议制度，如每月15号晚上7点，利用腾讯会议开展线上家长沟通会，由家委会成员分小组收集家长需要沟通的各类问题。同时，根据学校要求每学期召开一次全校线下家长培训会。针对个别学生的特殊需求，机动灵活地开展个别家长指导会

（三）评价制度

班级自主治理评价体系的构建是提升班级治理成效的保障。班级自主治理评价主要分为两个部分——平时表现评价和多方联动评价（见图3）。教师在平时的班务工作中利用班级学生自主治理评价体系做到及时反馈、及时鼓励、及时引导。

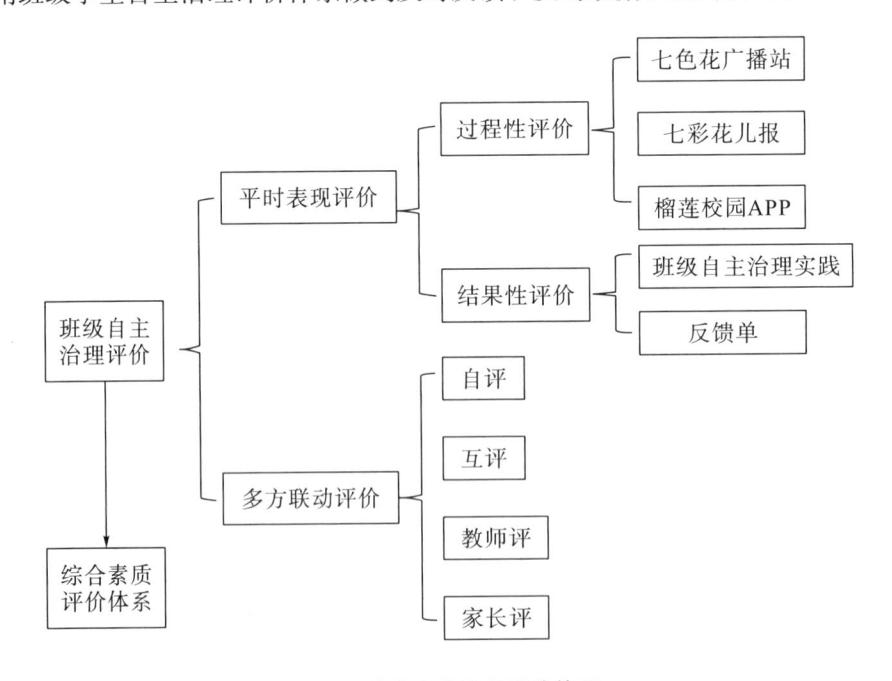

图4 学生自主治理评价体系

四、爱的万花筒——班级治理主题活动

为了更好地实现班级自主治理的三阶目标,特设定了班级文化主题活动、班级生态环境主题活动和班级自主治理主题活动。这三类活动相互融合、相辅相成。

(一) 班级文化主题活动

班级文化主题活动是学生心灵的黏合剂,它使班集体成员紧紧地团结在班级文化周围,使学生对班级产生认同感和归属感。教室里设置阅读角,让图书在班上"漂流";幸福读书月为创设"阅读型"班级营造了氛围;幸福阅读德育课程体系为培养学生自主阅读的习惯、习得高尚文化品格提供了助力。

(二) 班级生态环境主题活动

学生主动参与、自主谋划班级生态环境主题活动,小到绿植养护,大到黑板报、展板、物品架的布置与维护,每个学生都能在环境布置中发挥自己的主观能动性。这一主题活动强化了学生的集体意识和生态环境保护意识,增强了班级凝聚力。

(三) 班级自主治理主题活动

勤俭节约是中华民族的优良品质,节约粮食是中华民族的传统美德,为了更好地引导学生节约粮食,班级利用学校统一印制的《小卫士工作手册》进行午餐自主治理记录。自主治理记录对餐前自主治理、自主分餐、餐后打扫等事项作出了明确的规定,并用星级评定的方式进行量化考核。

五、爱的反光镜——班级治理成效

经过三年的班级自主治理,学生们的综合能力得到了锻炼和提升,责任感和担当意识也得以强化。

(一) 学生成长

在班级自主治理建设中,学生良好的行为习惯、学习习惯逐步养成,学生的学业水平稳步提升,每一年春季、秋季学业水平测评均列全年级第一。每一位学生均获得各级各类表彰,17位学生获得过区级竞赛荣誉称号,47位学生获得过校级及以上荣誉称号。班级学生体育素质测评均达到国家体育测试要求。

(二) 班级成效

班级自主治理建设是落实学生素养教育的重要途径。班级先后获评为双流区先进班集体、双流区二星章集体、成都市优秀少先队集体。学生的积极品格得到了有效的

培养，学生在日常生活学习中养成了专注、守则、诚实等优秀品格。

（三）教师成长

班级的发展离不开教师团队的努力。在班级自主治理建设中，教师团队也荣获了各级荣誉。笔者先后荣获双流区名师工作室优秀学员、双流区优秀德育工作者、双流区优秀班主任、双流区优秀少先队辅导员、双流区优秀青年教师、成都市优秀班主任、双流区"双减"领航教师等荣誉称号。班级教师积极撰写论文 7 篇，发表论文 2 篇，编写学校德育类校本读本 7 本、劳动类校本读本 9 本。同时，教师们在各级赛课中均获得优异的成绩。

2022 年 9 月，笔者应双流区研培中心德育办邀请，面向全区中小学举办《夯实核心素养，层级推进班级自主管理》专题讲座，分享的班级自主治理经验得到了广大教师的好评。班级自主治理建设成果得到了学校、家长、社区以及企业的大力认可。

四川大学西航港实验小学　黄英

品格教育"闪耀"红领巾

——积极心理学视角下的小学生班级治理实践

习近平总书记曾强调指出，教师要成为塑造学生品格、品行、品味的"大先生"。教师在班级治理中要重视学生品格的塑造，充分挖掘学校、家长、社区的教育资源，为小学生的全面发展赋能。以"品格教育"为主题的小学班级治理实践，通过竞选班干部、建立小组、开展主题活动以及建设家委会，让每一个小学生既是治理的对象，又是治理的主体，在潜移默化中习得文化知识、形成积极品格、提升关键能力，成长为新时代中国特色社会主义建设者和接班人。

一、研究背景

（一）政策依据

教育部发布的《关于进一步加强中小学班主任工作的意见》强调中小学班主任是中小学教师队伍的重要组成部分，是班级工作的组织者、班集体建设的指导者、中小学生健康成长的引领者，是中小学思想道德教育的骨干，是沟通家长和社区的桥梁，是实施素质教育的重要力量。《小学生日常行为规范》和《小学生守则》为建立和完善班级制度，形成积极向上、和谐健康的班风，培养学生的良好品格提出了基本要求和指导规范。

（二）理论依据

性格/品格优势的概念是从英语 Character Strengths 中翻译而来的，国内许多关于积极心理学的文献当中也多次出现 Character Strengths 这一专业术语。目前学界对于品格优势还没有一个完全清晰的界定，但是有许多专家学者认为，品格优势就是个体在思考和行为方面的一种心理形成过程，是一种成熟的心理表现，也可以说是品格形成的心理过程和心理表现。

(三) 实践依据

小学阶段是学生形成良好品德、养成良好习惯、树立正确"三观"的重要时期，而品格教育则是实现这一阶段育人目标的重要途径。良好品格的形成不仅关系着学生未来的学习和生活，更关系着国家和民族的希望。为此，我们根据品格教育的内容和形式，不断探索、创新实践，致力帮助每一个孩子向阳、向上、向善成长。

二、班级文化

(一) 治理理念

根据棠湖中学实验学校育人目标和班级学生特点，我们坚持"让每一朵花尽情绽放，让每一个梦想展翅飞扬"的治班理念，希望每一个孩子在班级温暖的大家庭中健康、快乐成长，希望每一个孩子的梦想都能在蓝天中展翅飞扬。

(二) 班级符号

我们以"阳光福娃"为班名，寓指孩子们向着阳光，在温暖的棠湖中学实验学校和班级大家庭中，成长为福气满满的孩子。以"奋发图强、梦想飞扬"为班训，鼓励学生靠自己的积极努力和奋力拼搏，实现自己的梦想。选择《远走高飞》作为班歌，激励孩子们迎风起飞、筑梦直追。以"七班七班，非同一般；相信自己，飞向蓝天"为班级口号，喊醒孩子们的自信，喊醒孩子们心中的梦想。班级集体设计班徽，班徽中心部分是一棵茁壮的大树，大树上长出了一朵绽放出笑脸的橙色花朵，这花朵像太阳一样明媚，两侧还有白色的翅膀。班徽整体设计充满了活力和热情，寓意着孩子们尽情绽放、茁壮成长！

(三) 育人目标

经过全班师生的充分讨论，"阳光福娃班级"的总目标确定为"崇尚品格、追求品格、塑造品格"。在总目标下，根据小学生品格发展特点，结合积极心理学理论中的关键词，拟定低段、中段、高段的具体育人目标（见表1）。三段目标相互关联、螺旋上升，让学生在品格发展方面有明确的方向。通过三段目标引领，学生能获得多类品格教育经历，提升相关行为情感表达能力；能在自我成长过程中固化相关品格特质。

表 1　班级育人目标

班级育人目标		崇尚品格、追求品格、塑造品格
学段育人目标	低段	有序、专注、诚实、感恩
	中段	尊重、友善、守信、坚持
	高段	勤奋、热情、明辨、智慧

（四）系列活动

健康积极的班级活动是促进学生积极品格形成和全面发展的最好方式，也是优良班风、校风形成的重要载体。"阳光福娃班级"系列活动主要包括学校常规活动、班级特色活动、品格内化活动三大类。

学校常规活动即校内主题月活动，包括 3—4 月文明礼仪月活动，5—6 月艺术月活动，9—10 月体育月活动，11—12 月读书月活动。班级特色活动即围绕班级育人目标开展的系列活动，包括"我健康我快乐""我爱我的祖国""尊老敬老我能行""迎腊八""闹新年""自理自立我能行"等主题。品格内化活动即班级依托《品格教育周刊》，根据班级学生品格发展需求，在小学阶段进行分段式的品格教育实践（见表2）。

表 2　分段式品格内化活动

学段	品格内化活动	
低段	有序——我的地盘我做主	守时——我是小闹钟
中段	尊重——以礼相待，做文明人	守信——君子一言，驷马难追
高段	热情——赠人玫瑰，手留余香	智慧——才思敏捷，倚马可待

三、治理实践

（一）机制建设

1. 建设"人人自立、班级自治"的班级治理机制

培养"自理自立"的班干部是学生自主治班的基本保障。因此，在选拔班干部时要考虑全员覆盖、讲究民主，让每一个学生都意识到自己有治理班级的权利和义务。每一天由班长选出第二天的"值日班长"，明确相关职责，并且书写"一日班长"工作报告，包括对检查教室、公区清洁卫生，组织课间"两操"等工作情况的总结。这样依次轮换，每一个孩子都有机会得到锻炼，能够在锻炼的过程中学会合作，在合作中实现班级自主治理。

2. 实施"生生互动、小组合作"的小组内部管理

群体对个体心理和行为的影响表现在使个体对群体产生认同感、归属感，得到支持的力量。在小组化的班级治理中，不仅小组成员之间存在这种群体效应，小组之间也存在这种群体心理效应。小组内部管理采用主持人、书记员、汇报员和补充员之间"生生互动、小组合作"的方式，让每一位成员都能在班级治理中锤炼积极品格，培养积极心态（见图1）。

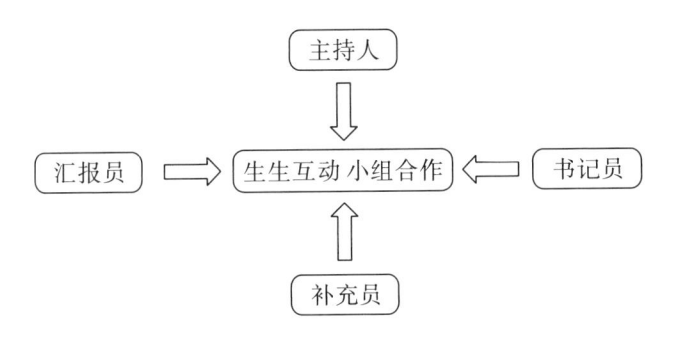

图 1　小组内部管理模型

（二）具体策略

1. 治理小组的组建

组长竞选方式为小组成员自荐演讲，小组内部投票选举确定组长、副组长，再由组长组织全组讨论后确定组名和口号。

2. 小组之间的学习管理

小组之间的学习管理需要规范的管理制度支撑。小组学习管理由组长牵头负责，遵循"扬长"思维原则，充分发挥组员优势，将课内学习与课外学习结合，共同促进小组学习质量的提升。（见表3）

表 3　小组的学习管理

课内学习	课外学习	
根据学生的学习情况和学习习惯进行异质分组，组长根据教师课堂合作学习的要求为小组成员分工	积极开展同质与同质、异质与异质、同质与异质的组间交流合作，商讨学习方法、总结学习经验，共同实践提高	组长督促检查组员各项作业、纪律、卫生等完成情况

3. 小组激励机制的设计

为培养学生的积极品格与竞争意识，把竞争机制引入班级治理中，让学生在班级治理中参与竞争。每一位成员在小组内选定一个PK对手，每两周进行一次PK决赛。在平时的各项考核中，以得分的高低来裁决，得分最高的人获胜。班级治理中小组合

作模式充分体现了以学生为主体的治理理念，强化了生生互动的合作意识，激发了学生参与活动的激情。学生在自主治理中逐步学会了学习、合作、竞争、创造。

四、治理成效

（一）学生成长

经过 6 年的培养，学生个体的积极品格得到了全面的提升。班级学生参加市级体育项目获得 3 个第一名、2 个第二名；在学校体育节中获得 7 个项目的第一名，在学校艺术节上，班级合唱比赛和朗诵比赛均获年级第一名。班级先后获得 2016 年双流区优秀班级和 2017 年双流区优秀中队荣誉称号。

（二）教师成长

经过 6 年的努力，班级实现了品格共育、师生共长。班主任和班科教师获双流区十佳教书育人名师、优秀青年教师、"四有"好老师和成都市优秀班主任、优秀德育工作者等荣誉称号。

（三）家长成长

班级家委会的成员们积极投身到学校特色活动和班级特色课程建设中，为学生开设职业规划相关特色课程，深受大家喜爱。其中，一位家长还被双流区委、区人民政府评为中国航空经济之都"模范家长"，另一位志工家长也在成都市"以劳树德 全面育人"研讨活动中被评为"优秀家长"。

成都市双流区棠湖中学实验学校　王萍

"数"说青春，"志"向未来

——以数字教育建设引领民族地区高中班级治理的创新实践

数字教育是建设数字中国的重要组成部分。现代信息技术为山区学校输入了外界教育资源，也为山区学生打开了一扇通过网络了解世界的大门。作为凉山彝族自治州民族地区高中班级，我们将网络游戏中的激励机制融入班级治理实践中，借助学校信息化平台，强化班级数据治理，用"数"记录学生的成长过程，以"志"来指引学生未来的人生愿景，让成长看得见，让未来有期盼。

一、建设依据

（一）数字教育的建设

习近平总书记在党的十九大报告中明确提出，要建设网络强国、数字中国、智慧社会。2023年2月，中共中央、国务院印发《数字中国建设整体布局规划》，为数字中国建设体系化布局提供了纲领性指导。2024年1月召开的世界数字教育大会显示，数字化转型已成为世界范围内教育改革转型的重要载体和方向。新时代数字中国建设已深入经济、政治、社会、文化及生态等各个领域，并产生了许多数字技术创新成果。分享经济、网络零售、移动支付等新技术、新业态、新模式不断涌现，深刻改变了中国老百姓的生活。

（二）科学理论的指导

"特质-因素"理论是美国波士顿大学教授弗兰克·帕森斯提出的人职匹配理论。该理论认为每个人都有一系列独特性，且可以进行客观有效的测量；每个人的特质又与特定的职业相关联。弗雷德里克·温斯洛·泰勒提出的科学管理理论认为，只有用科学化、标准化的管理替代传统的经验管理，才能提高工作效率，而高效率是雇员和雇主实现共同富裕的基础。

(三) 班级治理的实践依据

数字化时代，学生的个性体验和学习方式都发生了显著变化，他们善于利用数字技术表达自己的观点和情感。民族地区的高中生面临着语言、文化和社会经济等方面的挑战，学习兴趣和动力相对不足。在游戏化的班级数字治理中，数据不仅是记录和衡量学生表现的工具，也是引导他们明确志向的重要参考。游戏化的数字治理可以通过设置有趣的任务、挑战和奖励机制，激发学生的好奇心和探索欲，让他们在享受游戏乐趣的同时，增长知识和提升技能。

二、治理主题

(一) 主题内涵

班级治理以"'数'说青春，'志'向未来"为主题。"数"是数字、数据；"说"是丈量、记录；"'数'说青春"就是用数据来记录青春、记录成长过程。"志"是志向，是学生未来的人生愿景；"向"是导向；"'志'向未来"寓指以学生未来目标为导向。"'数'说青春，'志'向未来"就是以"志"为导向，用具体的"数"记录学生的成长过程，让成长过程可视化。根据可视化的问题导向和人生愿景的未来导向进行班级治理，促进班级智能化和生态化发展。

(二) 班级文化

班级治理坚持"每个人都可发光，汇聚起来便是星辰大海"的理念，全班喊响"创一流，敢争先；不抛弃，不放弃"口号，激励学生为班级荣誉向上攀登，为个人发展奋力拼搏。为了增强班级凝聚力，形成良好的班风，全班师生共同设计班级标识以及班级印章（见图1）。将歌曲《追光者》选为班歌；每一个治理小组都以光命名，比如追光组、逆光组、火光组、星光组等。

班徽　　　　　　　班级印章

备注：图中的星星和月亮代表每一位发光的同学；整个图像合在一起就是星辰大海。班徽和班级印章就是班级文化"每个人都可发光，汇聚起来便是星辰大海"的体现。

图 1　班徽及班级印章

（三）育人目标

班级育人总目标为培养具有自主学习能力、综合应用能力，有民族担当和全球视野的新时代建设者和接班人。高一、高二、高三分别围绕中国学生核心素养关键词确定年级目标。（见表1）

表1　班级育人目标

年级	关键词	说明
高一	自主学习、民族担当	能够顺利地从初中学习过渡到高中学习，较好地适应高中学习生活，能利用数字资源进行自主学习，养成良好的学习习惯；将爱国主义教育融入日常育人活动之中
高二	综合应用、民族担当	能够初步将所学知识与社会生活联系在一起，能一定程度上解决和阐述生产生活中的规律，提升综合应用能力；在育人过程中要刻意训练学生的民族担当精神，培养为"中国梦"奋斗的使命担当
高三	民族担当、全球视野	树立良好的人生观，找到自己的人生愿景，为考上理想的大学及专业而奋斗；培养学生的国际视野，为"专业报国"做准备

（四）育人活动

为了更好地达成育人目标，结合学校育人理念和班级实际情况，班级设置自主学习类、综合应用类、家国情怀类、国际视野类系列育人活动。（见表2）

表2　班级育人活动

年级	自主学习类	综合应用类	家国情怀类	国际视野类
高一	"给未来的自己写一封信"系列活动；激情早读；周考、月考；讲题互助活动；各种学习PK	探索会理县志；探究家族起源；会理绿陶制作；铜火锅的制作	"中华魂"演讲比赛；九一八纪念活动；纪念五四活动	收看《新闻周刊》节目
高二	激情早读；周考、月考；讲题互助活动；各种学习PK	小组种花；煮火锅；各种运动比赛以及团建活动	"一二·九"红色研学游；烈士陵园扫墓；"中华魂"演讲比赛	收看《新闻周刊》节目
高三	激情早读；周考、月考；讲题互助活动；各种学习PK	生涯实践；职业宣讲进校园	学雷锋；学宪法；庭审进校园活动	国际艺术节

三、治理实施

（一）治理机构

本着培养学生主人翁意识、增加班级凝聚力、增强班委亲和力、提高学生人际关系处理能力等原则,我们将班级治理机构分为班级常设机构、学科治理机构、自治委员会。全班学生根据自己的特长参与班级治理,让所有人有事做、所有事有人做。

1. 班级常设机构

为了更好地协助学校进行德育常规管理,加强班风班貌建设,组建由校学生会、校团委、班委会、团支部、行政小组组成的班级常设机构,负责班级常规管理。(见表3)

表3 班级常设机构

职能部门	组成及分工
校学生会	校学生会成员要协助学校管理全校的纪律、卫生等
校团委	团支部书记协助完成校团委相关活动
班委会	周一至周六每天1个值日小组,成员由6名值日班长、6名值日纪律委员、6名值日卫生委员、6名值日学习委员构成;值日班长统筹当天所有工作,纪律委员负责当日考勤以及纪律常规,卫生委员负责当日卫生常规
团支部	负责开展各种团支部活动,如志愿服务、文艺活动等,帮助团员们发展自己的兴趣爱好,提升综合素质;负责团员思想教育,引导团员们树立正确的世界观、人生观和价值观;负责对入团积极分子进行培养教育和考察
行政小组	由1名小组长和5名成员组成。小组长负责统筹本组纪律、学习、卫生、文艺活动、请假等工作,对小组进行自治管理;有权利对本组成员进行批评教育,以及按照评价标准对本组成员进行评价

2. 学科治理机构

为了更好地完成班级学科建设,组建由班主任、科任教师、学习委员、科代表、学科小组组成的学科治理小组。学科治理小组在培养学生学习兴趣和激发学生学习积极性的同时,加强对学生良好学习习惯的培养及监督指导。(见表4)

表4 学科治理机构

成员	职责
班主任	协调保障学科均衡发展,发挥好在学生、教师间对知识学习的桥梁作用
科任教师	负责本学科的教学工作,以及一定程度的德育工作
学习委员	对接科代表,负责汇总每日各科学习情况;检查学生的学习用品;协助班主任对学生学习过程中产生的问题做好收集整理,协助班主任做好各学科间的协调统筹工作
科代表	是科任教师的助手,是具体学科与班主任、学习委员、同学之间的桥梁纽带。负责做好日常作业的检查、收集工作,课堂学习过程中问题的收集反馈工作,本学科学习相对滞后同学的补差和监督工作
学科小组	学科小组成员和行政小组成员相同,由6名同学组成,刚好对应高考的6个学科,每一个成员刚好成为某一高考学科的学科组长。学科组长负责本学科日常学习任务的监督检查等,比如语文组长安排小组成员背诵默写古诗并进行批改,英语组长负责管理同学的听写

3. 班级自治委员会

为了增强班集体的凝聚力，让每一个学生都被看到，让每一个人都能意识到自己是班集体的一分子，除了班级常设机构里的班委外，其余人组成班级自治委员会，让班上每件事都有具体的人负责，让所有人都参与到班级管理中，成为班级真正的主人。（见表5）

表5 班级自治委员会

序号	名称	职责
1	组织委员	负责班级活动的组织、策划；对小组策划的活动进行指导审批和修改；负责活动方案的制订
2	宣传文员	负责班级整体环境的布置以及大型活动的组织策划；负责向校报投稿；以照片、视频记录班级活动，制作活动简报
3	生活委员	管理班费
4	心理委员	负责管理班级开心、伤心心理信箱；对部分同学进行简单心理疏导
5	家校联系员	负责联系家委会，和家委会共同管理班级的爱心基金
6	周边环境管理员	负责教室门口及周围的卫生管理
7	健康管理员	负责班级日常消毒，负责班级因病缺勤学生的管理
8	资料管理员	负责整理班级基本信息及材料
9	信息统计员	负责统计、整理学生基本信息，制作电子表格
10	花草管理员	负责教室内的植物管理
11	个人形象管理员	负责学生校服校牌穿戴以及仪容仪表的监督管理
12	讲台管理员	负责讲台上的物品管理，比如电脑、讲台、黑板等
13	工具管理员	负责工具间的卫生，以及劳动工具的整齐摆放
14	门窗管理员	负责教室门窗的关闭、教室照明管理
15	成长经验管理员	周末负责汇总班上同学的成长经验值

（二）治理制度

1. 常设机构根据学校相关规章制度运行

每个人各司其职，从小事做起，尽好分内职责，为班级服好务。每个人在履行职责时都要接受所有人监督，不认真履职或者履职不到位的，扣除其经验值。

2. 学习 PK 制度

分别以个人、小组、寝室为单位，进行各主体之间的学习 PK。每次月考结束后各主体兑现 PK 承诺，并商议确定下次 PK 对象和下次 PK 内容。PK 内容包括进步名次、分数排名等。

3. 经验值兑换制度

学生可以随时将经验值兑换成具体物品或希望实现的愿望，比如兑换成学习用品、小吃、不做某项作业等，可选择的形式多样。

（三）治理流程

借鉴游戏运行制度设计班级治理流程（见图 2）。结合目前较为流行的网络游戏原理，合理利用其激励机制进行班级"数据治理"，研制评价标准（见表 6），让班级治理变得可视化、智能化、精准化，最终用数据呈现学生成长过程。每个学生的成长过程都用经验值记录在《成长册》中。

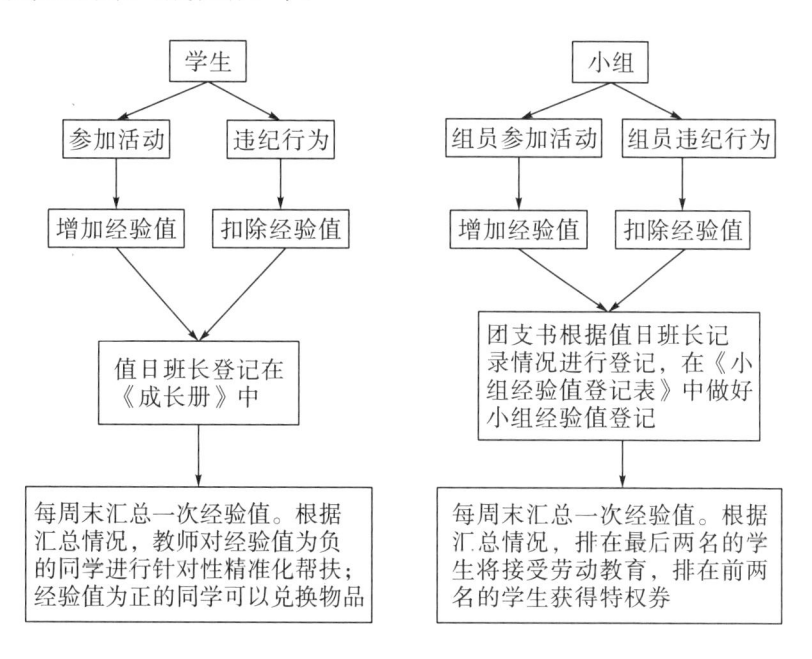

```
              学生                                    小组
          ／      ＼                             ／        ＼
    参加活动    违纪行为                   组员参加活动    组员违纪行为
        ↓          ↓                              ↓             ↓
    增加经验值  扣除经验值                  增加经验值     扣除经验值
          ＼      ／                             ＼        ／
    值日班长登记在                         团支书根据值日班长记
    《成长册》中                            录情况进行登记，在《小
                                            组经验值登记表》中做好
                                            小组经验值登记
            ↓                                         ↓
    每周末汇总一次经验值。根据              每周末汇总一次经验值。根据
    汇总情况，教师对经验值为负              汇总情况，排在最后两名的学
    的同学进行针对性精准化帮扶；            生将接受劳动教育，排在前两
    经验值为正的同学可以兑换物品            名的学生获得特权券
```

图 2　班级治理流程

表6 班级治理评价标准

评价主体	评价对象	评价内容	评价标准
教师、值日班长	学生	参加活动	参与班级活动+5经验值；参加学校活动+10经验值，获奖额外+5经验值；参加县级活动+20经验值，获奖额外+10经验值；参加州级活动+30经验值，获奖额外+15经验值；参加省级活动+50经验值，获奖额外加25经验值
		违纪行为	迟到、上课睡觉、教室内吃零食等一般违纪行为被班级发现-5经验值，被学校通报-10经验值；考试作弊、带手机进校园、早恋、打架斗殴、抽烟喝酒等重大违纪行为，一经发现，扣除200经验值
教师、值日班长、团支书	小组	组员参加活动	组员每增加5经验值，小组则+1经验值，小组每次因个人获得的加分不超过5经验值
		组员违纪行为	组员每扣除5经验值，小组则-1经验值，小组每次因个人被扣的分数不超过5经验值

四、治理成效

（一）学生成长

经过一学期的班级治理，学生个性及潜力被进一步挖掘，班集体在各级各类活动中取得了优异成绩。（见表7）

表7 学生及班集体成长成果

学生成长	书法大赛第一名
	数学笔记整理二等奖
	运动会跳高第一名
班集体成长	班集体运动会总分第5名（共22个班参加）
	军训中获评优秀班集体
	在半期考试中获评优秀班集体
	滚动考试中有35人进入更高层次班级学习（全班56人）
	期末考试中班级平均分、优生率、上线人数及上线率居同层次第一

（二）教师发展

在班级治理过程中，"数字治理"理念逐渐深入人心。班科教师主动提升数据素养，开展跨学科课程建设和游戏化教学改革。在期末考试中，班级学生语文、数学、英语、物理等学科成绩位于同层次班级第一。与此同时，班科教师正在筹备申报"民族地区高中利用数字治理班级的实践"课题，准备在数字治理方面继续探索，以研促教。

四川省会理第一中学　黄建祥

第二篇　学科育人

课堂是学科育人的主阵地，在现代信息化、智能化的互联网时代，"课堂"已不限于传统"教室"，而是由现实与虚拟、线下与线上、校内与校外组成的多样态、立体化、延伸性的特定时空。教师是落实学科育人的关键，在教学中坚持课程思政和思政课程同向同行，把习近平新时代中国特色社会主义思想贯穿于教育教学全过程、各环节。学生既是接受教育的客体，也是自我教育的主体，是教育教学活动的中心。正是师生基于学科课程在课堂上的互动交融而促成学生知识、能力及素养的全面建构，促成教师的自我更新和专业成长。

本篇根据"五育"并举的教育指导理念，从德、智、体、美、劳五个方面选择了10个教学案例，涉及小学劳动课、初中语文课、高中体育课、高中及中职思政课，中职学校的心理健康课、美育课、数学课以及旅游专业课等课程。这些课例中既有课题研究成果，也有参加国家级、省级、市级及区县级的教师教学能力大赛或展示的教学创新成果。教师们从解读党和国家相关政策、理解国家课程标准和全面发展素质教育出发，坚持以学生为中心的教学理念，整合教学资源、创新教学方法、探索教学评价，在学科教学中落实思政教育，上好每一节课，关爱每一个学生，让课堂成为师生生命成长的地方。

生活化教学策略在中职思政课中的实践应用

——以"中国特色社会主义"课程为例

思想政治课程是落实立德树人根本任务的关键课程，本文阐述了利用生活化教学策略，将思政小课堂与社会大课堂有机结合，让知识来源于生活又回归生活，从而提高中职思政课教学成效的实践案例。

一、研究背景

（一）政策依据

为贯彻全国职业教育大会精神，按照中共中央办公厅、国务院办公厅《关于推动现代职业教育高质量发展的意见》《关于深化现代职业教育体系建设改革的意见》《关于深化新时代学校思想政治理论课改革创新的若干意见》等文件部署要求，深入推进习近平新时代中国特色社会主义思想进教材、进课堂、进学生头脑。贯彻落实习近平总书记在学校思想政治理论课教师座谈会上提出的"八个相统一"要求，深化教学改革，创新教学方式方法，增强思政课的思想性、理论性和亲和力、针对性。

（二）理论依据

陶行知提出了"生活即教育，社会即学校，教学做合一"的生活教育主张，强调了生活对于教育的重要性和必要性，生活既影响了学生学习的方式，又改变了教师教学的方式。这启示我们要在生活中探索实践、发现问题，再借助书本及生活中所学到的知识解决问题，得出答案，最终构建起自己的知识体系，在生活中灵活运用。

（三）实践依据

我们的授课对象是建筑专业高一年级学生。调查发现，学生喜欢运用信息化手段学习，喜欢操作性和生成性较强的课程，理论学习兴趣低，学习能力差异较明显。基于此，通过谈话、角色扮演、多媒体等手段，并以生活化教学语言、生活化教学情境、生活化课后实践辅助，让思政课堂教学呈现出更多的生活化特征，拉近思政课堂与生活之间的距离，进而有效激发学生的学习兴趣，培育学科核心素养，更好地促进学生成长。

二、课程分析

（一）"中国特色社会主义"课程标准的要求

坚持以习近平新时代中国特色社会主义思想为指导，全面贯彻党的二十大精神，充分体现马克思主义中国化时代化最新成果，落实立德树人根本任务，引导学生通过自主思考、合作探究，培育学科核心素养，厚植爱党爱国爱社会主义的情感，广泛践行社会主义核心价值观，坚定"四个自信"，为成为德智体美劳全面发展的社会主义建设者和接班人，成为担当民族复兴大任的时代新人奠定世界观、人生观、价值观基础。

（二）对"中国特色社会主义"课程教学的创新思考

建"生活化"课堂，让思政课程回归生活。倡导思政课程生活化教学，课前、课后两个阶段均从生活中选择案例，采集情景，做好教师"教"和学生"学"的两方面准备，把思想政治小课堂与社会生活大课堂统一起来，让"高高在上"的思政课回归生活、指导生活、创新生活。（见图1）

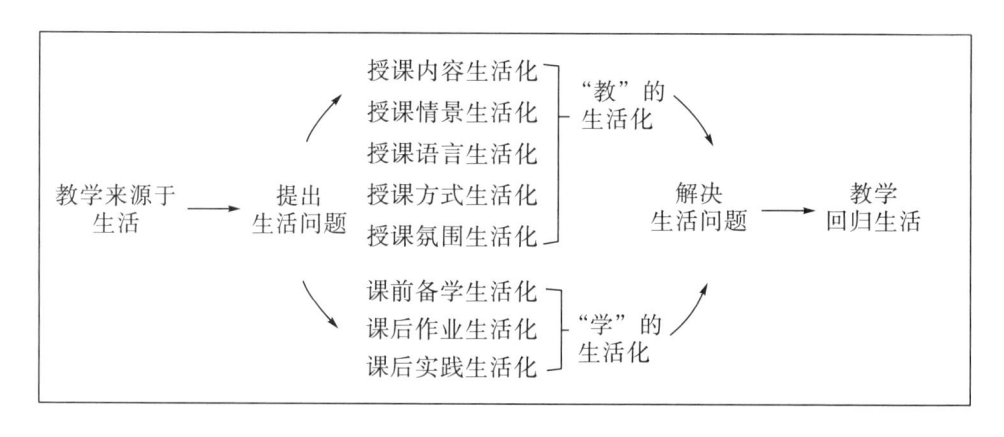

图 1　生活化课堂流程图

做"体验性"实践，促认知化为行为。重点设计了"体验性"实践，让学生把课堂知识与个人行为融为一体，达到知行合一，让思政课程力量为学生健康成长注入不竭动力。思政教师提供开放的教学情境，师生共同平等参与，采用开放式的教学内容、教学方法、教学手段和评价方式，增强思政课的实效性、吸引力和感染力。

重评价，彰显育人全面性。坚持以学科核心素养为评价标准，注重"三主体"（学生、朋辈、教师)和"三维度"(过程评价、结果评价、素养发展评价),形成相应评价模式。评价不局限于课内内容,还会把本课程建立的学生学习档案中全面记录学生学科核心素养发展轨迹的事例纳入其中,注重对学生成长进行评价。(见图2)

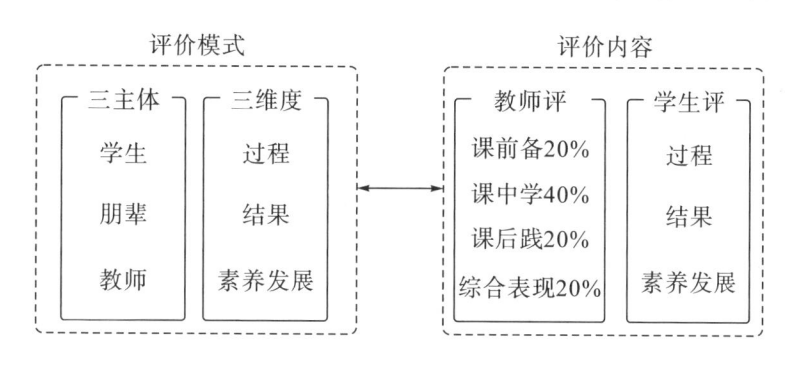

图 2 新评价模式图

三、教学案例

(一) 教学课题分析

1. 课题介绍

本课内容为《中国特色社会主义》第六单元第 15 课"建设美丽中国"。本课以"公园城市的'生长'之路——优化生态安全屏障体系"为题,学习包括加大生态系统保护力度以及实行最严格的生态环境保护制度的意义和要求等。学习本课,学生将明确建设美丽中国的基本要求,理解建设生态文明是中华民族永续发展的千年大计,增强环保意识和能力,从身边小事做起,自觉为建设美丽中国做贡献。

2. 教学目标

理解我国加大生态系统保护力度的意义,明白我国加大生态保护与修复力度和构建生态环境保护制度的要求;了解我国实行最严格的生态环境保护制度的原因,理解保护生态环境必须依靠制度、依靠法治;增强环境保护意识和能力,为建设美丽中国做贡献。

3. 重点难点

重点:理解加大生态系统保护力度、实行最严格的生态环境保护制度的主要原因。

难点:明确加大生态系统保护力度、实行最严格的生态环境保护制度的要求。

(二) 教学策略设计

1. 教学理念

生活化教学理念,将思政小课堂同社会大课堂结合起来,春风化雨、润物无声,让思政教育来源于生活,又回归生活;师生相互尊重,平等相待,双向沟通,体验共生。

2. 设计思路

以公园城市的"生长"之路作为议学主线,合作探究理解我国加大生态系统保护力度的意义,增强环境保护意识和能力,从身边小事做起,自觉参与本地生态环境保护治理活动,为建设美丽中国做贡献。(见图3)

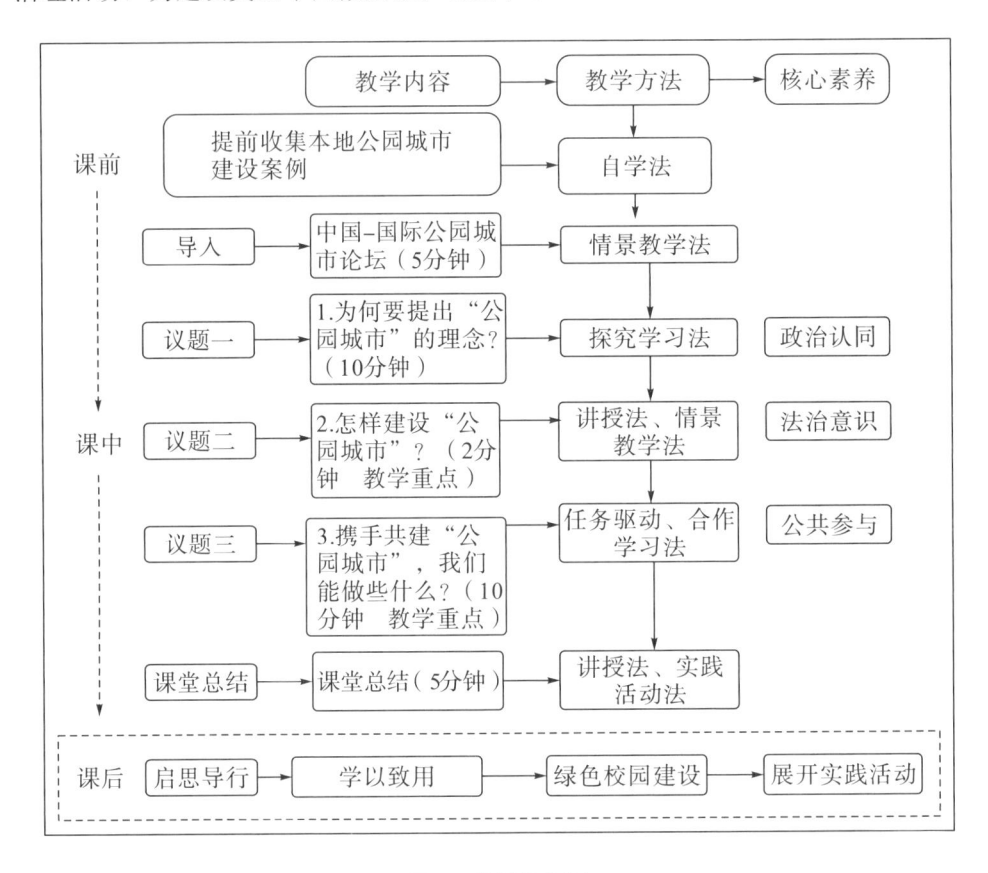

图 3 教学流程图

3. 教学流程

课中学习是课例实施的核心环节,基于议题式教学的设计特点,课中学习的教学设计如表1、表2所示。

表 1 课中教学第一部分

公园城市的"生长"之路——优化生态安全屏障体系					
环节	教学内容	教师活动		学生活动	设计意图
采生活花絮激兴趣	优化生态安全屏障体系的引入	话题导入: 2023年4月26日,第三届公园城市论坛和第六届国际城市可持续发展高层论坛开幕		1. 分享交流论坛交流盛况。 2. 观看视频论坛新闻报道	引入话题,激发学生学习兴趣

续表

		公园城市的"生长"之路——优化生态安全屏障体系		
环节	教学内容	教师活动	学生活动	设计意图
择生活素材辨议题	一、加大生态系统保护力度的原因和具体要求	议题1：为何要提出"公园城市"的理念？ 环节一：走进城市 1. 展示PPT 2018年2月，习近平总书记首次提出"公园城市"理念，强调要"突出公园城市特点，把生态价值考虑进去"。 2. 组织展示 组织学生根据课前收集资料，展示某市公园城市建设成效。 3. 组织讨论 国家为何要提出"公园城市"理念？其生态价值是什么？ 4. 相关链接（见教材P144） 带领学生一起阅读"国家公园"部分，画出关键词，帮助学生理解国家公园的内涵。 5. 议学小结（见教材P143） 加大生态系统保护与修复力度，是建设美丽中国、构建生态安全体系的必然要求	1. 阅读材料 2021年10月，《成渝地区双城经济圈建设规划纲要》发布。 2. 代表展示 从人民生活改善、幸福指数提升、环境改善等方面，展示成都市公园城市建设成效。 3. 小组讨论 国家为何要提出"公园城市"理念？其生态价值是什么？ 4. 阅读链接（见教材P144） 了解"国家公园"含义及建设状况，画出关键词	结合公园城市建设，让学生更能领悟加大生态系统保护力度的原因；理解推进以国家公园为主体的自然保护地体系建设对于加大生态保护和修复力度的重要意义，增进理解和认同
		环节二：拓宽视野 1. 阅读案例（见教材P143） 阅读书上毛乌素地区案例。 2. 问题思考 毛乌素地区的变化给我们什么启示？ 3. 议学小结 • 要坚持系统观念，统筹山水林田湖草沙一体化保护和系统治理； • 科学构建国土空间生态安全格局，强化用途管制，划定并严守生态保护红线、环境质量底线、资源利用上线，组织实施主体功能区战略，推进以国家公园为主体的自然保护地体系建设，加强生物多样性保护，系统开展生态退化地区修复治理，科学开展大规模国土绿化行动，完善立法、严格执法，加强法治保障	1. 阅读案例（见教材P143） 阅读书上毛乌素地区案例。 2. 聚焦议题 毛乌素地区的变化给我们什么启示？加大生态系统保护力度的要求有哪些？ 3. 上网搜索 榆林市西沙地区的前后变化，查找资料、图片、视频。 4. 分享交流 汇总结果，平板上传，全班分享，汇报成果，交流展示	引导学生认识到要正确处理人与自然的关系，明白加强生态系统保护的重要性

表2 课中教学第二部分

环节	教学内容	教师活动	学生活动	设计意图
		公园城市的"生长"之路——优化生态安全屏障体系		
悟生活现象正思想	二、实行最严格的生态环境保护制度的原因、要求	议题2：怎样建设"公园城市"？ 1. 材料出示 　某市2023年未来公园社区建设现场推进会暨工作推进专班全体会议。 2. 发布任务 　寻找公园城市幸福密码。 3. 组织分享 　邀请学生上台交流，展示讨论成果。 4. 材料出示（见教材P144） 　阅读书上"阅读与思考"材料，思考国家为保护生态环境出台了哪些法律、法规制度和指标体系，起到了什么样的作用。 5. 议学小结 　·要加快制度创新，增加制度供给，完善制度配套，必须构建产权清晰、多元参与、激励约束并重、系统完整的生态文明制度体系。 　·制度的生命力在于执行。要落实中央生态环境保护督察制度，推动层层压实环保责任，保证党中央关于生态文明建设决策部署落地生根见效	1. 阅读材料 　某市未来公园社区指标体系。 2. 任务完成 　在任务单上完成，上传至云平台。 3. 分享展示 　小组代表上讲台完成任务展示，输入幸福密码，解锁公园城市。 4. 阅读材料 　思考国家为保护生态环境出台了哪些法律、法规制度和指标体系，起到了什么样的作用 5. 分享交流 　通过抢答，分享交流各自思考的成果	通过寻找幸福密码，解锁公园城市探究任务，增强学生体验，进一步深刻领悟实行最严格的生态环境保护制度的原因和做法
创生活情境谋践行	三、用自己的实际行动助力生态环境保护	议题3：携手共建"公园城市"，我们能做些什么？ 1. 发布任务 　撰写《"公园城市，我来助力"倡议书》建设绿色家园是人类的共同梦想，保护生态环境、应对气候变化，需要我们每一个都踊跃参与到"美丽公园城市，我是行动者"的行动中。 2. 组织分享 　指导小组实践活动、分享展示、成果点评	1. 活动探究 　查阅相关资料，了解全球变暖的原因和我国为应对全球变暖所做的贡献，结合所学知识，撰写一份行动倡议书。 2. 分享展示 　小组代表上台分享展示成果，包括行动背景、行动目标、行动要求（至少三点）	引导学生结合所学专业，创设携手共建"公园城市"情景活动，让学生运用所学知识，用自己的实际行动助力生态环境保护，提升公共参与意识
凝全员智慧达共识		教师总结：打造公园城市，厚植生态底色，推动绿色发展，让我们在绿色画卷中诗意栖居！		

课中教学第一部分着重理解加大生态系统保护的原因和具体要求，明白"是什么""为什么"，通过引入现实案例，引导学生加深理解，增强教学效果；第二部分着重结

合学生专业所学，引导学生在生活中践行生态文明理念，弄清"怎么做"。

4. 教学反思

本课紧紧围绕议题设计活动，通过层级议题的开展，层层递进，让学生深入参与情感体验、思维体验、交往体验，促进学生学习方式的转变。贴近学生，贴近生活，从学生自身的生活经历入手，加强社会实践，打造培育学科核心素养的社会大课堂，培养学生实践能力和创新能力。

不足之处在于：对学生实践参与情况的关注不够，教师在教学过程中对某些学生没有给予充分的关注、指导和督促。

四、教学成效

（一）学习效果

学生学习方法不断优化，知识面不断拓宽，能运用马克思主义立场、观点和方法观察分析文化、社会、生态等现象，并进行正确价值判断和价值选择。专题测验结果显示，97%的学生掌握了课堂所学知识。

学生参加学校2023年思政知识大赛，班级平均分高于年级平均分10个百分点。学生参加2022年"喜迎二十大，奋进新征程"征文比赛，获得校级一等奖2个、二等奖3个，居全校第一。学生积极参与优秀传统文化学习和推广活动，入团积极性显著增强，志愿服务频次增多。

（二）问题与改进

问题：学生学习本专题兴趣较高，但主要体现在探讨和实践环节，在探讨过程中，反映出学生的知识还较为贫乏，思考问题还停留在表面，亟待增强学生的文化知识基础、提升学生思维能力。

改进：精心研究思想政治课理论教学的方式方法，以更加灵活和学生喜闻乐见的形式教授思想政治课，探索"走出去"和"请进来"的有机互动的教学模式。

四川省双流建设职业技术学校　陈嫱
四川省成都市礼仪职业中学　文成忠
四川天府新区综合高级中学　王琴
成都市现代职业技术学校　周毅姗
成都市双流区教科院附属学校　贾锐

中职美育课程思政的教学创新实践

——以"一滴水的故事：平面构成"课程为例

为全面贯彻党的教育方针，落实立德树人根本任务，坚持五育并举，培养全面发展的社会主义建设者和接班人，本课题在中职艺术课程中，以"一滴水的故事：平面构成"课程教学实践为例，以美育人，激发学生的审美兴趣，增强学生的文化自信，丰富学生的精神世界，提高学生的鉴赏能力，引导学生树立正确的世界观、人生观和价值观，自觉践行社会主义核心价值观，提升道德修养，培养爱国情操，探索中职美育课程思政的教学策略。

一、研究背景

（一）政策依据

党的十八大强调要加强中等职业学校艺术教育工作，提升学生人文素养和艺术鉴赏水平，提高职业教育人才培养质量。党的二十大要求进一步加强学校美育工作，强化学校美育的育人功能。2023年，教育部出台《教育部关于全面实施学校美育浸润行动的通知》，强调要大力发展素质教育，以社会主义核心价值观为引领，弘扬中华美育精神，坚定文化自信，以浸润作为美育工作的目标和路径，将美育融入教育教学活动各环节，潜移默化地彰显育人实效，彰显美育活动具有提升审美素养、陶冶情操、温润心灵、激发创新创造活力的功能，培养德智体美劳全面发展的社会主义建设者和接班人。

（二）理论依据

美育不仅是艺术教育，更是一种人文教育，文化基础是学生发展核心素养之一。文化是人存在的根和魂，文化基础强调能习得人文、科学等各领域的知识和技能，掌握和运用人类优秀智慧成果，涵养内在精神，追求真善美的统一，培养有宽厚文化基础、有更高精神追求的年轻一代。美育思想自古就有，孔子在"仁"的核心思想基础上提出"礼乐相济"的美育价值观，《荀子·乐论》中也提到了"美善相乐"。美育是培养人全面发展的重要途径之一，中职美育课程让更多的学生了解美术及应用美术的知识，熟悉其基本审美特征，理解作品的思想情感和人文内涵。

（三）实践依据

中职学生的年龄大致在 15~18 岁，处于青春期的中后期阶段，个人爱美意识觉醒，有自己的独立想法，有着强烈的追求美、欣赏美的愿望。但是，中职学生心智还不算很成熟，审美意识相对单一，感悟美、体验美的能力较薄弱。同时，在义务教育阶段受传统应试教育的影响，学生的审美素养和审美能力未能得到适当的培养。在中等职业学校开启美育课程，上好每一堂美育课，不仅能满足学生个体成长的需求，更有助于为社会输送更多高素质、全面发展的人才，为满足人民对美好生活的向往提供人才支撑。

二、教学课题

（一）"一滴水的故事：平面构成"课程标准的要求

艺术课程是中等职业学校学生必修的一门公共基础课，通过艺术作品赏析和艺术实践活动，学生可以了解或掌握不同艺术门类的基本知识、技能和原理，树立正确的世界观、人生观和价值观，增强文化自觉与文化自信，丰富其人文素养与精神世界；增强对艺术的概括与分析评判的能力，开发创造潜能，培养艺术欣赏能力，提升文化品位和审美素质，培育学生职业素养、创新能力与协作意识，提高综合素养。

（二）对"一滴水的故事：平面构成"课程目标的探究

思政教育是社会和人的发展需要，是体现以人为本的活动，将思政教育贯穿到各个学科中，能够进一步增强学生的思想道德素质和社会使命感，提升综合素质。美育课程与思政融合旨在引导个体在美育熏陶下接受思政教育。美育课程将艺术与生活紧密联系在一起，将马克思主义理论贯穿教学全过程，逐层引导学生在探索感悟中接受文化的熏陶，充分挖掘思政因素，有机渗透思政内容，寓德育于教学内容和教学过程之中，调动学生积极性的同时也丰富了他们的审美体验，拓宽了艺术想象空间，帮助学生在艺术赏析中感悟文化的力量，塑造积极品格，增强文化自信。

（三）对"一滴水的故事：平面构成"课程思政的创新思考

首先，文化渗透课程的理念创新。将"一滴水的精神"渗透到教学全过程，把"水的品质"融入生活和实践过程中，使学生能够更好地理解生活的意义和价值，提升道德修养。其次，学生合作探究、体验、感悟、实践的教学方式创新。关注学生学习表现、沟通能力和团队协作能力等综合素质的发展，把生活中的所见所想植入课堂，打破思政课融入学科难的壁垒，增强课堂教学吸引力，拓展学生的知识面和视野，培养学生的综合素养和能力。最后，将学生置身于真实情境中参与规划、实施和总结的评价创新。评价学生实践和实际解决问题的能力，如通过把自己比作构成元素，小组合作完成作品，提高学生的创新能力和实践能力。

三、教学实施

教学用时两课时，本课题为第一课时，授课对象为中职学校幼儿保育专业学生。学生性格活泼，追求美，具备一定的绘画基础，喜欢动手实践，热衷于参与课堂活动，期望在轻松愉悦的氛围中学习。

（一）教学内容

教学课题"一滴水的故事：平面构成"选自中等职业教育课程改革国家规划新教材《公共艺术（美术篇）》第六单元"构成基础"的第一节"平面构成"，是培养设计及创新能力的起步内容。

（二）教学流程

遵循职业教育教学规律和中职学生发展特点，结合学生生活经验和专业学习实际，重在拓展审美视野，提高审美能力。（如图1所示）

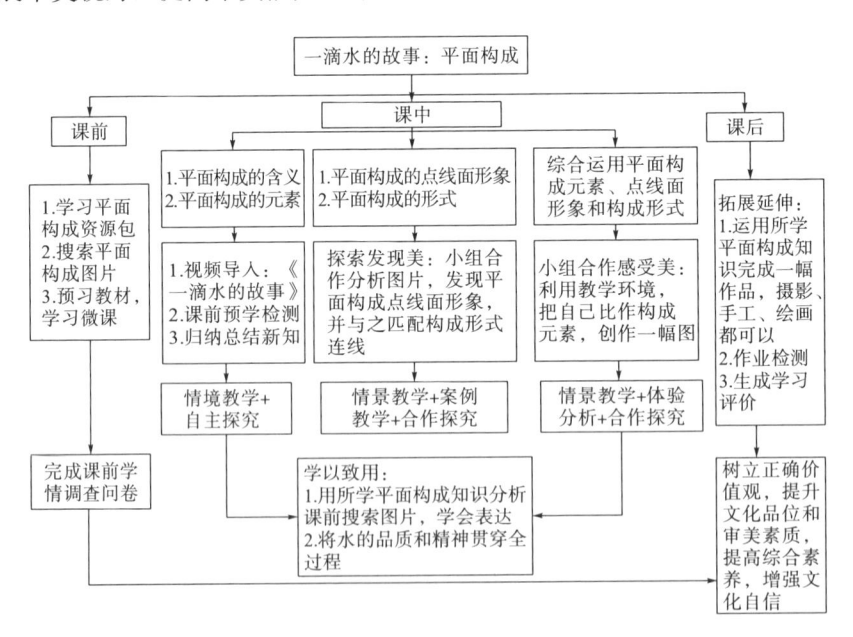

图1 教学流程图

（三）课中教学部分展示

课中教学环节是落实课程思政的关键，通过观察一滴水的变化，引出课题，将"水的品质"与学科知识相结合。通过体验活动让学生在小组合作探究中探索、感悟和践行，培养协作能力和创新能力，提升审美品质。（如表1所示）

表1 "一滴水的故事：平面构成"课中教学部分

教学环节	教学内容	学生活动	教师活动	设计意图	教学手段
一、导入（3分钟）	视频：《一滴墨水》	观看视频，思考问题：你看到一滴墨水变化出了多少种图象？并记录下它们的名称	1.邀请1~2名同学分享结果 2.引入课题	1.培养学生观察力 2.激发兴趣	视频 PPT课件
二、探索新知 ↓ 发现美（17分钟）	1."知识抢答"——通过欣赏图片，巩固点线面形象的知识 2.看图连线	1.发现点线面的形象 2.对应9幅图片，完成与平面构成9种形式的连线	1.展示补充的典型图片，引导学生发现点线面形象 2.引导学生巩固对平面构成的元素、点线面形象及形式的理解和掌握 3.小组互评：小组长交叉评价每位同学完成情况	1.培养学生自主学习能力 2.检测学生自学情况	1.PPT课件 2.Hiteach系统（抢答与反馈功能）
	3.观看微课	根据微课，找出空间、骨骼与错视3种平面构成形式的根本特征及其变化	教师利用微课帮助学生突破学习重点，根据学生的模糊认知做重点指导	巩固知识，突破重点	微课
三、合作探究 ↓ 感受美（10分钟）	体验活动："你我都是点线面"	运用所学知识，利用教学环境，把自己作为点线面，创作一幅图 1.小组合作完成 2.时间：5分钟 3.空间：教室的任何地方 4.形式：从空间、骨骼、错视等9种构成形式中任选一种来完成创作 5.分享：各组拍图上传，并派代表上台分享	1.说明体验活动的任务和规则 2.组织小组讨论，小组代表上台分享 3.教师结合评价标准，点评学生的创作图片，选出最具特色和创意的图片	体检创作的快乐	PPT课件 Hiteach系统

续表

教学环节	教学内容	学生活动	教师活动	设计意图	教学手段
四、迁移运用 ↓ 欣赏美（8分钟）	学会欣赏美："我来说说我的图"	运用平面构成的点线面形象以及9种构成形式上台介绍自己搜索的图片	选2~3张学生课前搜索的图片。通过点评，尊重每个学生的自由发言，引导学生学会欣赏平面构成形式的方法，并为下一课时实践活动做好铺垫	1. 拓展延伸，强化知识 2. 学会发现生活中的美 3. 学会表达	Hiteach系统平板

在课堂学习中加入德育元素，关注学生在教学过程中的成长与发展，总结升华主题，为学生踏入职场和社会做准备，帮助学生理解生活的意义和价值，提升道德修养。

四、教学成效

（一）成果

《一滴水的故事：平面构成》教学案例荣获2016年全国中等职业学校美育课"创新杯"教师信息化教学大赛三等奖。

（二）学生成长

中职学生通过美育课程的学习，丰富了审美知识，强化了审美体验和审美能力。首先，从自身着装上发生转变，能够自觉抵制不良风气的影响。其次，积极参加各级各类活动比赛，充分发挥自己的审美特长，屡创佳绩，获得中职风采大赛评委们的一致好评。此外，拓宽了就业渠道，有的选择踏入了美妆行业，成为化妆师、美妆博主；有的在服装行业发光发热，成为服装导购、陈列师等；有的成为幼儿教师、保育员，在幼儿园陪伴小朋友健康成长；有的成为汽车销售员、汽车美容师等；还有的用电子信息技术掌控无人机。最后，美育教育培养了学生高尚的道德情操，促进了他们的全面发展，使他们更加热爱祖国，热爱生活。

（三）教师成长

在美育课程熏陶下，教师提高了整体素质和个人修养，丰富了知识结构，转变了教学观念，更加重视中职美育课程的开发与实施。教育理念、教学模式、教学方法、评价手段的更新，使教师能够更好地在不同学科中发掘思政元素，同时也调动了教师参加各类培训、比赛及研讨活动的积极性。

(四)问题改进

虽然信息化教学手段使课堂更加直观形象,提高了学生的参与度,促进了师生互动、生生互动,促使课堂氛围轻松活跃,但是由于空间环境的限制,学生还是不能充分发挥想象与创造力。在以后的教学中,可以创设更多教学情境,拓展更多教学空间,让学生提前预习单元内容,完成有空间局限的任务,课上结合学科知识进行评价修改,课后开展多元化的美育实践。另外,可以将美育课程评价纳入学生成长档案袋,关注对学生的成长性评价。

成都电子信息学校　房国臣

拟写文案悟自然情怀 社区服务扬文化自信

——课程思政视域下中职语文专题教学创新实践

课程思政，育人无形；文以载道，汇则兴邦。在教育改革浪潮的推动下，职业教育正迈向提质培优、增值赋能的新征程，育人模式亟待创新。为此，我们围绕"三教"改革，推进五育并举，以"中外文学作品选读"专题为引，融合社区公共事务管理专业课程，深入挖掘"自然情怀"群文阅读中的思政精髓，并将其无痕渗透到专题教学始终，以更好发挥文学作品在传承文化、培育情怀、塑造人格等方面的独特作用，为学生的全面发展与终身成长筑牢基石。

一、研究背景

（一）政策依据

1. 自然之道，和合共生

追求人类与自然和谐共生，实现天人合一、相生相成，是绿色发展理念的基石，同时生态文明建设也是关系中华民族永续发展的根本大计。在当前生态文明建设的关键时期，国家积极出台并实施一系列政策，旨在将"绿水青山就是金山银山"的理念根植人心，彰显了我国对生态文明建设的坚定承诺，更向世界展示了中国式现代化所蕴含的独特生态智慧与魅力。

2. 社区服务，文化育人

人无精神不立，国无精神不强。中华民族精神深深地根植于绵延数千年的中华文化之中，为传承与弘扬中华民族精神，国家对文化教育事业倾注了深切的关怀并不懈推进其发展，视其为民族振兴、国家富强的关键所在。作为社会的微观单元，社区承载着文化传承、教育引导、服务群众等多重功能。这要求社区工作不仅要有温度，厚植为民情怀，更要有高度，打造智慧社区，打通服务群众的"最后一公里"。

（二）理论依据

1. 相同要素理论

基于文专融通的教学实践，本专题教学运用了学习迁移理论之共同要素说理论，主要是将语文课堂文本赏读的能力迁移并运用到社管专业"绿色文化长廊"文案微写作的专业学习中，以此实现语文学科与专业课程的互动双赢。此外，设置了课后延学的第二课堂，有针对性地将第一课堂散文群文阅读所学方法迁移至第二课堂小说、诗歌的相关学习中。

2. 建构主义理论

建构主义是群文阅读的重要理论支撑，本专题教学以"自然情怀"为议题，精选散文、小说、诗歌经典篇目组文，引导学生通过情境教学和自主合作探究的方式，多角度、渐进式地开展群文赏读，感受文中自然之美，进而体悟自然情怀。

（三）实践依据

1. 学科思政，知德共进

立德树人是课程思政教育的根本任务。兼具智育和德育功能的中职语文学科，不仅肩负着提高学生文化素养的职责，更承载着提升学生思想道德修养的重任。

2. 需求导向，学情定教

《社区公共事务管理专业人才培养方案》要求培养兼具审美眼光、人文素养、服务意识和工匠精神的社区服务管理专才，使其能够胜任社区管理与活动策划等任务。针对学生赏读、说写能力上的不足，着重夯实学生文化基础，强化提升其语言文字运用、思维和审美能力，落实文专融通、读写相长的教学实践。

二、课程分析

我们融合党的十八届五中全会提出的创新、协调、绿色、开放、共享的新发展理念和党的二十大提出的推动经济社会发展绿色化、低碳化是实现高质量发展的关键环节，以"中外文学作品选读"专题为载体，聚焦"自然情怀"，深度对接"社区活动与策划"课程任务，通过构建群文阅读课堂，逐步引导学生协作撰写"绿色家园"布展文案，旨在深化学生对自然的感悟，在提升其语文素养的同时，助力其生成社区服务能力。

（一）中职语文课程标准的要求

根据公共基础课程教学内容体现思想性、科学性、基础性、职业性、时代性的要求，本专题教学紧扣《中等职业学校语文课程标准（2020 年版）》，重构教材、精心组文，引导学生阅读多种体裁的中外佳作，感受作品之妙，品味语言之美，体验情感之韵，既培养审美情趣，又提升人文素养，进而有效服务于专业人才的培养需求。

（二）对"自然情怀"群文赏读课程思政的思考

针对学生，逐层深入引导学生建立起社区服务工作者需有的职业担当。课程通过赏读精选篇目，使其具备"匠情"，能品味自然之美；通过拟写文案配文，使其具备"匠智"，能感悟天人合一的情理；通过导赏文化长廊，使其具备"匠艺"和"匠德"，能传播美丽中国理念。

针对社区服务管理，通过社区文化长廊布展作品，实现社区文化以美育人、以文化人、以思启人的功能，增强社区居民的文化自信。（如图1所示）

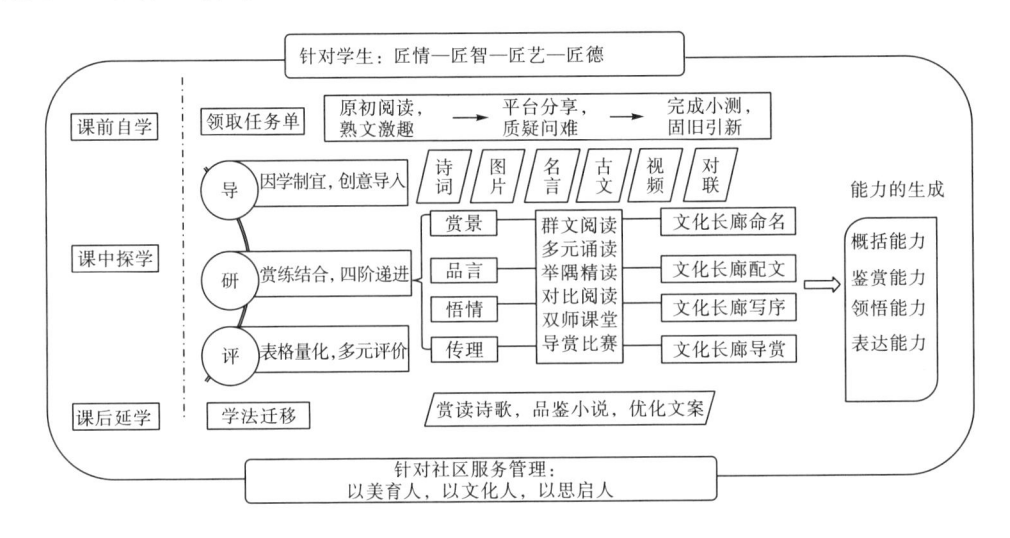

图1 本专题教学思政体现

（三）对"自然情怀"群文赏读课程教学的创新

群文整合与专题式教学深度融合。采用群文教学模式，整合多篇中外文学作品，围绕"自然情怀"议题选材组织。此举突破了单篇教学的局限，避免了教学流程重复和内容分散，让学生在更宽广的视野中理解文本，深化认知。

任务驱动系统性和递进性有序推进。围绕社区文化长廊文案撰写的中心任务，设置"赏景、品言、悟情、传理"的学习任务，引导学生从感知情景、品味语言，到领悟情感，最后传递理念，逐步习得知识与方法。此设计旨在打破传统教学同类文章学习方法难以贯通、学习能力难以迁移的困境。

过程性评价与增值性评价综合分析。为每位学生打造多元评价路径，从学习状态、效果及团队协作三个维度，深入剖析其学习表现与成长轨迹，以学生自评、教师评价及行业专家点评等方式，共同构建全方位评价网络，确保评价全面准确。此评价方式注重个体发展，能够帮助教师有效提供个性化指导，帮助学生认识自我、提升自我。

三、教学实践

（一）教材与资源分析

本课例是"中外文学作品选读"专题教学中第十课时任务三"悟情写序"的第二课时，面向社区公共事务管理专业学生展开教学。

授课教材是中等职业教育课程改革国家规划教材高教版《语文》。

线上教学资源包括线上博物馆数字展厅链接、时政要闻推送等。

辅助教学材料有情理类前言、结束语的写作范例，以及社区文化长廊布展要求等。

（二）教学主题与对象分析

本课例的教学目标为引导学生深入理解展览前言与结语内涵，掌握写作技巧。结合"绿色家园"文案写作，探索自然之美，感悟"绿水青山就是金山银山"的理念，精准传达展览主题，以培养学生敬畏自然、热爱自然的意识。任务式学习让学生体会社区文化育人价值，增强社会责任感。

教学重难点为引导学生集体协作，通过对文稿的反复阅读与揣摩，深入理解展览前言和结束语的内涵，进而掌握其特有的写作手法和结构布局，以更好地为社区文化长廊撰写文案。

（三）学情分析

在信息化素养方面，学生在筛选、理解和应用信息的能力上呈现出显著的差异；在情理写作方面，多数学生很难将情感与技巧融合，文章深度和感染力不足，难以触动人心。

（四）教学过程设计与实施

在教学理念与设计思路上，本课例秉持"以学生为中心，以实践为导向"的教学理念，让学生在参与中体验、在体验中感悟、在感悟中成长。一是注重启发式教学，通过自主学习、问题引导、案例分析与评价等方式激发学生对自然的敬畏与热爱之情，进而深化对人与自然关系的理解。在培养其审美情感与人文关怀的同时，提升其语言表达与创作能力。二是强调学生的主体性，鼓励他们积极参与课堂讨论、小组合作，主动探究和解决问题。

为培养学生自主探究学习习惯，教师课前线上推送导学资料，指导学生初步掌握情理类前言、结束语的写法。学生结合社区文化长廊布展要求，小组合作拟定初稿。线下课堂则通过推送时政要闻，引导学生树立绿色发展理念，明确情理相融的写作要

点。布置课后任务，要求优化前言和结束语，以深化理解。（如表1所示）

表1 教学流程

	教学环节	教学内容	学习任务	学习方法	思政目标	教学资源
课题引入	竞技游戏激发热情	完善对联	说出"七彩乡村""生态城市""自然中国"的上联或下联	游戏导入小组合作	用语言表达对大美中国、绿色中国的热爱与自豪	对联常识及题目展示
课中探究	作业展评明确不足	借助课前拟写作业强化前言、结束语的特点及写作要求	结合前言、结束语的特点及写作要求评析小组作业：社区文化长廊前言和结束语初稿	作业评价	评优劣，析不足，能正确认识自身学习不足	1.展览前言与结束语导学案资料 2.学生作业
	时政学习树立理念	推送有关人与自然时政新闻	有效学习和利用时政信息，强化前言和结束语情理相融写作要求	发现学习归纳整理	拓宽视野，树立人与自然和谐共生的发展理念	学习强国APP关于"人与自然和谐共生"相关时政信息的网络资源
	修改完善提高升华	规范及完善"绿色家园社区文化长廊"前言及结束语写作内容	结合时政，运用群文阅读中所学情理交融的语言表达技巧，修改完善前言、结束语撰写	头脑风暴小组探究	引导学生在反复讨论修改中明确人与自然的关系，并形成自己的理解，培育其工匠精神	1.小组作业 2.时政笔记 3.线上博物馆
	师生点评推优树典	师生总体点评"绿色家园社区文化长廊"前言及结束语修改稿	展示与点评作业过程中深刻体会展览前言与结束语情理写作的要求与内容	分组作品展示PK	1.引导学生在展示过程中树立自信，深切感悟执政为民思想 2.强化布展作品以美育人、文案创作以文化人、感悟导赏以思启人的功能，切实感受社区文化育人的意义	1.小组作业 2.导学案资料 3.学习评价表
课后任务	用所学悟情理的方法，感悟诗歌《归园田居》《水仙》中的情理和小说《荷花淀》《边城》中的情理，优化文化长廊前言和结束语，形成定稿					

为检测教学目标达成情况，针对教学内容，本课时从学习状态、学习效果、团队协作三个维度展开测评，形成过程性评价与终结性评价相结合的学生学习评价档案。（如图2所示）

主体多元
学生　教师　专业教师　行业导师

方法多样
学生自评　小组互评　教师评价
作业评价　课前评价　课后测评

多元评价

评价多维
学习态度　学习效果　团队协作

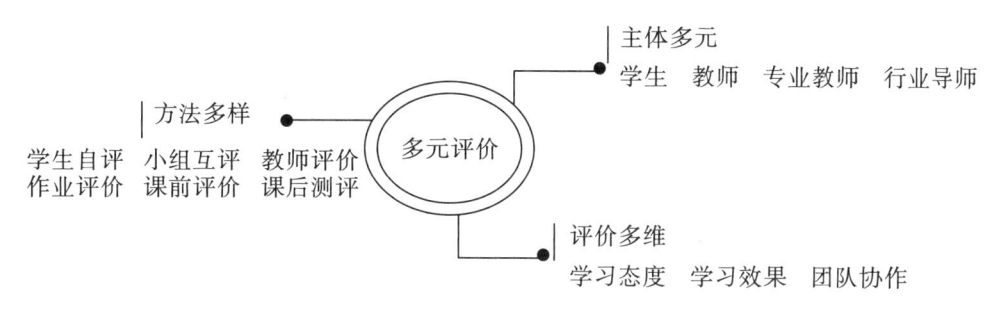

图 2　教学评价

四、教学成效

（一）成果

本专题教学荣获2023年四川省职业院校教师教学能力大赛（中职组）公共基础课程比赛一等奖。

（二）效果

通过本专题社区文化长廊文案写作的任务式教学，学生学习目标性更强了，在充满热情的合作学习过程中将语文课程习得的知识迁移运用到社区服务管理专业学习中，语文素养和岗位能力得到了双重提升，真正落实了"学中做、做中学"。

（三）问题与改进

"群文阅读"教学模式是首次尝试，仍有待完善。教学中须引导学生深入阅读经典作品，汲取优质思想及表达方式。同时，鼓励学生勤于思考，以多元视角审视问题，培养批判性思维。此外，应提供实践机会与针对性指导，让学生在实践中成长、在锤炼中成熟。

四川天府新区职业学校　兰燕　王金秀

用马克思主义哲学思想培育新时代青年

——中职"哲学与人生"教学创新实践案例

马克思主义哲学是马克思主义思想体系的重要组成部分，其核心内容包括辩证唯物主义和历史唯物主义，是科学的世界观和方法论。它在中国革命及社会主义建设实践中不断得到继承、创新和发展，焕发出新的生命，并指引着新时代中国特色社会主义建设。中职"哲学与人生"课程旨在引领学生坚定马克思主义信仰，树立正确的世界观、人生观和价值观，走好人生路，实现人生发展，为建设富强民主文明和谐美丽的社会主义现代化强国贡献力量。

一、研究背景

（一）政策依据

坚持落实立德树人根本任务，在新发展理念的指导下，落实习近平总书记对职业教育工作的指示精神及《教育部办公厅关于加强和改进新时代中等职业学校德育工作的意见》要求，加强和改进新时代中等职业学校德育工作，帮助学生树立正确的理想信念、价值观念，培养高素质劳动者和技术技能人才，培养能担当民族复兴大任的时代新人。

（二）理论依据

马克思说："哲学家们只是用不同的方式解释世界，而问题在于改变世界。"马克思主义哲学以实践为基础，全面、深刻地解释世界，同时站在人民性和革命性立场探索如何改变世界。它不仅是科学的世界观和方法论，也是有助于学生对人生进行反思、审视的智慧，对学生的成长具有重要的指导作用。

（三）实践依据

习近平总书记对青年给予厚望，指出："无论过去、现在还是未来，中国青年始终是实现中华民族伟大复兴的先锋力量！"正处在人生成长拔节孕穗期的中职学生，在学习和生活中存在很多困惑，对身边和社会上的许多现象缺乏正确的认识，需要充分发挥马克思主义哲学的育人功能，引导学生扣好人生的第一颗扣子，做有理想、有本领、有担当的时代新人。

习近平总书记对思政课教师提出六点要求，即政治要强、情怀要深、思维要新、视野要广、自律要严、人格要正。新征程上，广大思政教师要切实践行"六要"要求，为教育强国建设贡献力量。

二、课程分析

（一）对"哲学与人生"思政课程的思考

"哲学与人生"课程将职教特色与通识性教育相结合，培育学科核心素养，落实立德树人根本任务。课程有"学"和"用"两方面的含义："学"是有目的地学，为帮助学生立德树人而学；"用"主要是联系学生的实际、做人做事的实际，用马克思主义哲学的基本观点和方法去分析和解决人生发展的重要问题，从而引导学生进行正确的价值判断和价值选择，形成积极的人生态度，为人生的健康发展奠定思想基础。课程教材框架如图1所示。

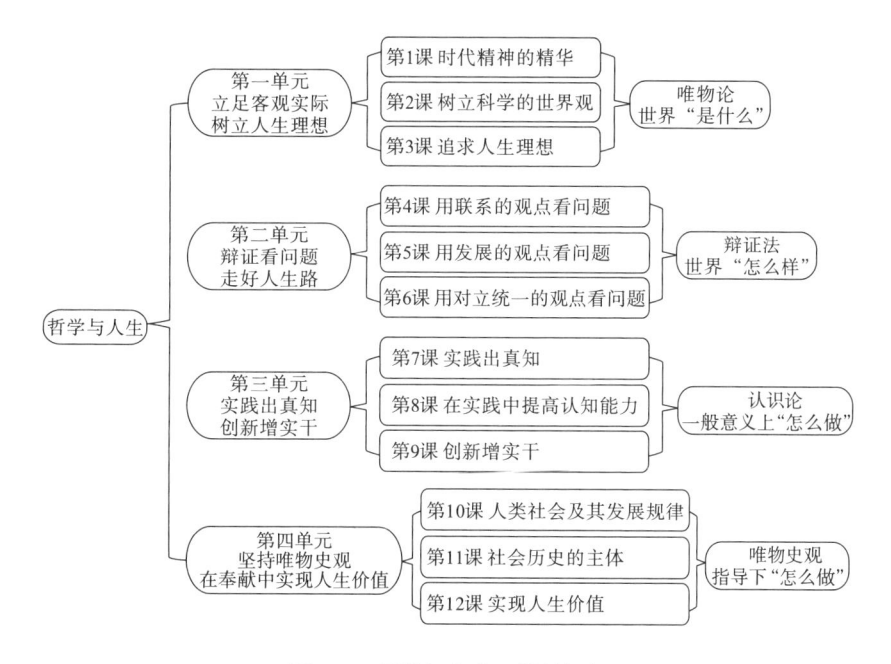

图1 《哲学与人生》教材框架

（二）思政课程创新

将信息技术与思想政治教学融合，提高思政课的吸引力和时代感。同时，延伸思政课程的育人时空，采用"线上＋线下"融合的方式，畅通"课内＋课外""校内＋校外"的学习通道，在教学实践过程中，鼓励学生主动参与社会调研、实操实训等，加强实践教学，实现把思政小课堂同社会大课堂结合起来。

"哲学与人生"的学习内容较为抽象，需要教师课前收集学生在学习和生活中的问题、困惑，形成清单，在讲授课堂所学时，帮助学生直面人生议题，激发学生的学习兴趣，才能保证学生真学、真懂、真信。议题式教学模式能有效地让马克思主义哲学入脑、入心、入行。

思政课程评价，须以学生成长为中心，采用学生自评、教师评价等方式，将过程性评价与终结性评价相结合。课前对预习情况进行评价，课中基于教学任务的完成情况给予过程性评价，课后对学生课后任务的完成情况进行终结性评价，最终生成学生评价成长档案，发现学生成长点。

三、课程实施

（一）教材与资源

本课题选自中等职业学校教科书思想政治基础模块《哲学与人生》，旨在培育学生的思想政治学科核心素养，帮助学生运用辩证唯物主义和历史唯物主义的观点、方法认识问题、分析问题和解决问题。

本课题立足教材、教参、课程标准，整合音乐、案例，运用问卷星、班级优化大师等教学资源，实现思政课的"三贴近"原则，提高教育、教学效果。

（二）教学课题分析

1. 课题内容

本课"人民创造历史"是在中等职业学校教科书思想政治基础模块《哲学与人生》第10课"人类社会及其发展规律"的基础上阐述人民群众创造历史的具体体现，同时指出杰出人物在社会历史发展中的重要作用。

2. 教学目标

知识目标：理解人民群众的内涵；理解人民群众是历史的创造者；理解杰出人物在社会历史发展中的作用。

能力目标：通过认识人民群众在社会历史发展中的作用，尊重人民的社会地位与劳动成果并努力提高专业技能；能够正确认识历史人物和杰出人物，尊重为社会做出突出奉献的人，并努力成为知识型、技能型、创造型人才。

核心素养目标：政治认同方面，增强对人民的深厚情感，努力成为堪当民族复兴重任的时代新人。职业精神方面，懂得广大青年承担着实现中华民族伟大复兴的时代使命，努力成为知识型、技能型、创造型的劳动者；法治意识方面，树立法治意识，增强法治观念，维护革命先烈、英雄模范和人民利益，坚决同损害人民利益的言行作斗争。健全人格方面，学习人民的先进事迹，自觉树立为人民服务的崇高理想，选择正确的人生道路，积极投身于服务人民的伟大实践中；公共参与方面，增强主人翁意识，主动建言献策，有序参与公共事务，积极承担社会责任。

3. 重点难点

以人民群众是历史的创造者为重点，以杰出人物在社会历史中的地位和作用为难点。

4. 教学对象

教学对象为高二汽修专业的学生，学生具备一定辩证思维的能力，捕捉信息和收集整理信息的能力较强。接近九成的学生养成了从信息化平台获取信息的习惯，能进行线上线下融合学习。

从实际学情来看，学生通过高一思政课的学习，具备了一定的政治学科核心素养；通过第10课"人类社会及其发展规律"的学习，知道了物质生产活动是人类社会存在和发展的基础，清楚了生产力与生产关系的矛盾运动规律，对理解人民创造历史有很大的帮助，但因为学生心智不够成熟，对生活和社会历史发展的某些问题认识不清，容易产生误解，需要在学习中加以引导。

（三）教学策略设计

教学理念与教学流程：关注学生的进步与发展，确立学生的主体地位。（如图3所示）

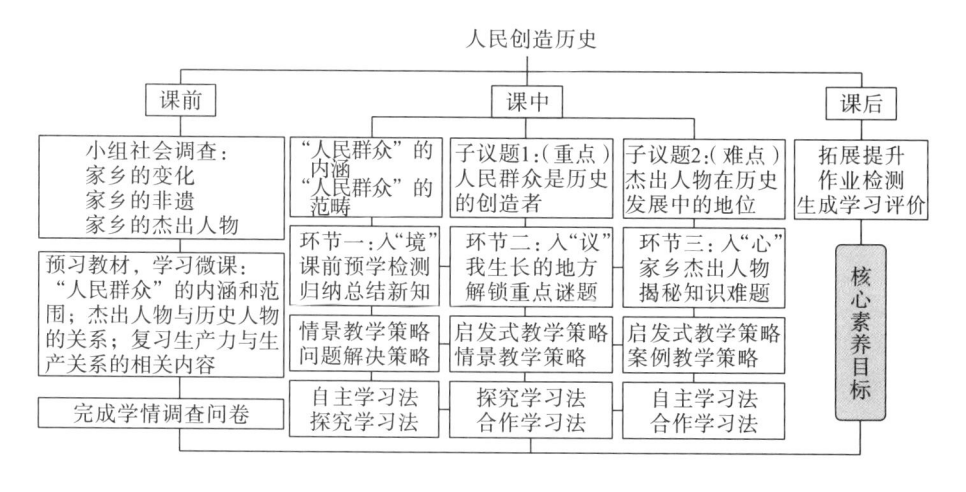

图3 教学流程图

"人民创造历史"的教学过程设计包括导入、议学、探究、总结四个环节。环节一称为"入'境'",即导入环节,以国庆节为契机,介绍并播放歌曲《我的祖国》,从歌词"这是英雄的祖国"引导学生思考什么样的人称得上"英雄",最后结合教材,归纳得出人民群众是真正的英雄,是历史的创造者。

环节二为"入'议'",即议学环节,引导学生思考为什么说人民群众是历史的创造者。通过学生对家乡的了解,根据教学内容设计问题,层层深入,启发学生思考,突破重点。(如表1所示)

表1 环节二教学设计

教学内容	教与学		意图与策略
	教师	学生	
重点:人民群众是历史的创造者 (1)人民群众是社会物质财富的创造者; (2)人民群众是社会精神财富的创造者; (3)人民群众是社会变革的决定力量	1.结合歌词"风吹稻花香两岸""听惯了艄公的号子,看惯了船上的白帆,这是美丽的祖国,是我生长的地方",组织小组讨论。 ①稻花、船、艄公的号子与艄公(人民群众)有什么直接联系?②现在的衣食住行与那时有何不同? 2.分享"艄公的号子"——宜宾的"金沙江船工号子",介绍它是我国重要的非物质文化遗产。组织第1、2小组的同学分享家乡的非物质文化遗产。 ①这些宝贵的精神财富都是谁创造出来的?②精神财富的创造与人民群众的物质生产实践有什么关系? 3.你觉得歌曲中"我生长的地方"指的是哪里?随着时代的变迁,"我生长的地方"有什么变化?组织第3、4小组的同学分享家乡的变化。 ①是什么促使了农业生产工具和交通工具的变化?②生产力是推动社会发展最活跃的因素,它的三要素是什么?谁在生产力发展中起主导作用?小结并对学生参与度与任务完成度给予过程性评价	小组讨论,代表分享: ①人民群众创造了船、稻花,创造了人民吃穿住行所必需的生活资料,还改进了生产技术与生产工具,促进了生产力的发展和社会的进步。 ②人民群众通过物质生产实践为创造精神财富提供了必要的物质条件和设施。 ③科技的进步、生产力的发展促进了生产工具和交通工具的变化;劳动者在生产力发展中起主导作用	情景教学、问题解决、启发式教学策略相结合。我们的学生来自川内各个地方,通过学生对家乡的介绍,根据教学内容设计问题,层层深入,启发学生思考,突破重点

环节三为"入'心'",即探学环节,引导学生探究杰出人物在社会历史发展中有什么作用,启发学生从身边熟知的故事中去探寻"杰出人物在历史发展中的作用",明白杰出人物与历史人物及人民群众的关系。(如表2所示)

表2 环节三教学设计

教学内容	教与学		意图与策略
	教师	学生	
杰出人物在历史发展中的作用：发起和探索作用、组织和领导作用、表率和示范作用	1."这是英雄的祖国，是我生长的地方……"这熟悉的旋律，表达了浓厚的爱国主义情感，唱出了志愿军战士对祖国、对家乡的无限热爱和英雄主义的气概。 (1)组织学生分享家乡人民的故事。 (2)分享彭德怀在抗美援朝中的事迹。 (3)组织小组合作探究： ①抗美援朝战争中的战士和将领，在战争中的作用分别是什么？战争中的"英雄"对战争的胜利起到了什么作用？ ②杰出人物在社会历史发展中有什么作用？ ③人民群众和杰出人物之间的关系是怎样的？ 2.小结并对学生的参与度与课前任务完成度给予评价	1.学生分享黄继光的故事。 2.学生讨论回答	案例教学法与启发式教学法结合。让学生从身边熟知的故事中探寻"杰出人物在历史发展中的作用"，明白杰出人物与人民群众的关系

环节四为课堂总结。引用习近平总书记"平凡铸就伟大，英雄来自人民"这句话，号召学生为中华民族伟大复兴奉献自己的力量，努力成为有理想、有本领、有担当的新时代青年。

四、实施成效

（一）学生成长

通过学习本课程，同学们学会了用马克思主义哲学的基本观点、方法去分析和解决人生发展的重要问题，形成积极向上的人生态度；理解了马克思主义哲学是科学的世界观和方法论，坚定了信仰、信念和信心，为成为德智体美劳全面发展的社会主义建设者和接班人、担当中华民族伟大复兴的时代新人奠定世界观、人生观和价值观基础。

（二）教师成长

致力做到"教学相长"，在探索怎样让学生学好、用好马克思主义哲学的过程中，教师挖掘学生专业素材的能力得到了提高，能更好地将通识教育和职教特色相结合，在教学中做到贴近学生、面向学生的人生实际问题进行教学设计。

在探索议题式教学模式中，创设情景和引导学生自主思考、组织学生合作探究的能力得到提高；有效利用思政课堂落实立德树人根本任务的能力有所增强。

（三）问题改进

教师要关注社会、关注学生所学专业行业、关注学生个人发展，及时更新教学资源，坚持思政课程"三贴近"的原则，在学习中不断提高自身的教学能力。

教师也要坚持用马克思主义哲学观点看待学生，在教学活动中，既要关注学生的共性，也要重视学生的个体差异性，有效做到具体问题具体分析，挖掘学生的成长点。

成都电子信息学校　江永梅　赵燕

中职"旅游地理"课程思政学历案实践案例

"旅游地理"课程作为中等职业学校旅游专业的一门核心课程，课堂及教材本身包含了很多思政元素，有着丰富的育人价值，值得挖掘。本案例是成都市教育规划课题"中职'旅游地理'课程思政学历案设计与实施"的中期成果，对"旅游地理"的思政元素进行挖掘整合，以学历案为载体开展思政教育，充分发挥学科课程的育人价值，为其他学科的研究提供思路和方法的参考，从而促进各学科课程的思政教育、知识传授、能力培养的统一，与思政课程同向同行，落实立德树人根本任务。

一、研究背景

（一）政策依据

党的十八大以来，学校思想政治教育工作被放到国家战略层面来考虑，国家培养出的学生必须是政治立场坚定、思想素质好、能坚决拥护中国共产党的领导和立志为中国特色社会主义事业奋斗终身的有用人才。2021年4月，全国职业教育大会召开，习近平总书记对职业教育工作作出重要指示，提出要推动职普融通，增强职业教育适应性，加快构建现代职业教育体系，培养更多高素质技能人才、能工巧匠、大国工匠。

（二）理论依据

人本主义学习理念提出学生始终处于学习的主体地位。为此，教师应该改变旧的课堂教学模式，废旧立新，找寻一种更能充分激发学生兴趣的教学模式和方法，激励学生能够更加独立主动地参与课堂，并通过一系列启发式、鼓励性的教学方法和技巧手段，在课堂教学时创设轻松愉快的学习氛围，让学生更容易接受所学知识，促进对知识的掌握及理解。

（三）实践依据

作为职业教育中的重要部分，中职学校承担着向高校及社会各行业输送技能人才的责任，是培养多样化人才、传承技术技能的基础阵地。在新时代背景下，信息化、全球化已成为当今社会发展的主要方向，中职学生正处在人生发展的关键阶段，其世界观、人生观、价值观尚未真正形成，极易受到外界因素的影响，当良莠不齐的信息出现在中职学生身边时，势必会对缺乏辨别能力的学生的思想价值观念产生影响。如果缺乏足够的、行之有效的思政引导，学生的身心健康、道德作风、价值取向都会受到不良社会思潮的侵蚀。因此，对中职学生加强价值观引导成为迫切需要。

二、阶段研究目标和内容

本阶段研究通过前期教师访谈和学生问卷调查，显示在课程思政实施中仍存在教学方法单一和知识点生硬灌输的问题。同时学生对于思政教育的评价呈现出多维分化的特点，说明课程思政效果存在差异，受教师主观性影响较大。基于此，设定了本阶段研究目标和内容。

（一）阶段研究目标

（1）增进教师课程思政意识，促进教师思政能力和学历案教学实施能力的提升。

（2）整合内容形成大单元学历案教学，促进学生对"中国旅游地理"课程思政的整体把握。

（二）阶段研究内容

（1）挖掘思政元素，研究"旅游地理"课程思政维度。

（2）分析课程内容，研究"旅游地理"大单元教学框架。

（3）设计"旅游地理"课程思政学历案，研究课程思政学历案范本。

三、研究实施

课题组前期紧紧围绕调查研究、学习提升、路径实施、学历案设计、范例研究等要点，有计划地开展问题探究、理性分析、案例探索。本阶段，课题组深挖课程中的思政元素，将其中蕴含的思政要素融入大单元学历案目标设计及任务达成中去，促进中职旅游专业学生在学习"旅游地理"时形成思政观念。

（一）确立中职"旅游地理"课程思政的维度

本研究寻找课程思政维度进行教学引导，在分析学科核心素养、专业人才培养方案、中小学德育内容、教材与学情的基础上，归纳出中职旅游专业"旅游地理"课程思政的六大维度（如表1所示）。

表1 "旅游地理"课程思政六大维度

六大维度	基本要点
科学态度	科学观念、探索精神、科学思维
审美情趣	理论美、现象美、有序美
社会责任	环境保护、可持续发展、生态文明
家国情怀	政治认同、文化认同、民族认同
全球意识	全球生态意识、国际合作、多元文化
职业素养	职业道德、专业态度、宣传和讲解能力

（二）确立大单元教学内容

根据课程思政六大维度和教师在日常教学中的相关性知识，结合相关教学资源，对大单元教学内容进行整合。具体而言，在设计大单元教学时，首先要分析教材目录和思政目标，明确教材要教的内容哪些可以作为单元的大主题。然后，依据这些大主题组织单元，制订大单元学历案，从而把要教的内容转换成相互关联的、有结构的学习经验。

中职旅游专业"旅游地理"课程选用"十二五"职业教育国家规划教材《中国旅游地理》，全书共分两个模块10个项目，第一个模块共2个项目，分别介绍中国旅游地理的基本概况和常识、中国自然和人文旅游资源的分类和代表；第二个模块共8个项目，分别介绍中国八大旅游区的概况、旅游资源特征、主要游览地和景点。（如图1所示）

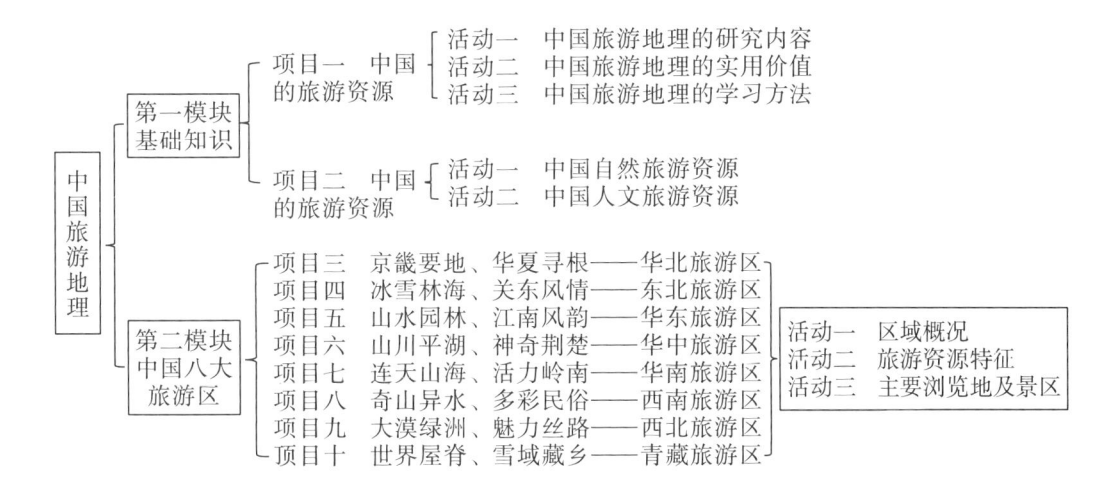

中国旅游地理
- 第一模块 基础知识
  - 项目一 中国的旅游资源
    - 活动一 中国旅游地理的研究内容
    - 活动二 中国旅游地理的实用价值
    - 活动三 中国旅游地理的学习方法
  - 项目二 中国的旅游资源
    - 活动一 中国自然旅游资源
    - 活动二 中国人文旅游资源
- 第二模块 中国八大旅游区
  - 项目三 京畿要地、华夏寻根——华北旅游区
  - 项目四 冰雪林海、关东风情——东北旅游区
  - 项目五 山水园林、江南风韵——华东旅游区
  - 项目六 山川平湖、神奇荆楚——华中旅游区
  - 项目七 连天山海、活力岭南——华南旅游区
  - 项目八 奇山异水、多彩民俗——西南旅游区
  - 项目九 大漠绿洲、魅力丝路——西北旅游区
  - 项目十 世界屋脊、雪域藏乡——青藏旅游区
  - 活动一 区域概况
  - 活动二 旅游资源特征
  - 活动三 主要游览地及景区

图1 教材目录

在教材内容的基础上，对知识进行系统整理，分人文旅游资源、自然旅游资源及

其他资源，其中人文旅游资源按人文基础知识讲授后进行代表性景点学习，整理出古代建筑艺术特征与等级辨别、古代防御工程、古代路桥等内容，形成系统化的知识体系；自然旅游资源按地貌、水体、天象与气候、植物与动物等进行归类整合学习。（如图2所示）

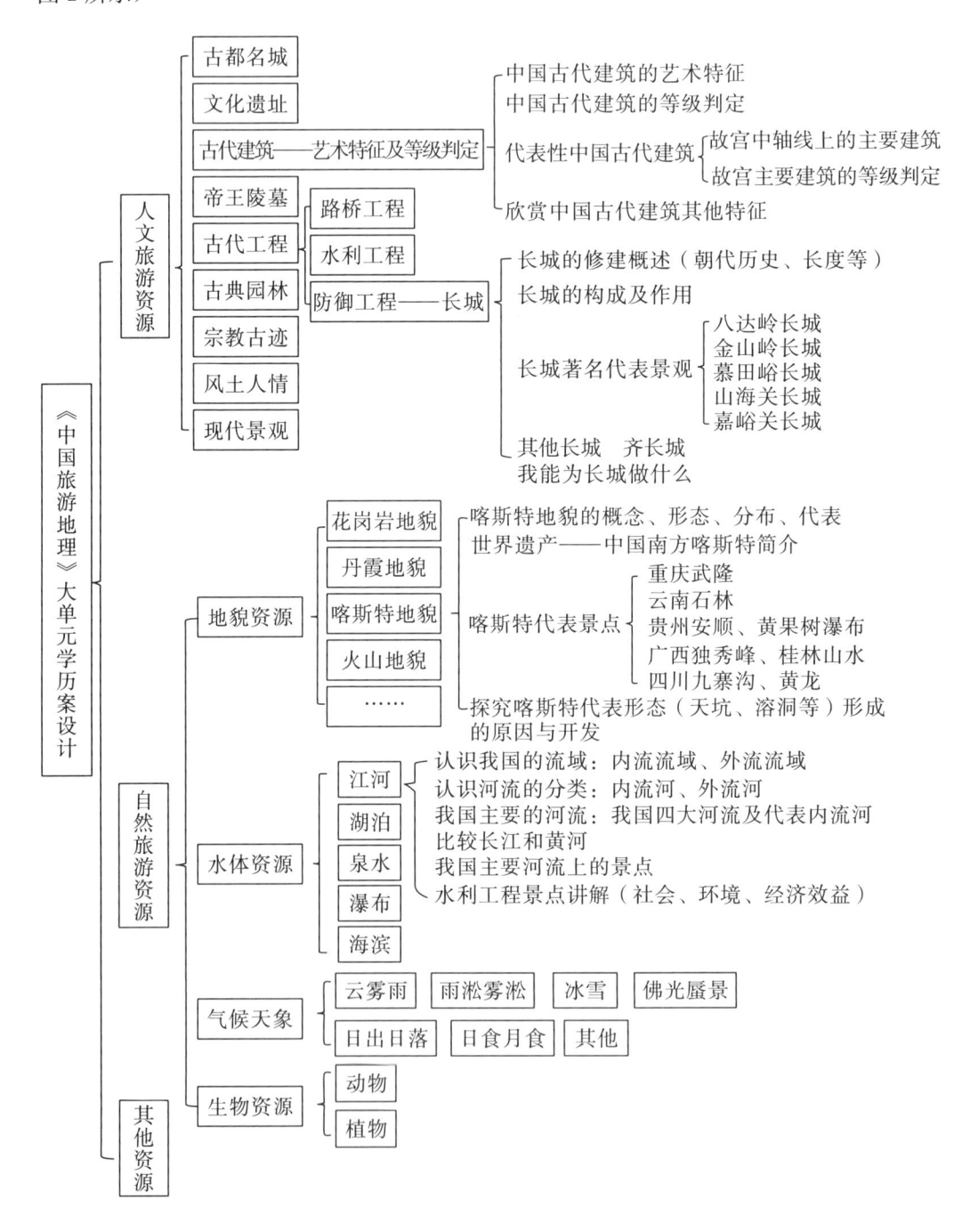

```
《中国旅游地理》大单元学历案设计
├── 人文旅游资源
│   ├── 古都名城
│   ├── 文化遗址
│   ├── 古代建筑——艺术特征及等级判定
│   │   ├── 中国古代建筑的艺术特征
│   │   ├── 中国古代建筑的等级判定
│   │   ├── 代表性中国古代建筑
│   │   │   ├── 故宫中轴线上的主要建筑
│   │   │   └── 故宫主要建筑的等级判定
│   │   └── 欣赏中国古代建筑其他特征
│   ├── 帝王陵墓
│   ├── 古代工程
│   │   ├── 路桥工程
│   │   └── 水利工程
│   ├── 古典园林
│   ├── 防御工程——长城
│   │   ├── 长城的修建概述（朝代历史、长度等）
│   │   ├── 长城的构成及作用
│   │   ├── 长城著名代表景观
│   │   │   ├── 八达岭长城
│   │   │   ├── 金山岭长城
│   │   │   ├── 慕田峪长城
│   │   │   ├── 山海关长城
│   │   │   └── 嘉峪关长城
│   │   ├── 其他长城 齐长城
│   │   └── 我能为长城做什么
│   ├── 宗教古迹
│   ├── 风土人情
│   └── 现代景观
├── 自然旅游资源
│   ├── 地貌资源
│   │   ├── 花岗岩地貌
│   │   ├── 丹霞地貌
│   │   ├── 喀斯特地貌
│   │   │   ├── 喀斯特地貌的概念、形态、分布、代表
│   │   │   ├── 世界遗产——中国南方喀斯特简介
│   │   │   └── 喀斯特代表景点
│   │   │       ├── 重庆武隆
│   │   │       ├── 云南石林
│   │   │       ├── 贵州安顺、黄果树瀑布
│   │   │       ├── 广西独秀峰、桂林山水
│   │   │       └── 四川九寨沟、黄龙
│   │   ├── 火山地貌
│   │   ├── ……
│   │   └── 探究喀斯特代表形态（天坑、溶洞等）形成的原因与开发
│   ├── 水体资源
│   │   ├── 江河
│   │   ├── 湖泊
│   │   ├── 泉水
│   │   ├── 瀑布
│   │   ├── 海滨
│   │   ├── 认识我国的流域：内流流域、外流流域
│   │   ├── 认识河流的分类：内流河、外流河
│   │   ├── 我国主要的河流：我国四大河流及代表内流河
│   │   ├── 比较长江和黄河
│   │   ├── 我国主要河流上的景点
│   │   └── 水利工程景点讲解（社会、环境、经济效益）
│   ├── 气候天象
│   │   ├── 云雾雨
│   │   ├── 雨凇雾凇
│   │   ├── 冰雪
│   │   ├── 佛光蜃景
│   │   ├── 日出日落
│   │   ├── 日食月食
│   │   └── 其他
│   └── 生物资源
│       ├── 动物
│       └── 植物
└── 其他资源
```

图2 大单元整合后的授课内容安排

（三）编制学历案

设计大单元教学目标与评价任务。在确定大单元内容之后，对照每一个单元的思政维度，确定单元的学习目标与课时安排，在教学活动中由浅入深，从知识到能力再到思政逐步引导学生学习，为其日后做旅游人奠定基础。

以本课程梳理后的其中一个大单元——中国古代建筑的艺术特征及等级判定为例，学生学习完古代建筑基本特征和等级辨别后，对古代建筑类代表景区景点——故宫进行学习与等级辨别，进而帮助学生学以致用，以分析和辨别代表景点的方式理解古代建筑的美，理解古代建筑的科学价值。（如图3所示）

```
思政点选择：1. 科学态度：科学观念、探索精神、科学思维
         2. 审美情趣：理论美、现象美、有序美
         3. 社会责任：环境保护、可持续发展、生态文明
         4. 家国情怀：政治认同、文化认同、民族认同
         5. 全球意识：全球生态意识、国际合作、多元文化
         6. 职业素养：职业道德、专业态度、宣传和讲解能力
本单元思政点：审美情趣（中国古建筑之美）、科学态度（古代建筑的科学价值）
```

```
单元学习目标1：了解中国古代建筑的基本特征
单元学习目标2：掌握古代建筑屋顶样式的等级区分
单元学习目标3：掌握古代建筑（台基、斗拱、彩画、面阔间数等）的等级区分
单元学习目标4：初识故宫，判定故宫中轴线上主要建筑的等级，欣赏故宫的建筑艺术之美
单元学习目标5：了解中国古代建筑结构之斗拱的艺术及科学价值
```

| 任务1：根据学历案图文资料，归纳出古代建筑的基本特征（课前） | 任务2：结合微课视频，加深对古代建筑基本特征的理解；结合图片，分析古代建筑屋顶的不同样式和等级 | 任务3：结合图文资料，分析古代建筑其他部分（台基、斗拱、彩画、面阔间数等）的等级 | 任务4：结合微课视频、故宫布局平面图、故宫公众号等把握中国古代代表建筑故宫的建筑艺术特色和中轴线上主要建筑的等级 | 任务5：根据课后视频资料，了解古代建筑斗拱部分的建筑艺术和科学价值（课后拓展） |

中国古代建筑的基本特征及等级判定
（基础知识、全面把握 2课时）

判定故宫主要建筑等级，欣赏其艺术特色，了解其科学价值
（学以致用、素养拔高 2课时）

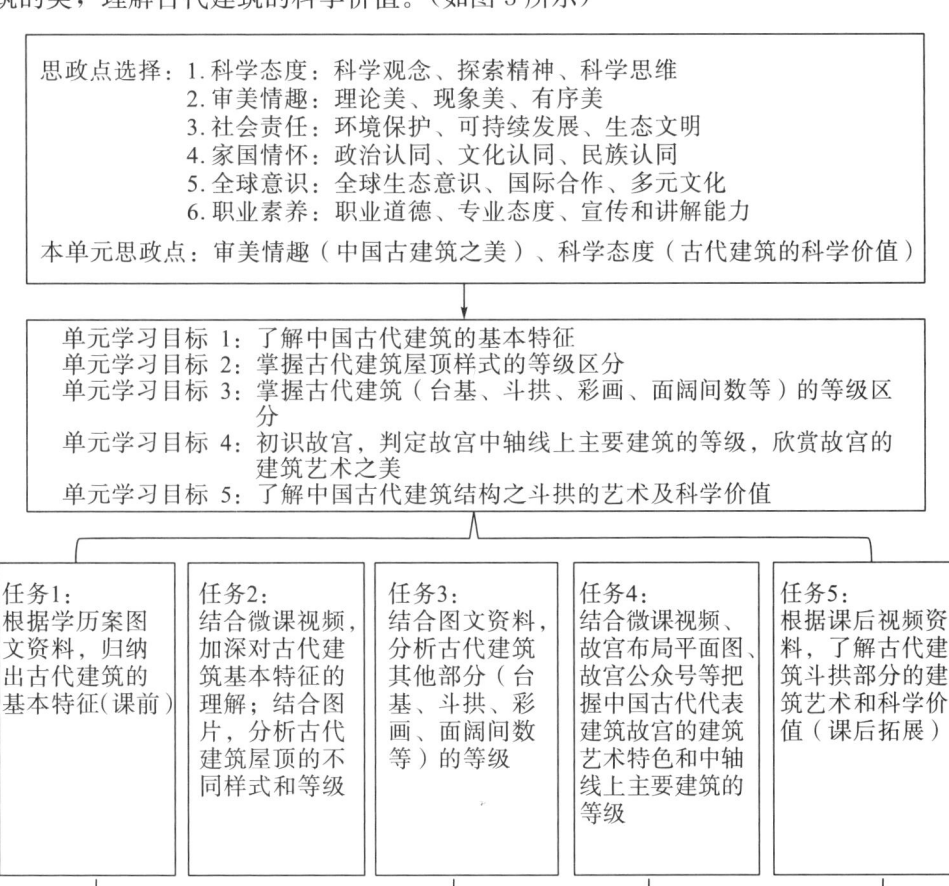

图3 "中国古代建筑的艺术特征及等级判定"单元学历案设计

细化目标，确立课时，设计课时学历案。在进行每一课时的学历案设计时，从教、学、评的一致性出发，依据大单元结构、单元核心素养与职业素养、思政点、

学情分析、单元学习目标等设计每一课时的学历案,最终达成思政目标。"中国古代建筑的艺术特征及等级判定"第3—4课时"初识故宫"课例基本情况如表2所示。

表2 "初识故宫"课例基本情况

课例主题	课例"初识故宫"的内容选自《中国旅游地理》项目三"京畿要地、华夏寻根——华北旅游区"的"北京主要游览地及景区",并整合"人文旅游资源"的"古代建筑"部分的内容
课程标准	识别故宫中轴线上的主要建筑及用途,学会欣赏中国古代建筑的艺术特征
学习目标	1. 结合微课视频,回顾中国古代建筑的艺术特征 2. 结合图文描述,掌握故宫中轴线上几大主要建筑的名称及位置 3. 通过建筑物等级判定标准,识别中轴线上主要建筑的建筑式样,能说出其等级及判定依据
思政目标	1. 结合微课视频,分析古代建筑的艺术特征和科学价值(以斗拱为例) 2. 感受故宫的宏大与辉煌,了解中国古代天人合一的建筑思想
评价任务	1. 完成课前预习单,掌握中国古代建筑的艺术特征和等级判定(检测学习目标1) 2. 识别故宫平面布局图,掌握故宫中轴线上的主要建筑名称及位置(检测学习目标2) 3. 辨别故宫中轴线上主要建筑的式样,分析其等级及作用(检测学习目标3) 4. 分析古代建筑的艺术特征和科学价值,了解中国古代建筑天人合一的建筑思想(检测思政目标1-2)
教学方法	运用现代信息技术创建自主学习资源;学生自主学习与小组合作探究学习结合;教师指导、讲解与学生讨论、分享相结合;教、学、评一致
教学流程	1. 课前预习,通读资料,自主学习微课,为课堂讨论做准备,完成评价任务1 2. 课中学习,实现评价任务2-4,达成教学目标 3. 课后复习

课中学习是课例实施的核心环节,也是教师在教学过程中落实课程思政的关键环节,基于学历案的设计特点,课中学习的教学设计如表3所示。

表3 "初识故宫"课中教学部分

环节	内容	任务	方法	思政	资源	评价
(一)预闻故宫	观看纪录片《故宫的记忆》	整体感知故宫,初步了解故宫的建筑布局	自主学习	感悟故宫的宏大气势	视频《故宫的记忆》	/
(二)图识故宫	阅读学习资料,对故宫的布局进行整体把握	观察故宫平面图,掌握故宫中轴线上主要建筑的位置及布局,建立整体印象	小组合作	把握中国古代建筑的艺术特征	文档材料:故宫概况及主要建筑介绍	任务:说出中轴线上主要建筑名称(检测学习目标2)

续表

环节	内容	任务	方法	思政	资源	评价
（三）细辨故宫	辨别与对比中轴线上前朝与三大殿三大宫的主要建筑的式样与用途	辨别前三殿（太和殿、中和殿、保和殿）和后三宫（乾清宫、交泰殿、坤宁宫），掌握主要宫殿的式样及用途	小组合作	了解封建专制时代的等级及礼制文化	三大殿三大宫的图片	任务：辨别故宫中轴线上的主要建筑物的式样、等级及用途（检测学习目标3）
（四）渐悟古代建筑	欣赏古代建筑的斗拱设计	说一说斗拱是古代建筑的哪一部分	自主学习	了解古代建筑斗拱部分的建筑艺术和科学价值	不同样式的斗拱图片	任务：说明斗拱在建筑中的位置并了解其建筑艺术和科学价值（检测思政目标1—2）
（五）课堂小结	1. 请学生梳理本堂课知识结构的思维导图，教师指导点评 2. 教师结合教学目标讲解建筑中蕴含的文化、艺术以及劳动人民的智慧和精神，强化思政目标的实现					

四、实施成效

（一）成果

（1）编制"世界遗产在中国"课程思政学历案范本集。

（2）形成"世界遗产在中国"学生小报集。

（二）效果

（1）形成课程思政实施路径，为其他课程提供课程思政路径范式。

（2）学生对"旅游地理"课程的整体理解度大大提升，在课后的地理景点知识汇总和导游词讲解中，有意识地增加了思政方面的总结，开始逐渐有了思政意识。

（3）教师在课程设计过程中开始有意识、有目标地寻找课程思政的切入点，注重了中职"旅游地理"理论知识与课程思政教学内容的融合，提升了课程思政的能力。

（三）研究反思

通过本研究，教师对课程思政在认知理念上有了初步的认识，但仍然存在以下困惑：一是对思政理论把握不清，不能全面提炼课程思政元素；二是各个专业各个学科之间存在一定的壁垒,思政课程与其他学科没有形成真正的协同效应,有的思政点在教学中显得为了思政而思政,达成度无法预计。

在后期的实践教学中将根据具体教学情况进行实时反馈和调整,形成"旅游地理"课程思政范式,形成学科育人典型案例。

成都电子信息学校　徐永志

让课堂成为学生生命生长的地方

—— 运用 SOLO 理论实现初中语文学科育人价值

教育，不仅在于让学生在认知上得到发展，更是对学生个性心灵的一种唤醒。作为新时代的教育者，我们应抓牢践行素质教育的主阵地——课堂，精心设计教学内容，注重培根铸魂、启智润心，充分运用 SOLO 理论实现学科育人价值，让不同学生在课堂上实现不同层级的成长，让课堂成为学生生命生长的一片沃土。

一、研究背景

（一）政策依据

2021 年 7 月，中共中央、国务院印发的《关于新时代加强和改进思想政治工作的意见》明确提出要"加强学校思想政治工作，加快构建学校思想政治工作体系，实施时代新人培育工程，完善青少年理想信念教育齐抓共管机制，培养德智体美劳全面发展的社会主义建设者和接班人"。在语文学科教学工作中，要更加注重课程思政功能，以文化人、以文育人，让课堂成为学生生命生长的地方，培养学生核心素养，以适应未来发展。

（二）理论依据

约翰·比格斯的 SOLO 理论是从让·皮亚杰的认知发展阶段学说派生出来的，是一种以等级描述为主要特征的学生学业水平评估方法。该理论通过描述学生的思维发展过程和认知反应水平来评估学习质量。其核心在于，它认为学生的思维发展过程是逐步进阶的，不同学生的思维能力存在层级差别。具体而言，SOLO 理论将学习结果分成五个不同的思维结构层次，分别是前结构层次、单点结构层次、多点结构层次、关联结构层次、抽象拓展层次。

（三）实践依据

"教师在教学过程中要与学生积极互动，共同发展，要处理好传授知识与培养能力的关系，注重培养学生的独立性和自主性，引导学生质疑、调查、探究，在实践中学习，促进学生在教师的指导下主动地、富有个性地学习。"这是《基础教育课程改革纲要（试行）》对教学过程的明确要求。教师要尊重学生的能力差异，注重因材施教，针对不同学生的学习需求，创设不同任务，引导学生主动参与学习，增强学生运用知识的能力，使每一位学生都能全面发展。为此，教师要更清楚地认识到，课堂应该是学生生命生长的地方，课堂教学应该是助力学生成长的场域。

二、课程分析

（一）《义务教育语文课程标准（2022版）》要求

课程育人的价值体现在学生通过课程的学习，逐渐形成正确的价值观念、必要的品格及关键的能力等。《义务教育语文课程标准（2022版）》明确了语文学科的育人价值在于培养学生的文化自信、语言运用能力、思维能力及审美创造能力。

（二）对初中语文课程思政的思考

语文作为一门人文学科，本身就承载着传承和弘扬中华优秀传统文化、培育学生人文素养的重要使命。通过对文学作品的分析、讨论与感悟，学生可以了解到我国悠久的历史文化和民族精神，增强民族自豪感和文化自信。

为此，教师在教学时，要充分解读新课标与教材，发掘教材内容的思想教育素材，要坚持以生为本的原则，在课堂教学中运用好SOLO分类评价法，实现语文学科的育人价值。

（三）初中语文课程思政的教学创新

如何让课堂成为唤醒学生、塑造学生、实现学生生命生长的地方呢？

第一，改变课堂提问方式。基于SOLO理论的语文课堂，教师要在课堂教学过程中，多设计不同层级的问题及开放性问题，搭建学生思维攀爬的"脚手架"，引导学生去发现、去思考、去表达，不能让教师的讲解替代了学生的理解。

第二，改变评价方式。对学生的评价需要去关注学生的学习结果，而不是学习的行为，从学习结果呈现的复杂程度来评价学生的学习质量，比如从学生的审题能力、回答问题的一致性、表达的完整性与闭合性等方面来评价。具体来说，就是要关注学生的思维结构，要体现出点、线、面、体的思维发展过程，只有复杂的思维结构才能体现学生的高层次思维能力。

三、教学案例

下面以人教版《语文》八年级下册第五单元（游记单元）《壶口瀑布》为例进行说明。教学《壶口瀑布》要突出以下重难点：第一，要突出游记的基本要素，引导学生理解游记文体的基本特点。第二，重视品味作品的语言，通过圈点勾画，分析作者是如何描写瀑布之美的。第三，紧扣景与情的关系来突破课文阅读的难点，从理解黄河特点升华到对黄河精神以及民族精神的理解。为此，围绕以上三个要点，设计了两个开放式的学习任务（如表1所示）。

表1 开放式学习任务单

学习任务	具体要求
任务一：对比之中游瀑布	作者曾两次到壶口瀑布，请问两次的所至、所见、所感有什么不同
任务二：品味所见悟深情	结合文中抒发作者情感的相关语句，品味分析作者是如何描写所见之景的（感悟寄情于景的手法）

下面，仅结合学生课堂上完成任务二的学习情况，运用SOLO理论具体分析如何实现学科育人价值。

1. 前结构层次

生1：我找的是文章第二段"但上面的水还是一股劲地冲进去，冲进去……"，作者在这里运用了夸张的手法来描写黄河之水。

分析：这个学生的回答看似找出了对"所见"之景的描写句，实则他对学习任务二的完成情况不理想，没有理解到作者运用"对比"手法突出枯水季节的壶口瀑布最为壮观。同时，从修辞的手法的运用来看，也没有深刻理解到"夸张"这一手法。

2. 单点结构层次

生2：我找的是文章第三段的"河水从五百米宽的河道上排排涌来，其势如千军万马，互相挤着、撞着，推推搡搡，前呼后拥，撞向石壁，排排黄浪霎时碎成堆堆白雪"。这句话运用了拟人的修辞手法，写出了黄河水的气势。

分析：这个学生的回答已经有了"点"上的体现，能简洁地抓住要点，较之第一个学生提高了一个层次，但是缺乏多点思维。

3. 多点结构层次

生3：我找的也是文章第三段的"河水从五百米宽的河道上排排涌来，其势如千军万马，互相挤着、撞着，推推搡搡，前呼后拥，撞向石壁，排排黄浪霎时碎成堆堆白雪"。我认为这句话不仅运用了拟人的修辞，还有比喻，同时，还运用了叠词，使描写更生动形象，体现出黄河水势不可挡的气势，有一种催人奋进、勇往直前的力量。

分析：对相同语句的分析，这个学生的分析较之前那个学生，找到的思考点更多，但遗憾的是没有回答出彼此的关联性。

4. 关联结构层次

生 4：我找的是第三段的"突然脚下出现一条四十多米宽的深沟，它们还来不及想一下，便一齐跌了进去，更闹，更挤，更急"。我认为这句话的"跌"字用得很好，一个"跌"，写出了壶口险峻的地势，表现黄河水之急、瀑布之险。而且，与下文第四段"翻个身再跌下去，三跌，四跌"形成呼应，让读者能身临其境地感受到黄河壶口瀑布一泻万里的气势。同时，这句话从句式上运用了短句，"更闹，更挤，更急"从声音、空间、速度三个角度描绘了河水急坠的画面，读来更铿锵有力，节奏性强。

分析：这个学生的回答比前面的回答更有创见。他整合了较多的材料，从不同的思考点切入，并将其联系起来，有了较为全面的"所见"之分析，但是缺少了对"所感"的深入分析。

5. 抽象拓展层次

生 5：我找的也是前面这个同学分析的这一句，只是我觉得这句话中的"跌"字不仅与第四段的"翻个身再跌下去"形成呼应，还与第五段的"你看，日夜不止，这柔和的水硬将铁硬的石寸寸地剁去"的"剁"字有异曲同工之妙。正是因为黄河水不畏艰险、勇往直前，才有它们面临阻拦、面对困境时哪怕粉身碎骨也要跌落下去的那种猛烈的气势。这看似在写水，又似在写人。黄河水奔腾不息、无穷力量的表现正是中华民族伟大精神的体现，即遇强则强、勇往直前。

分析：这个学生的回答，体现了由点到线再到面最后到立体的结构，也正是这样深层次的思维，才能助力学生对文本的解读步步深入，才能理解文章第六段的"黄河精神""民族精神"。

四、教学成效与改进

（一）成果

基于 SOLO 理论尊重了学生在认知发展上存在的层次差异，教师在教学时也能不断地调整状态、改变策略。在笔者所任教的 2013 级、2016 级、2019 级学生中，个别曾经学习动力不强、学习态度不够端正的学生后来都得以改变，学习效能提高了。班级师生关系也变得更加和谐，教学效益也发生变化，任教班级语文测试成绩在片区期末统测统阅中均名列同类学校前茅。

（二）效果

SOLO理论在班级语文课堂教学中的运用，尊重了学生的个体差异，助力学生更好地理解所学知识。学习效能日益提高后，学校的年轻教师先后加入学习队伍中，并积极将理论运用到实践中，将实践中存在的问题转化为课题，积极开展基于SOLO理论的课堂评价观察实践研究，以建构高质量课堂教学模式。

（三）问题与改进

课堂上，教学节奏的把控与学生理解的深入度还略有欠缺。个别学生缺乏向高层次思维挑战的动力，更愿意停留在较低层次的思维上。当对学生能力要求提高时，课堂上就容易出现"冷场"的现象。加之，教师往往会为了保证教学进度而忽略了需要给予学生足够的时间去充分理解并达到预期的层次，对教学节奏的把控就会欠佳。基于此，教师需要加强自身培训，提高对SOLO理论的理解与运用，完善教学方法，增强学生的学习动力。

四川省成都市双流区公兴初级中学　　李萍

浅谈高中体育教学对学生体育精神的培养

——高中"体育与健康"课程思政的教学创新实践探究

思政教育在高中教育阶段发挥着重要的育人作用。新时代教育要求体育工作深入挖掘课程思政和体育本身的文化价值，对高中体育进行重新梳理，充分发挥体育的思政教育功能，加强对中学生体育精神的培养，努力培养体魄更强健、体质更健康、心智更健全的新时代中学生。

一、研究背景

（一）政策依据

习近平总书记在全国教育大会上强调："要树立健康第一的教育理念，开齐开足体育课，帮助学生在体育锻炼中享受乐趣、增强体质、健全人格、锤炼意志。"体育课程思政并不是增设体育思政课程，而是以体育课程为载体，将立德树人的理论、思政教育的元素融入其中，充分发挥体育课程在五育并举中的重要作用，以体育人、以德树人，推动三全育人教育理念的落地、落实、落细。

（二）理论依据

实践育人理论源自马克思主义的实践观和以知行合一为核心的知行观，现代意义上的实践育人是一种新型育人方式，即用实践的思想、方法育人，在实践中育人，培养拥有实践能力的人。这一点与教育家罗素所倡导的"只有在知识与价值的彼此融合中才能实现个人全面发展和社会持续进步"的理念相契合。体育是人类社会的一种身体教育活动和社会文化活动，具有自然和社会的双重属性，体育课程不仅能帮助学生增强体质、培养技能，还能将体育所承载的价值观念内化为自身品质，促进身心层面的全面发展。

（三）现实依据

首先，目前高中"体育与健康"课程在思政教育方面的实践仍然比较薄弱。传统的课堂教学往往只注重知识传授和技能培养，缺乏对学生情感、态度和价值观的积极引导。这导致学生对"体育与健康"课程的教育理念和思想认同度不高，影响了他们的学习动力。

其次，现有的教学方法和评价方式也存在一定的局限性。传统的教学方法注重理论讲解和机械性的实践，缺乏多样化和创新性的教学方式。同时，现有的评价方式主要侧重于对结果的考核，忽视了对学生学习过程和思考能力的培养。体育文化、体育精神在教学中的渗透与拓展严重不足，新时代体育课程以体育人的功能未能充分体现。

二、课程分析

（一）课程标准的要求

《普通高中体育与健康课程标准（2017 版 2022 年修订）》的颁布，顺应了新时代课程改革的要求，从立德树人的理论视野，对新高中"体育与健康"课程标准中的课程定位、课程理念、课程目标、教材内容、教学评价等要素进行深入的分析；在重视学生体能和运动技能提高的同时，更重视运动过程中体育精神的培养。

（二）课程思政的思考

高中体育与健康教育如何与思政教育更好地结合，可以从以下几个方面思考。一是深挖体育项目在思政教育中的育人价值，强化对学生团结协作能力的培育；同时可以选择有难度的体育类项目如田径、体操等，加强对学生意志品质的培养。二是创设体育思政教学情境，培育学生的体育精神，尤其注重培养学生克服困难、勇于拼搏的体育精神。三是将体育竞赛与思政教育相结合。

（三）课程教学的创新

在新时代的教育中，高中"体育与健康"课程教学的创新对中学生综合素质能力培养尤为重要。传统的体育教学过分关注学生对体育运动技能和知识的掌握，而忽视了对学生体育精神的培养。因此，我们需要从以下两个方面进行创新。

其一是生命教育理念的渗透。体育课程的开展形式、授课内容与本质功能，均与生命教育的内容高度契合，这使得学校体育具备承载生命教育的任务。通过学校体育，学生可以在体育运动实践中学会理解生命的意义和价值，进而实现尊重生命、敬畏生命、热爱生命的生命教育目的。

其二是改革学习方式，注重团队合作学习。随着新课标的实施，高中体育教学也在不断进行改革和创新。新课标强调了学生的主体地位，注重学生的兴趣和需求，提倡多元化、个性化的教学方式。团队合作学习模式在体育课堂教学中是一种新兴的教学方法，具有互动性强、学生参与度高等特点，能够有效提高学生的学习兴趣和学习效果。

三、教学案例

（一）教学课题分析

1. 课题内容与教学目标

（1）课题内容：跨栏跑过栏技术和身体素质练习。跨栏跑属于速度性竞赛项目，技术比较复杂，主要是突出跑跨结合的能力。

（2）教学目标：知识能力方面，使学生理解跨栏跑的过栏基本技术，让80%以上的学生会完整过栏。品德目标方面，培养学生自信、勇敢、果断的品质，同时能够克服胆怯心理。

2. 重难点

以起跨腿和摆动腿的协调配合为重点，以学生克服畏惧心理为难点。

3. 教学对象

教学对象为高一的学生，学生的身心素质已基本成熟，且具备基本运动能力，但学生对跨栏跑还较为陌生，同时部分学生有畏难情绪。在教学过程中注意激发学生的学习兴趣，培养学生勇于挑战自我、战胜自我的体育精神。

（二）教学策略设计

1. 教学流程设计（见图1）

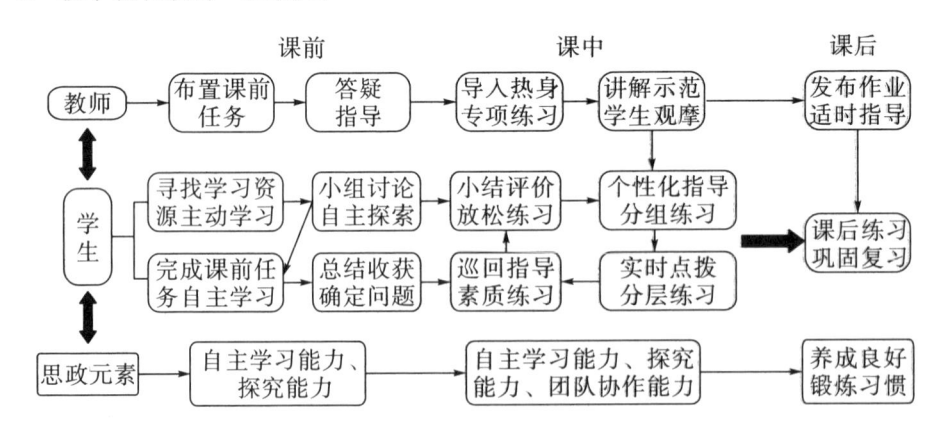

图1 "跨栏跑"教学流程图

2. 预计负荷

练习密度为 30%～35%；平均心率为 120～130 次/分；运动强度中等偏上。

3. 场地器材

田径场、栏架 20 个、挂图 1 张。

4. 教学过程（见表 1）

表 1　教学过程

环节	任务	教师活动	学生活动	思政	强度
导入	1. 集合整队 2. 明确本课的内容和要求、做好上课准备	1. 整队问好 2. 宣布内容与目标 3. 安排见习	1. 集合整队 2. 明确任务和要求 3. 见习	学生做到精神饱满、"快、静、齐"；培养合作意识、养成集体观念	小
热身	1. 慢跑热身 2. 专项热身练习跑	1. 讲明内容要求 2. 示范、组织	1. 慢跑热身 （1）行进间绕栏架跑 2. 专项热身练习 （1）转髋练习 （2）跨栏坐 （3）后踢腿跑、行进间绕栏架跑	感受热身的意义，培养遵循科学精神、做好体育竞争的心理准备	中
探究	1. 复习摆动腿栏侧过栏、起跨腿栏侧过栏 2. 学习过栏技术 3. 跑动栏侧结合练习	1. 讲解示范 2. 组织学生练习 3. 巡回指导、纠错、鼓励 4. 点评	1. 复习摆动腿栏侧过栏 2. 复习起跨腿栏侧过栏 3. 学生尝试过第一栏 4. 学习过栏技术 5. 跑动栏侧结合练习 6. 跨第一栏	认识到学习需要顺序渐进，需要不断地克服困难；用体育冠军的实例鼓励学生；互评培养学生团结互助的友爱精神	中
改进	分层练习	组织：分成四组练习	依 4 个层次分组训练，同时小组进行质量竞赛	养成积极进取、勇于竞争的精神	中
素质练习	1. 绕栏练习 2. 过、钻栏练习 3. 走栏练习	1. 示范讲解 2. 组织练习 3. 巡回指导 4. 组织比赛	1. 训练 2. 比赛	培养合作意识和集体荣誉感	中

续表

环节	任务	教师活动	学生活动	思政	强度
放松	1.瑜伽拉伸 2.小结	1.集合 2.组织放松 3.小结	整理放松、感受收获	感受收获源于付出、成功源于奋斗	小

四、教学成效

（一）教学成果

视频课例《跨栏跑》在 2015 年成都市"一师一优课，一课一名师"活动中荣获一等奖；录像课《跨栏跑》在全国十城市体育赛课活动中荣获一等奖。

（二）教学成效

体育教学与思政教育相结合取得以下三方面的教学成效。一是帮助学生树立正确的价值观。奥运冠军的事迹，让学生明确修德与修体要兼顾，实现体识德合一。二是团队协作能力大大增强。组织团队活动等方式，让学生在实践中体验团队合作的重要性，增强了团队协作意识与能力。三是竞争意识增强。体育竞赛让学生正确看待竞争，以更加积极的心态面对挑战和压力。

（三）问题与改进

问题：一是融入思政教育设计单一；二是评价方式较为单一，重技能而缺乏对学生体育精神方面的评价。

改进：一是要注重挖掘教学内容中的思想元素，实现体育与德育的有机融合；二是采用多元化的评价方式实现育才与育德的双重效果。

结束语

体育课程思政教学是一项持久的教育过程，在此过程中要循序渐进，不能一蹴而就。在学校体育课程的教学实施过程中，学生对体育与健康知识的学习与掌握、运动技能的练习与提升、意志品质的锤炼与培养、人格情操的塑造与修习、社会能力的培育与增进等都是开展体育课程思政建设的优质方向。学校要培养身体素质合格、政治思想可靠的中国特色社会主义建设者和接班人，既要靠学校体育教学，也要靠思政教育，两者应形成育人合力，实现育人育才的目标。

四川天府新区太平中学　王健

让课堂成为孩子释放潜能的舞台

——论积极心理学在城乡接合部初中语文课堂教学中的运用

义务教育优质均衡发展关乎亿万家庭的幸福。本文旨在探讨积极心理学在城乡接合部初中语文课堂教学中的应用，通过课程和教学案例，分析并探讨使用积极心理学方法带来的教学成效。

一、研究背景

（一）政策依据

《国家中长期教育改革和发展规划纲要（2010—2020年）》《中共中央 国务院关于深化教育改革 全面推进素质教育的决定》《国务院关于全面推进义务教育均衡发展的意见》都明确提出要加强素质教育，注重培养学生综合能力和创新能力，推进城乡和区域间教育资源的均衡发展，缩小教育差距。

（二）理论依据

积极心理学是心理学的一个分支，积极心理学创始人之一马丁·塞利格曼提出的核心理念是关注个体的积极品质和潜能，通过积极的体验，展示积极的情绪，形成积极心理品质，从而获得幸福。语文教学与积极心理学的契合点在于引导学生获得积极情感体验，培养学生的创新思维和解决问题的能力。

（三）实践依据

城乡接合地区的留守学生较多，他们普遍存在学习基础薄弱、自信心不足等问题。初中语文新课程标准更加注重学生的主体地位和参与度，培养学生的创新精神和创造力。积极心理学的理念和新课程标准契合，可以为初中语文教学提供实践依据。

二、课程分析

（一）《义务教育语文课程标准（2022年版）》的要求

《义务教育语文课程标准（2022年版）》（以下简称新课标）要求语文课程"立足学生核心素养发展，充分发挥语文课程育人功能"，旨在通过语文教育培养学生的文化自信、语言运用能力、思维能力、审美创造能力。新课标提出"遵循学生身心发展规律和核心素养形成的内在逻辑，以生活为基础，以语文实践活动为主线，以学习主题为引领，以学习任务为载体，整合学习内容、情境、方法和资源等要素，设计语文学习任务群"。通过合理设置教学内容，学生可以在语文学习中感受到成就感和愉悦感，"激发学生的好奇心、想象力、求知欲，促进学生自主、合作、探究学习"，释放他们的潜能。

（二）对新课标与积极心理学联系的思考

首先，积极心理学注重个体的成长和发展，强调积极情感与情绪对学习的促进作用。在语文课堂中，通过情感教育，可以激发学生的学习兴趣，提高学习动力，增强学习的主动性和持久性。其次，积极心理学倡导发掘和重视每个学生的优势和特长，提倡个性化教学。在语文教学中，了解学生的个体差异，因材施教，可以更好地激发学生的学习潜能，让他们在教学中发挥出色。最后，积极心理学注重培养学生的自我意识、情绪管理能力和社会交往技巧。通过积极心理学的理念引导，可以帮助学生更好地理解自己的情感、认识他人的情感，提高沟通能力，培养团队合作精神，从而更好地适应社会需要。

（三）新课标背景下积极心理学在教学实践中的创新策略

设置积极的情境和氛围来激发学生的学习兴趣和积极性。比如，在课堂设计中融入一些有趣的故事、谜语或者游戏，让学生在轻松愉悦的氛围中参与课堂学习，激发他们的学习热情。

注重学生的情感体验和价值认同。在教学中，不仅要注重知识的传授，还要关注学生的情感体验和内心世界。教师可借助文学作品等教学资源，引导学生认识自己的情感变化，培养他们的情感表达能力和情感智慧。

改变学习方式，促进学生自主学习能力和自我管理能力的提升。积极心理学倡导培养学生的自主学习意识和学习行为，教师可以通过任务驱动型教学、小组合作等方式，引导学生主动参与到学习过程中，提升他们的学习动力和学习自觉性。

三、教学案例

本课例出自 2019 年部编版初中语文九年级下册一单元第三课《短诗五首》，教师通过将积极心理学理论运用在教学设计及教学实施中，激发学生的学习兴趣，让学生积极参与课堂活动，在活动中释放潜能，获得积极情感体验，增强自信心。

（一）教材分析

《短诗五首》包括《月夜》《萧红墓畔口占》《断章》《风雨吟》《统一》五首短诗。这些短诗内容丰富，意象鲜明，情感深刻，语言简练，适合学生欣赏和理解，有助于培养学生的审美情趣和语言表达能力。

（二）学情分析

学生对诗歌的理解和欣赏能力各不相同，部分学生对诗歌缺乏兴趣，需要通过教师的引导和激励来提高他们的学习积极性。同时，城乡接合部学生的语言表达能力和文学素养也和城市学生存在差异，应根据学生的实际情况和可利用的现成条件，有针对性地设计教学内容和教学活动。

（三）教学目标

知识技能目标：结合诗歌意象及写作背景，理解诗歌主旨及情感；多形式有感情地朗读诗歌。

过程方法目标：寻找诗歌意象，品味意象之美；揣摩诗歌字词，分析炼字之妙；创意诵读诗歌，把握诗歌情感；模仿诗歌创作，培养写作能力。

情感态度价值观目标：体会诗歌中的意境美和画面感，培养审美情趣，陶冶情操；培养乐于思考、勇于分享的学习习惯。

重点：领会诗歌意象之美，分析诗歌炼字之妙。

难点：模仿诗歌创作，培养写作能力。

（四）教学流程

教学流程是实施教学的一个完整闭环，包括课前、课中、课后三个环节，既包含了学生的合作学习过程，也注重促进学生的个体发展，使积极心理学在学生的教育教学中具备完整性和延伸线。（如图 1 所示）

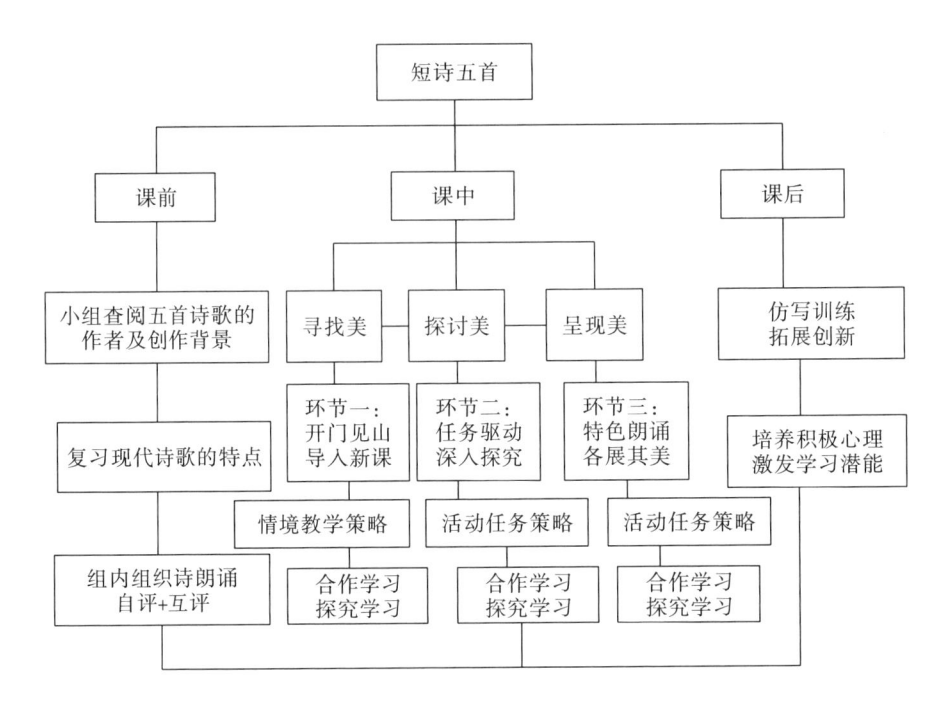

```
                          短诗五首
          ┌─────────────────┼─────────────────┐
        课前              课中              课后
          │         ┌───────┼───────┐         │
   小组查阅五首诗歌的  寻找美  探讨美  呈现美   仿写训练
   作者及创作背景                              拓展创新
          │         │       │       │         │
   复习现代诗歌的特点 环节一： 环节二： 环节三： 培养积极心理
                    开门见山 任务驱动 特色朗诵  激发学习潜能
                    导入新课 深入探究 各展其美
                            │       │       │
                         情境教学策略 活动任务策略 活动任务策略
          │                 │       │       │
   组内组织诗朗诵    合作学习 合作学习 合作学习
   自评+互评        探究学习 探究学习 探究学习
```

图 1　教学流程图

课中学习是教学流程中的核心环节，是教师运用积极心理学引导学生认识自我，激发学习潜能的关键环节，基于学生实际情况，采取任务驱动方式进行课中教学设计。（如表 1 所示）

表 1　《短诗五首》课中教学部分

教学环节	教师活动	学生活动	意图与策略
开门见山导入新课	1. 课题导入 问题①：《短诗五首》选入教材的理由？ 问题②：这五首诗各美其美，美在哪里？ 2. 分配任务 每个小组组长来抽签，为你抽中的短诗"打 call"	1. 小组长抽签 2. 组内交流讨论	以"美"为切入点，采取小组分工合作的方式寻找并分析诗歌美点，有利于激发学生学习兴趣，让学生在轻松氛围中学习
任务驱动深入探究	任务 1：提供"最美短诗"推荐表 要求：学生根据推荐表按照"寻找美——探讨美——呈现美"的步骤，在小组内交流探讨，由教师点拨	小组根据推荐表，交流合作完成填写推荐表。完成后，由小组发言人在全班交流分享	通过多元开放问题为学生提供了思考角度；小组合作模式促进学生自主、合作、探究学习；交流分享提高沟通能力，培养团队合作精神，获得积极的情感体验

续表

教学环节	教师活动	学生活动	意图与策略
特色朗诵 各展其美	任务2：诵读感悟诗歌美 要求：1.读准字音，划分节奏，读出停顿； 2.根据内容、情感确定重读字词，读出重音； 3.根据情感特点，掌握好语速、语调； 4.根据小组成员的特点和特长，多艺术形式展现诗歌朗诵之美	分组讨论诵读形式并展示：合作完成诗歌朗诵，可采用齐诵、分角色诵、配乐舞蹈朗诵、诗文图画朗诵等方式。准备时间5分钟，各展其美	通过个性化的展示，既培养学生的情感表达能力，同时也激发学生的想象力和创造力

四、教学成效

（一）学生成长

学生的学习积极性和主动性得到提升，课堂氛围更加积极向上；学生乐于分享自己的体验和想法，提升了学生的自信心和语文表达能力；学生之间的合作精神和团队意识提升，协调合作意识增强。

运用积极心理学实施情感教育实践，让学生对语文学习和生活产生了更深层次的思考和体验，开始关注内心世界的成长，也促进了学生的心理成熟和个性塑造。

积极心理学的运用对学生成绩和学习态度有显著的影响，学生专注度、学习动力和热情都大大提升，积极的学习信念和学习习惯为未来的学习和生活奠定了良好基础。

（二）教师成长

教师的育人理念逐渐转变，关注学生优势发展，尊重学生个性发展，自我幸福感提升。在教学实践中，教师探究了一套适合城乡接合部初中语文课堂的合作学习模式，提高了自身的教学水平。师生间的互动，不断的自我反思，促进了教师与学生的个人成长与进步。

（三）反思改进

城乡接合部外部环境对学生学习观影响较大，还需要长期关注、持续改进，需要加强家校合作形成育人合力，真正释放活力。总的来说，在课堂模式设计时还须探究更加有效的评价机制，通过设立综合素质评价体系，提高学生的自主学习能力，还需要关注学生自主学习的过程和方法，引导学生掌握学习的主动权，培养他们的创新精神和批判思维能力。

四川天府新区正兴中学　李道艳

中职"心理健康教育"课程思政的教学创新实践

心理健康教育的最终目标是提升学生心理健康水平，促进学生全面发展。在此过程中，需要将"大思政课"的理念融入学校心理健康教育当中，不仅"以德育心"，更要"以心养德"，充分发展学生各方面的基础心理能力，健全价值体系，以三全育人思想作为引领，形成具有积极影响的教育场和有利于学生终身发展的"积极心理场"。将心理健康既作为目标内容，也作为途径方法，为学生的终身发展和学习提供扎实的基础。

一、研究背景

（一）政策依据

党的十九大报告指出，必须加强社会心理服务体系建设，培育自尊自信、理性平和、积极向上的社会心态。教育部等十七部门联合印发的《全面加强和改进新时代学生心理健康工作专项行动计划（2023—2025年）》，要求新时代学生心理健康工作必须坚持健康第一的教育理念，坚持全面发展、健康第一、提升能力、系统治理的基本原则。

（二）理论依据

自然界中任何事物都存在一种能量，由于其能量表现的形式不同，因此它便以自身特有的形式表现着自己。美国心理学家 K. 勒温认为这便是"场"，这个"场"同样存在于心理空间，存在于人与人的交往和发展当中。

马丁·塞利格曼提出的"积极心理学"是以主观幸福感为中心，充分探索积极体验、积极人格、积极社会制度等三个立足点的积极心理学理论体系。在积极自我教育和场论的基础上，运用积极教育场和心理场，能够让心理健康教育课堂大有可为。

（三）实践依据

作为中职学校的心理健康教育工作者，不仅要看到青春期的共性问题，更要关注中职学生所特有的心理特征，即信念感较弱、成就感较低和掌控力较差。以自我意识为例，中职生大多存在自尊心和自卑感同时过强的情况，由此引发了以自我为中心的困境，形成了敏感度更高和更易出现心理问题的特质。同时中职生群体的一个特殊现象也需要注意，即中职学生中来自离异、单亲和贫困家庭的较多，他们更加容易受到原生家庭问题的影响，甚至因为家庭问题出现无法正常完成学业的情况。

二、课程分析

（一）"心理健康教育"课程标准的要求

心理健康教育在职业教育领域还缺乏具有普适性的体系化标准，现行的心理健康教育课程主要依据两类标准：一是以教育部出台的《中小学心理健康教育指导纲要（2012年修订）》文件为指导的关于中小学生心理健康教育要求；二是《中等职业学校思想政治课程标准（2020年版）》中所涉及的新模块"心理健康与职业生涯"对心理健康教育内容的要求。

（二）对"心理健康教育"课程思政的思考

首先，将学生心理健康教育贯穿德育思政工作全过程，以三全育人破局立心，此外还要以智慧心、以体强心、以美润心、以劳健心；其次，要让学生参与的每一次心理健康教育活动连接可能相关的思政要求，将心理和思政有机融合；再次，要让每一位积极教育场的参与者都成为课程思政的推动者，让每一位"大思政课"的建设者都能够有效地参与到学生积极心理场的建设中；最后，将心理健康教育的目标和内容融入思政教育当中，"以心养德"，最终实现最佳的教育效果。

（三）"心理健康教育"课程教学的创新

育人理念的改变。以三全育人破局立心，以德育人，将学生心理健康教育贯穿德育思政工作全过程。

特色课程的体系化开发。利用校本特色课程和心理班会课资源，塑造一个利于学生终身受益的良好行为习惯和价值体系，即形成一个"积极教育场"。

利用CIPP课程模式提升学生能力。摸清学生心理健康教育需求，针对性提升学生社交能力、共情能力、抗压能力及情绪控制能力，将这些能力嵌入积极教育场的营造当中。

协调育人，辐射他人，提升育人效果。利用教学相长的师生关系和家校结合的育人方式强化学生对于周遭环境的信任，提升被教育者的感受力，培养学生的"积极心理场"，营造出良好的心理氛围，促进学生的发展和成长。

三、教学案例

（一）教学课题分析

1. 课题介绍

中职"心理健康教育"课程的育人目标是培养学生健全的人格，集中体现在使学生能正确对待自我、他人和社会，调控情绪，处理好个人与他人、个人与社会的关系。本次课题的设计，针对高一学生现阶段对于社交活动的需求和社交技巧缺失的现状，通过设计和实施活动，进一步改变学生的人际交往认知，帮助学生确认"社交边界感"的尺度，改善人际交往状况。

2. 教学目标

认知目标：学生认识到人际交往的边界，理解"社交边界"带来的利与弊。

行为目标：积极探索人际关系，并通过与朋友之间的相互交流建立平衡、合理的人际关系圈。

情感目标：增强在人际交往过程中对彼此"边界"的尊重，体会到良好人际关系带来的愉悦感。

3. 重点难点

重点：帮助学生理解人际交往的重要性，区分鉴别真假"社恐"，鼓励学生走出"孤岛"，勇敢交往。

难点：学生对"边界感"的理解存在误区和偏执态度，引导学生学会理性地看待社交边界。

4. 学情分析

人际交往是个体发展的终身命题。高一新生面临身心的快速发展以及生活环境的改变，既要适应自己"成熟"和"幼稚"并存的窘境，又要随时应对外在环境的变化。高中生群体中对于"社恐"的曲解，让青少年"伪社恐"的自我认同愈发普遍。学业压力大、家庭关系乏力、社交成本激增、网络引导歪曲，都成了当代青少年不愿交往、不善交往及不能交往的重要诱因，健康纯粹的同学关系也开始变得紧张起来。因此，提升学生的社会交往能力，形成一个积极健康的"心理场"，对于学生的发展至关重要，对于培养学生的健全人格具有积极推动作用。

（二）教学策略设计

1. 设计思路（见图1）

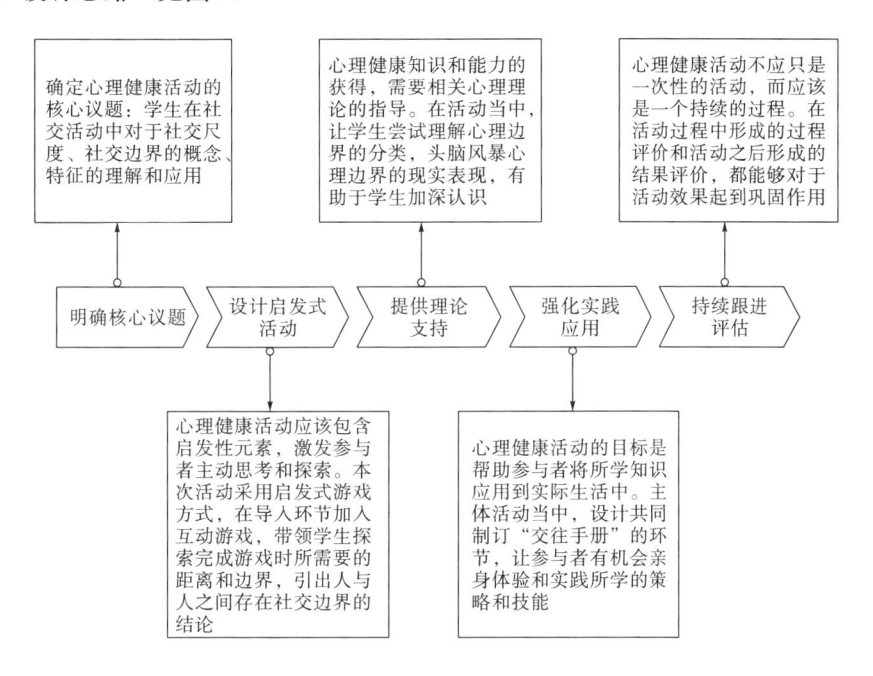

图中流程：明确核心议题 → 设计启发式活动 → 提供理论支持 → 强化实践应用 → 持续跟进评估

- **明确核心议题**：确定心理健康活动的核心议题：学生在社交活动中对于社交尺度、社交边界的概念、特征的理解和应用
- **设计启发式活动**：心理健康活动应该包含启发性元素，激发参与者主动思考和探索。本次活动采用启发式游戏方式，在导入环节加入互动游戏，带领学生探索完成游戏时所需要的距离和边界，引出人与人之间存在社交边界的结论
- **提供理论支持**：心理健康知识和能力的获得，需要相关心理理论的指导。在活动当中，让学生尝试理解心理边界的分类，头脑风暴心理边界的现实表现，有助于学生加深认识
- **强化实践应用**：心理健康活动的目标是帮助参与者将所学知识应用到实际生活中。主体活动当中，设计共同制订"交往手册"的环节，让参与者有机会亲身体验和实践所学的策略和技能
- **持续跟进评估**：心理健康活动不应只是一次性的活动，而应该是一个持续的过程。在活动过程中形成的过程评价和活动之后形成的结果评价，都能够对于活动效果起到巩固作用

图 1　课程设计思路

2. 辅导准备

经验准备：调研学生在日常人际交往过程中是否出现过"社交无能"甚至"社交恐惧"的情况，是否有过对于缺乏边界感的社交经历等。

物质准备：社交距离游戏使用的纸带手环、纸杯等。

3. 教学过程（见表1）

表 1　教学过程设计

议题：社交边界感				
教学环节	教学内容	教与学		意图与策略
^^	^^	教师	学生	^^
一、暖身阶段	组织学生共同参与社交小游戏"携手并进"，创设游戏情境	问题1：游戏过程中大家觉得最难的部分在哪里？ 问题2：纸带的不同长度给大家带来了什么样不同的体验？	活动规则： 1. 邀请几组志愿者参与一个竞赛游戏，每组两位队员。 2. 选择相同颜色的手环，连接相同颜色、长度不同的纸带。 3. 游戏中佩戴手环和连接纸带，游戏过程中纸带断裂则须回到起点重新选择纸带绑定后再次出发。 4. 比赛进行两轮	利用游戏调节课堂气氛，团体转换阶段肩负着由"团体凝聚力初步形成"向"运用团体动力解决团体共同关心的某个发展问题"转移的重要任务

续表

议题：社交边界感				
教学环节	教学内容	教与学		意图与策略
^^	^^	教师	学生	^^
二、转换阶段	讨论过程中，前三组讨论人与人之间的交往距离远一些的利弊，后三组讨论一下人际交往距离更近的利弊，分小组分享。讨论时间5分钟，小组分享4分钟。讨论结果： 1.社交边界的含义 2.社交边界的分类	问题1：什么样的社交距离会让你们感到最舒服？ 问题2：结合自身的经历，明确何为"社交边界感"。大家可以分组讨论一下	学生总结何为健康的社交边界：健康的社交边界有以下特征：1.现存的、清晰的；2.合适的，非控制性或操纵性的 3.坚固而灵活，不是坚硬的、无法改变的；4.保护性的，非伤害性的；5.接受性的，非攻击性的；6.为自我建立，而非为他人的	为心理活动的开展提供足够的理论支撑，"团体转换阶段"的第二个任务是缓解班级学生的焦虑，为团体工作阶段作铺垫。班级心理活动课目的就在于针对班级学生现阶段关心的某个发展主题开展讨论，解决班级团体共同关心的问题
三、工作阶段	1.结合刚刚讨论的结果，制作一份属于自己的交往手册。 2.以小组竞赛的方式，将本小组的手册条款添加到黑板上	总结提问：通过刚才的讨论，大家其实都有了自己的结论，即人际交往是必须重视的问题，而交往的距离和边界更是重中之重，那么究竟是"君子之交淡如水"还是"情同姐妹亲兄弟"，这是我们在任何一次社交当中都必须考虑的问题。那么没有"边界感"会带来什么样的后果，而过分强调边界感会有什么不利的地方，我们可以深入思考这个问题	引发思考： 在这个过程中，我们可以探讨几个问题： 1.掌握话语权的胜者可以提出更多的社交条款，对于我们自己的"朋友圈"，我们至少应该主动。 2.在交往的过程中，两个人的关系同样会受到其他人的影响，我们是否能够坚持我们最初的计划。 3.两个人共同前进时，太远无法共同抵御风险，伤害到彼此的关系，同样不可取	可以通过制作手册的过程，提升学生的直接感知和理解，实现对社会交往原则的把握和使用。 体会当我们成为同学和朋友之后，我们可以向别人提出什么请求，传递什么信心，并且自己应该恪守什么原则和边界。 动手活动既能锻炼学生的系统表达能力，同时也能加深学生对活动主题的理解

暖身阶段完成了心理活动的破冰和课堂氛围的凝聚，而转换阶段所产生的经验冲突和理论冲突是对工作阶段的重要铺垫，更重要的是形成了小组内合作探索的良好态势，能有效助力小组完成问题探索。

四、实施成效

（一）成果成效

边界感产生于个体的社交实践而又指导着个体的社交实践。因此，具有边界感并不意味着排斥社交，相反，边界感强的人不仅不惧怕与人交往，反而能够在人际交往中保持独立并丰富自身，享受舒适自由的交往状态。在课程设计和实施过程中，将学生的心理健康教育贯穿德育思政工作全过程，最终达到健全完善学生价值体系的目的。

在课程模式和课程内容的探索创新当中对症下药，可以全面提升学生自我认识的能力、社会交往能力、共情能力、抗压能力或是情绪控制能力，营造学生信任教师、信任课堂的教育氛围，培养出学生的"积极心理场"，营造出良好的心理氛围，促进学生的发展和成长。

（二）反思与改进

本次课程设计与实施中，对学生的价值观念引领与对学生实际需求的针对性不足，因学生的发展程度差异，社会文化和环境对于学生的消极影响调控不到位，在一定程度上影响了课程教学的效果。同时，本次教学案例的设计对于课程创新点的回应过于单一，没有形成高质量的综合设计，在后续的教学中需要加以改进。

成都电子信息学校　鲍诚

中职数学课程思政的教学实践探索

课程思政是新时代落实立德树人根本任务的重要举措，以课程思政为主题的教育教学改革是当前的热点。中职数学课程是中等职业学校课程体系的重要组成部分，是培养学生思想政治素质、科学文化素养等的基本途径。本研究依托2023年度成都市教育科学规划立项课题"中职数学课程思政的教学实践研究"，结合中职学校数学学科课程思政的创新实践，对课程思政的实现路径、开发设计、实施策略等展开讨论，并对已取得的经验及成果进行总结。

一、研究背景

（一）政策依据

2016年12月，习近平总书记在全国高校思想政治工作会议上指出，要坚持把立德树人作为中心环节，把思想政治工作贯彻教育教学全过程，实现全程育人、全方位育人，努力开创我国高等教育事业发展新局面。2019年，国务院印发的《国家职业教育改革实施方案》明确指出，要"指导职业院校上好思想政治理论课，实施好中等职业学校'文明风采'活动，推进职业教育领域'三全育人'综合改革试点工作，使各类课程与思想政治理论课同向同行，努力实现职业技能和职业精神培养高度融合"。因此，中等职业教育中立德树人这一根本任务的落实，须坚持学科育人、协同育人，充分挖掘学科资源并将其与思政教育有机结合，对学生进行思想政治教育，帮助学生塑造正确的世界观、人生观、价值观，使其具有坚定的理想信念、崇高的思想品格、优良的道德品质。

（二）理论依据

党的十九大以后，习近平总书记对立德树人工作作了如下阐释："人才培养体系涉及学科体系、教学体系、教材体系、管理体系等，而贯通其中的是思想政治工作体系。"这一阐释深化了对课程思政的理论认识，思想政治教育要在全员、全程、全方位中深化落实，因此，课程思政建设要聚焦课程建设"主战场"，充分发挥各类课程的育人功能；要利用好课堂教学"主渠道"，解决专业课和思政课协同育人的问题；要牢牢抓住教师队伍"主力军"，不断提升人才培养能力和育人质量。

（三）实践依据

中等职业学校学生是未来国家经济社会发展的生力军和中坚力量，针对当前中职学生的思想状况及特点，须进一步加强思想政治教育工作，使得中职学生在学习学科知识与职业技能的同时，增强自身的思想政治水平与道德品质，树立崇高的职业道德与职业观念。课程思政作为职业教育落实立德树人的重要战略性和实践性工作，是推动课堂教学改革的重要抓手，也是提升育人质量的有效途径。

因此，本研究从中职数学学科教学角度出发，聚焦课程思政，为中职数学课程思政实践提供理论、方法和策略的指导示范。

二、阶段研究目标和内容

（一）关键词

1. 中等职业学校

中等职业学校是指经政府有关部门依法批准设立，实施全日制中等学历教育的各类职业学校，包括公办和民办的普通中专、成人中专、职业高中、技工院校等。

2. 中等职业学校数学课程

中等职业学校数学课程是中等职业学校各专业学生必修的公共基础课程，承载着落实立德树人根本任务、发展素质教育的功能，具有基础性、发展性、应用性和职业性等特点。

3. 课程思政

课程思政是新时代对课程内蕴的价值理性赋予新含义的再生概念，从本质上看，课程思政还是基于课程进行设计和开发，指向的还是课程，是把立德树人内化到课程教学中，在课程中探索和挖掘与知识内容和教学方式联系紧密、有利于学生养成正确价值观，并将这些价值观潜移默化地融入课堂教学与实践活动中。

4. 教学实践

教学实践可以被定义为将教学理论转化为实际教学过程的实施行为，它包括将课程计划和教学设计转化为实际课堂操作，以及通过观察、记录和反思来评估教学效果等教学过程。

（二）阶段研究目标

通过研究明确中职数学学科课程思政的内涵和外延，以及总结中职数学学科课程思政的教学模式。

（三）阶段研究内容

开展关于中职数学学科课程思政理论逻辑框架的搭建，教学资源的挖掘、梳理、融入，教学方式的创新探索，教学评价指标的设定等方面的研究。

三、研究实施

（一）梳理中职数学课程思政的理论框架

结合《中国学生发展核心素养》培养目标和《中等职业学校数学课程标准》要求，研究立德树人、学生发展核心素养与学科核心素养的关系，参考林崇德教授对发展学生核心素养与立德树人的内在逻辑关系的阐释，南京师范大学喻平教授对数学文化的定义，以及《课程思政视域下高中数学教学研究——以"函数模型的应用"专题为例》一文，梳理了中职数学课程思政教学研究理论框架。（如图 1 所示）

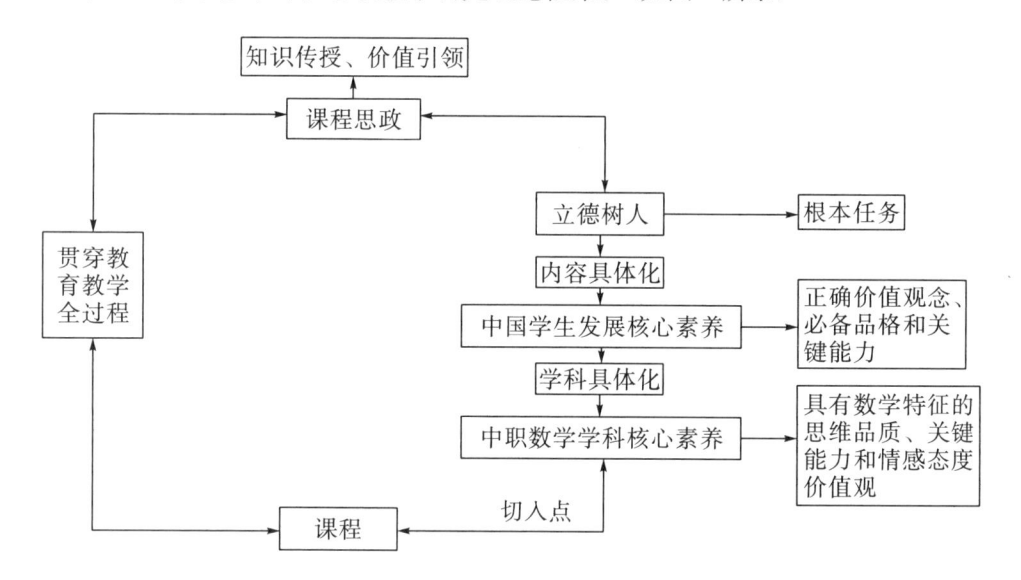

图 1 中职数学课程思政理论框架

（二）明确中职数学课程思政的维度划分

依据上述理论框架及参考依据，结合中职数学课程内蕴和《中等职业学校数学课程标准》，将中职数学课程思政划分为 3 个一级维度及 13 个子维度。（如图 2 所示）

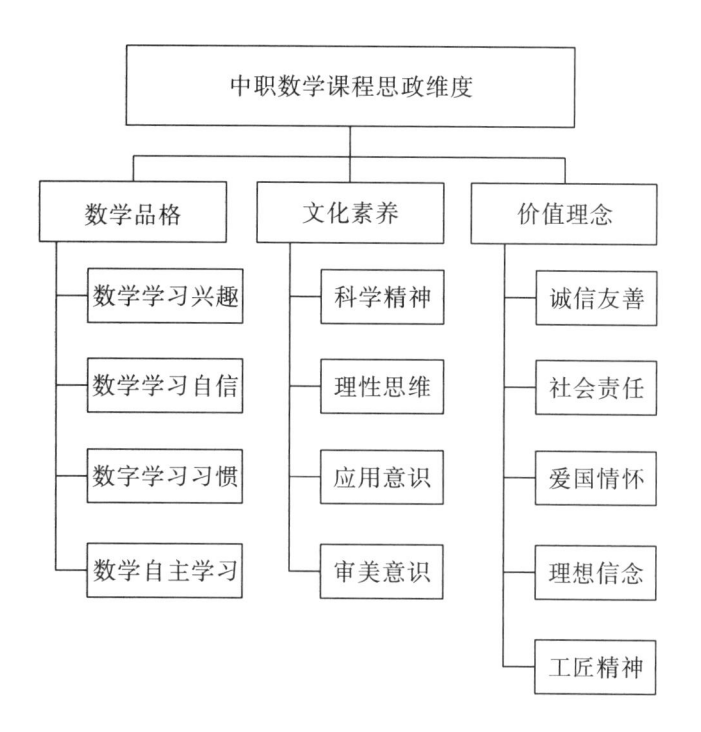

```
                    中职数学课程思政维度
        ┌──────────────┼──────────────┐
     数学品格        文化素养        价值理念
     ┌──┐            ┌──┐            ┌──┐
     数学学习兴趣      科学精神         诚信友善
     数学学习自信      理性思维         社会责任
     数字学习习惯      应用意识         爱国情怀
     数学自主学习      审美意识         理想信念
                                      工匠精神
```

图 2　中职数学课程思政维度划分

（三）探索构建中职数学课程思政的教学模式

通过教学设计及实施、创新教学评价等策略，探索中职数学课程思政的教学模式。根据学科标准和特点，深入研究育人目标，恰当安排教学内容，选择教学方法，深度挖掘和提炼中职数学知识体系中所蕴含的思想价值和精神内涵，合理化课程思政教学设计要素（如图 3 所示）。

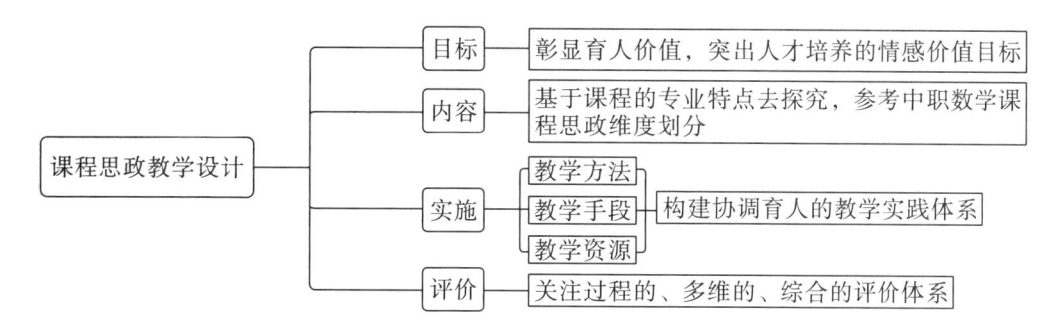

```
                        ┌─ 目标 ── 彰显育人价值，突出人才培养的情感价值目标
                        │
                        ├─ 内容 ── 基于课程的专业特点去探究，参考中职数学课
                        │          程思政维度划分
课程思政教学设计 ───────┤
                        │          ┌ 教学方法 ┐
                        ├─ 实施 ──┤ 教学手段 ├── 构建协调育人的教学实践体系
                        │          └ 教学资源 ┘
                        │
                        └─ 评价 ── 关注过程的、多维的、综合的评价体系
```

图 3　中职数学课程思政教学设计要素

基于"互联网＋教育"的改革思路，依托信息技术，创新教学资源，科学分析学情、开展评价，重构课程和教学体系，构建"新形态教材＋在线课堂＋数字化教学资源"的新型教学模式，打造更具有吸引力的多维学习生态，为师生建立信息化双向沟通途径，更好实现学科教学和思想引领的统一。采用总结性评价和过程性评价相结合的方法，全

面评价学生的数学学习和思政教育成效，评价指标重点关注学生的知识获得、核心素养发展和价值观形成，通过科学评价为中职数学课程思政提供衡量标准和保障措施。

四、初期成效

以"中职数学课程思政的教学实践研究"为引领，关于中职数学课程思政实践探索目前已进入中期阶段，在理论和实践方面均收获一些经验和成果。

（一）成果

1. 以"函数"单元为例构建课程思政资源整合模式（如表1所示）

表1 "函数"单元课程思政资源整合模式

知识点	情境或案例	思政目标	切入点
函数概念发展史	函数概念发展的萌芽时期、解析定义时期、对应定义时期、集合定义时期	体会数学中蕴含的辩证唯物主义元素、美学价值和数学思想方法	文化素养之理性思维、审美意识
函数的概念	某中职校毕业生自主创业，在电商平台做产品销售，建立销售量和销售额之间的函数关系	结合专业，拓展职业能力	文化素养之应用意识、价值理念之工匠精神
函数的表示方法	列表法表示我国居民恩格尔系数与年份之间的关系	了解国家发展变化，增强民族自信和自豪感	价值理念之爱国情怀
分段函数	建立"阶梯水价"函数模型，计算居民年度水费	增强节水意识，弘扬珍惜水资源的社会风尚	价值理念之社会责任
函数的单调性	通过"数"与"形"两个角度探讨函数中两个变量的变化规律	认识"数"与"形"的对立统一规律，认识事物间的普遍联系	文化素养之科学精神、理性思维
函数的奇偶性	通过观察和分析奇偶函数图像的特点，感受图像对称美	发现数学中蕴含的美，对学生进行美育教育	文化素养之审美意识
二次函数与一元二次方程、一元二次不等式	在销售方案制订问题中，建立函数模型，解决系列方程和不等式问题	发现函数、方程、不等式三者的数学关联，体验数学的统一美和和谐美	文化素养之科学精神、理性思维、审美意识

2. 形成课程思政元素挖掘和融入的策略

通过准确把握育人方向，提升思政元素挖掘和融入的高度；通过紧贴教材、结合专业，拓展思政元素挖掘和融入的广度；通过合理构建思政元素切入点，延展思政元素挖掘和融入的深度。

（二）成效

1. 学科建设方面

以课题研究为引领，探索中职数学学科课程思政教学模式，为学科育人提供理论、操作方法、课例示范等参考或指导，以点带面，促进中职数学学科课程思政建设，进一步提升课程教学质量。

2. 教师发展方面

以课题研究为引领，引导教师思考并实践课程思政背景下开展中职数学学科教学的策略，不断积累实践经验并转化为可操作性强的中职数学课程思政教学模式，逐步提升课程思政教学意识和能力，促进教师专业发展。

3. 学生成长方面

以课题研究为引领，以数学学科教学为阵地，通过将思政元素与学科教学合理融合，触发学生学习热情，逐步塑造学生优秀品格，提升文化素养，培养学生价值认同、文化自信等，帮助学生实现全面发展。

（三）反思

仍须加强对中职数学学科课程思政的研究和建设，尤其是在课程评价方面要继续深入细化研究，形成可参考的量化指标评价维度，推动课程思政建设走向纵深。仍须持续加强课题研究，落实全员全过程全方位育人，将思政教育全面融入人才培养方案和数学课程，并使研究成果发挥辐射引领示范作用，强化数学课程思政教学的深度与宽度。

四川省成都市财贸职业高级中学校　罗儒琳

第三篇　课程育人

课程是党的思想、国家意志和社会主义核心价值观的集中体现，是学校教育教学活动的核心和灵魂，是促进学生成长的精神食粮。党的十八大以来，在习近平新时代中国特色社会主义思想的指导下，为落实立德树人根本任务，全国启动了以课程改革为核心的新时代中国特色社会主义教育的系统性改革。教育部先后颁布了《关于全面深化课程改革落实立德树人根本任务的意见》《中小学教材管理办法》《职业院校教材管理办法》《普通高等学校教材管理办法》以及《关于加强中小学地方课程和校本课程建设与管理的意见》等文件，推动课程改革，要求以五育融合为宏观育人目标，以发展核心素养、学科核心素养为中观和微观的育人目标，分学段分学科编制课程标准，推进教材、教师、教法的"三教"改革；规范教材规划、编写、审核、使用及修订程序，强化教材的政治方向和结构质量；加强、规范和指导地方课程和校本课程建设，聚焦核心素养，构建以国家课程为主体、地方课程和校本课程为重要拓展及有益补充的国家三级课程体系，全面发挥课程育人功能。

但是，各地地方课程和校本课程的建设成效不一，区域差异性较大，特别是学校德育工作的话语体系、评价体系尚未与课程体系接轨，不利于探索构建统一的学校人才评价标准体系，不利于促进学生的全面发展。

本篇呈现了各地在校本课程建设方面所做的探索。比如成都电子信息学校围绕中职学校国际化人才培养构建国际理解教育校本课程、以提升中职学生职业安全能力为目标的安全教育校本课程建设；西航港小学开展的劳动教育校本课程建设等。来自中小学的班主任们围绕社会主义核心价值观和道德规范体系，将积极心理学提出的积极品格与中国文化相结合，开展系列班会课程建设，促进学生的身心和谐及人格健全发展。

中职学校国际化人才培养策略探索

全球化是一个漫长的渐进的发展过程,从 15 世纪末的美洲殖民以及跨大西洋贸易开始,在早期主要指经济全球化,包括各国各地区在信息、技术及相关资源方面的交叉、融合和重组。二战以后特别是 20 世纪 80 年代开始,以信息化为核心的新一轮科技革命加速了全球化进程,让各国各地区在经济、文化、社会和教育方面的联系更加密切,每一个国家都不再是孤立的存在。此时的中国开始实行改革开放政策,参与到全球化竞争的浪潮中,迫切需要更多的国际化人才,教育国际化作为一项重要工作得到党和国家的高度重视。新时代背景下,国际化人才培养亦成为提高国家核心竞争力的重要战略举措。本文着重探讨国际化人才的概念界定、能力结构及类型,并从中职学校作为职业教育实施主体的角度,探讨其在国际化人才培养中的担当和作为。

一、研究背景

(一)政策依据

经过 40 多年的改革开放实践,特别是党的十八大以来,改革开放向纵深推进,消除贫困,全面建成小康社会,社会主要矛盾转变为人民日益增长的美好生活需要和不平衡不充分的发展之间的矛盾,中国进入了新时代,并向着社会主义现代化强国迈进。新时代以来,中国以人民为中心,深化各领域综合改革,在建设富强民主文明和谐美丽的社会主义现代化强国、实现中华民族伟大复兴的中国梦、构建人类命运共同体等重大命题上开展的生动实践,向世界讲述了中国故事、传递了中国文明,为全球治理贡献了中国智慧、中国方案。在此过程中,急需提升公民的国际化素养,培养专门化的国际人才。

党的十八大以来,习近平外交思想指引着新时代对外开放工作和大国外交事业。走和平发展的道路,推动构建人类命运共同体等精髓要义,为中国应对各种国际危机挑战提供了科学指导。

习近平外交思想不仅为中国的外交实践提供了理论支撑，也为全球国际关系理论贡献了中国智慧，更为职业教育培养新时代国际化人才提供了坚实的理论依据。

（二）学生成长及区域发展的现实需要

《教育部等八部门关于加快和扩大新时代教育对外开放的意见》提出，要加快培养具有全球视野的高层次国际化人才，推动职业教育更加开放畅通，加快建设具有国际先进水平的中国特色职业教育体系。"国际理解"作为《中国学生发展核心素养》的重要内容纳入课程体系，要求分类、分段、分学科实施教育，以培养学生国际化素养。

我国目前有14亿余人，其中四川是人口大省、多民族聚居地区，在把人口红利转向人才红利的过程中不仅要提升整体素质，更要优化人才结构，为加强新时代对外开放提供国际化人才支撑，发挥职业教育在四川乃至西部发展、"一带一路"建设以及构建人类命运共同体中的重要作用。

二、国际化人才的内涵

（一）国外关于国际化人才的界定

20世纪末，培养国际化人才逐渐成为各国的教育目标。在亚洲及中外大学校长论坛上，国际化人才被界定为能够掌握一门及以上外语、具有国际化意识和某专业或领域的知识及能力、基本通晓国际准则、具有对多元化国际环境的洞察力及团队合作能力、能够进行跨国交流与服务的人才。

（二）国内关于国际化人才的阐释

我国的相关文件提出了国际化人才的要素，包括党的领导、国际视野、通晓国际规则、能够参与国际事务和国际竞争以及坚持"以我为主、兼容并蓄"等原则。各领域的学者从不同角度阐述国际化人才的概念。结合这些政策及学术研究成果，本文认为国际化人才是指拥护党的领导、具有家国及民族情怀、至少掌握和熟练运用一门外语、具备某一专业或领域的知识和技能、具有国际视野、通晓国际规则、能够进行跨文化沟通及参与国际事务和竞争的人才。

（三）国际化人才能力构成

能力是指成功完成某种活动所具备的个性心理特征。本文借鉴美国心理学家戴维·麦克利兰的能力五层次结构（即知识、技能、自我概念、特质、动机）及国内外相关研究成果，从3个方面分析新时代我国国际化人才的能力构成，分别为人才性、国际性、可评性。人才性指必须坚持党管人才原则，国际性侧重于其理解、参与、应对国际事务的能力，可评性指能力可能被量化和测评。

在此基础上，建构起"三力三认同"6个维度15个能力点的我国国际化人才能力构成体系（如表1所示），为中等职业学校的国际化人才培养提供参考。

表1 我国国际化人才能力构成体系

能力类型	名称	构成要素	含义	检测
显性能力	文化力	本文化力	理解中国文化内涵，掌握及应用汉文化，正确传播中国文化	运用国家汉语水平考试（HSK）进行测试
		跨文化力	具备外语应用能力、对他文化的理解能力、跨文化沟通能力，当本文化在主流文化中作为异文化存在时能恰当应变与处理能力	雅思、托福水平考试，或其他语言的水平考试
	专业力	学历水平	具有与学历相当或高于学历水平的专业知识及相关领域知识	国际认可的中国学历、中国认可的国外学历
		技能水平	具备与理论知识相匹配的实验技能或生产性操作技能，了解相应的操作规则	国际认可的资质认证、中国颁发或认可的资质认证
	创新力	创新成果	拥有知识产权并得到国际同行认可的文著、专利、产品、作品等	国际权威机构认可
		领域引领	专业水平或创新成果在同领域具有前瞻性，并对技术未来发展有奠基性	国际权威机构认可
隐性能力	人类认同	人类利益至上	判断个人行为可能出现的后果，优先维护与人类生存和发展相关的利益	根据联合国宪章及相关规则、法律、约定等进行价值判断
		普世价值观	尊重不同民族、文化、国家共同遵循的有利于人类发展的价值观和道德规则	基于人类共同利益进行价值判断
		国际视野	通晓国际规则，了解国际惯例，参与国际事务，在多元文化中开展团队合作并做出贡献	具体国际事务或国际组织的入职测评，或根据跨文化交往行为中的合规性、合法性进行判断

续表

能力类型	名称	构成要素	含义	检测
隐性能力	国家认同	国家利益至上	以国家尊严和国家安全为主，在跨文化交往中能够参与国际竞争并保持平等关系	根据跨文化交往行为中的合规性、合法性以及中国法律进行判断
		国家价值观	尊重中国的国情，保持政治立场，在跨文化价值冲突中坚持本文化的价值观并恰当处理	根据跨文化交往行为中的合规性、合法性以及中国法律进行判断
		民族情怀	尊重中华民族历史以及各民族的文化，有对民族凝聚力和文化同根同源的坚守	根据合规性、合法性以及中国法律对其在跨文化交往中的行为价值进行判断
	自我认同	健全人格	人格的正常和谐发展，主要包括性格、品质、责任感、情绪、思维等	依据心理学测试，对国际事务或跨文化活动中的稳定的行为特征进行评价
		独立思维	一个人面对问题时，如信息、事件、人物等，能够有自己的思考角度，查询资料、筛选整理并进行逻辑建构，形成自己的观点或解决方案，并能在实践中进一步探索验证以接近真相	依据专业的思维水平测试进行评估，观察其在国际事务或跨文化活动中的领导、协调、沟通以及处理问题的能力等
		终身学习	能够伴随生命的全周期，持续开展学习活动以实现个体自我发展，提高对社会发展的适应性	通过国际组织开展的评估项目，如经济合作与发展组织（OECD）的国际学生评估项目（PISA）测试等进行评估，观察其在国际事务或跨文化活动中对新业务的应对或创新性表现等

三、培养策略

在中职学校的教育教学中融入国际理解教育，为学生成为高素质技术技能人才及高层次国际化人才打下基础。

（一）课程带动，全方位融入国际理解教育

严格执行国家课程，使学生水平达到国家学业检测水平和相应的技能水平，符合高职院校招生录取水平。在区域党委政府统筹下，挖掘地方文化特色或技术特色，开

发和建设地方国际理解教育课程。此外，学校要结合实际开发和实施国际理解教育校本课程，通过相应评价标准检测学生的国际化水平。

（二）技能训练，实践中提升学生国际化水平

充分利用学生实习实训中的国际理解教育元素，如阅读并理解设备设施上的外语说明书、现代企业管理中的国际规则、与专业相关的国际标准，在涉外企业感受不同文化以及不同国别员工之间的跨文化交流等。有条件的中职学校应组织学生技能大赛，特别是观摩或参加世界技能大赛等，增强和提升学生的国际化水平。

（三）内外联动，多渠道提升学生国际化素养

充分利用专业的多样性开展境内外交流活动、社团活动以激发和培养学生的多元兴趣，挖掘潜能，提升学生国际化素养。组织学生参加境外研学活动，开展国际人文交流，接待外国学生到学校参观、访学和体验课程，开展在线讨论、作品交流、电子信件交流等，让学生在互动中相互理解、学会沟通，培养跨文化沟通能力。鼓励学生出国留学，加大外语学习力度，为出国留学做好文化交流、专业知识和技能方面的准备。

四、培育成效

（一）有效提升了学生的国际素养

激发了学生爱国爱乡的情怀。帮助学生知晓国际礼仪、拓展国际视野，在对外交往中学会彼此尊重、相互理解、有效沟通，树立良好的个人形象，增强自信心，提升综合素质。提升了学生外语交际能力，满足外语学习的多样需求。

（二）有效提高了学校教师的国际素养

1人次通过国际注册中级汉语教师考试，获得国际认证协会（IPA）专业能力证书；3人次获得双流区"高中英语国际理解教育课程优秀课例大赛"一等奖；1人次通过国际礼仪师资格认证；电子专业师生多人次通过纬创资通集团的高级焊接工考核并获得资质认证。

（三）有效提升了学校的辐射影响力

学校的国际礼仪培训课程进社区、进企业、进机关，为市民和职员提供礼仪培训，礼仪社团学生受邀参加天府机场亮灯仪式等各类活动，产生了广泛影响。大量学生出国留学，不仅破除了中职生无出路的成见，更用实际行动向社会宣传了"中职生能就业、可以考大学，同样可以出国深造"的多元发展途径，极大地提升了职业教育的口

碑和吸引力，诠释了"办人民满意的教育"的真正内涵。

结束语

职业教育作为一种类型教育，应构建以中等职业教育为基础、以高等职业教育为主体、以高层次应用型本科教育为牵引的现代职业教育体系，为国际化人才培养研究创造更大的空间。

成都电子信息学校　李春兰　刘露

文化视域下中职学校教育国际化的实践探索

——以成都电子信息学校为例

党的十一届三中全会开启了改革开放的历史新时期,经济的高速发展和国际合作的加深,对人才培养提出了新的要求,不仅促进了现代中国职业教育的发展,也加速推进了中国教育国际化的进程。党的十八大以来,中国特色社会主义进入新时代,2016年,中共中央、国务院印发《关于做好新时期教育对外开放工作的若干意见》,提出要坚持"围绕中心、服务大局,以我为主、兼容并蓄,提升水平、内涵发展,平等合作、保障安全"的工作原则,开创更有质量更高水平的教育对外开放新局面。本文结合成都电子信息学校教育国际化的建设实践,从研究背景、建设主题、建设实践以及建设成效等方面进行了反思与总结。

一、研究背景

(一)政策依据

教育国际化是中国改革开放以来的一个重要内容,党和国家先后出台了一系列政策持续推进和深化教育国际化建设。2020年6月,教育部等八部门印发《关于加快和扩大新时代教育对外开放的意见》,提出要以习近平新时代中国特色社会主义思想为指导,加快培养具有全球视野的高层次国际化人才,加快建设具有国际先进水平的中国特色职业教育体系,培养德智体美劳全面发展且具有国际视野的新时代青少年。成都市委市政府为了加快推进教育国际化建设,跟进出台了相关政策,以"教育国际化窗口学校""国际理解教育课程实验基地"等项目为驱动,推动教育国际化向纵深发展。中职学校承担着与国际职业教育对话、交流和传播文化的使命,要培养立足本土、放眼世界的国际化人才,为成都市建设国际化大都市及推进"一带一路"建设提供人才支撑。

(二) 指导思想

以习近平文化思想为指导，坚定文化自信，用中华优秀传统文化、革命文化及社会主义先进文化为教育国际化铸魂。建立中国特色国际课程开发推广体系，优化汉语国际传播，支持更多国家开展汉语教学。通过中外人文交流、在国外特别是"一带一路"沿线国家打造"留学中国"品牌、开办海外"鲁班工坊"等渠道讲好中国故事、传播中国理念，为推动不同国家、不同民族、不同文化交流互鉴，共同绘就美美与共的人类文明画卷做出职业教育的贡献。

(三) 实践依据

随着全球经济一体化的加速，国际合作与交流已经成为必然的趋势。由中国发起和主导的构建人类命运共同体、"一带一路"倡议、全球治理的中国方案等的落地落实都迫切需要具有家国情怀的国际化人才。通过教育国际化实践，中职学生可以实现"可以在国内高考升学和高质量就业，也可以国外留学和就业"的多元发展，同时不断加强对中国文化内涵和价值的理解，坚定文化自信，在多变的事态中坚持正确的人生方向，成为中国式现代化建设事业的主力军。

二、建设主题

为精准概括人才培养目标，诠释教育国际化的理念，在成都电子信息学校党委领导下，学校特别举办了全校性的主题征集活动，集结全校师生的智慧与热情，共同确定将"纳百国缤纷·育未来工匠"作为学校教育国际化建设的主题。

(一) 主题含义

"纳"指"接纳学习"，立足国情、校情，加强文化自信，以兼容并蓄、博采众长的姿态接纳缤纷多元的百国文明，敞开胸怀拥抱世界。"育"指"孕育培养"，秉持中国文化中敬业、精益、专注、创新的工匠精神，让匠人血脉在国际化浪潮中焕发新生，锻造自强自信的"匠心"，培育开拓创新的"匠星"，为中职学生成为新时代高素质国际化人才打下坚实的基础。

(二) 主题标识

为打造学校教育国际化品牌，依据建设主题，我们设计了 logo 并予以其中国文化的诠释（如图 1 所示）。

logo以极富动感及韵律感的线条来造型，是成都电子信息学校英文名的缩写"CEIS"抽象变形后的结合体，又是中国汉字"工匠"二字的抽象变形体。整体造型犹如大海中的朵朵浪花，既体现了"海纳百川，有容乃大"的包容之风，又体现了敢于挑战、自信自强的民族精神。底色为白色，以黄、蓝、红、绿为主体色调，代表着青春与活力，也象征着教育国际化的蓬勃发展之势。

图 1 教育国际化品牌 logo 及内涵

（三）育人目标

教育国际化是要培养具有国际视野、通晓国际规则、能够参与国际事务和国际竞争的国际化人才。围绕建设主题，从师生共性、教师及学生三个维度拟定育人目标（如表 1 所示）。

表 1 教育国际化的育人目标

主体	目标
师生共性	开阔国际视野，培养全球意识，增强国际理解力
教师	建设具有国际视野、拥有国际职业资格证书并能开展国际理解教育的教师队伍
学生	提升学生的国际化素养，使其成为具有国际视野、通晓国际规则、能够参与国际事务和国际竞争的国际化人才；增强学生的文化自信，培育工匠精神和劳模精神，使其成为德智体美劳全面发展的高素质劳动者和技术技能人才

三、建设实践

中职学校教育国际化工作是一项新工作，学校在上级部门指导下，依据国家政策、成都市及双流区要求，借助双流区"外教进校园"及教育国际化窗口学校建设、成都市国际理解教育课程实验基地校及教育国际化窗口学校建设、教育部中外人文交流项目建设学校等项目和平台，充分发挥学校主动性，开展中职学校教育国际化建设探索。

（一）根植中华、心怀世界，品文化之美

以学校"格物修身·匠星致远"的办学理念为导向，将中国文化与他国文化融入校园文化的建设中，以大国工匠、中外交流活动、成电英才、励志语录、技能大赛、百国集市等活动或文化要素彰显职教特色。融合东西文化、校企文化，充分发挥环境育人功能，让学生在潜移默化中参与国际理解教育，强化家国情怀，领略人类文明的多样风采，激励学生走技能成才、技能报国之路。

（二）家国情怀、国际理解，筑课程之魂

以课题为载体，构建中职学校国际理解教育"三力"校本课程，将教育国际化理念与学科教学、常态活动融合，凸显开放视野和文化多元性，学会理解，融合共生。"三力"校本课程是指围绕"本文化自信力、他文化理解力、跨文化融合力"构建的学校校本课程体系，包括主题活动课程、社团活动课程、全学科渗透国际理解教育课程、与国外企业合作共建专业课程包以及6项专门化校本课程。通过这些课程的建设和实施，每学年参与国际理解教育的学生占比达70%以上。

（三）匠心育人、文明互鉴，立师者之道

聚焦师资培养，助推国际交流，致力打造一支现代化、专业化、国际化的师资队伍。为此，学校积极搭建平台，创造机会，鼓励教师参与国家职业资格的培训和认证，如国际注册奥尔夫音乐中级教师（ACOT）专业能力认证、IPC专家认证、职业技术教育特训导师培训、CAXA教育培训认证等。同时，派教师参加国（境）外考察交流和学习培训，参加国内各类国际化论坛、成果展、专题培训。教师在参与培训、学习或资质认证的过程中，传播了中国文化和教育理念，也借鉴了他国的成功经验，向世界标准看齐，有助于教师掌握前沿专业技术和先进的教育教学方法。

（四）知行合一、全球视野，成学生之彩

学校顺应时代发展，面向世界，搭建人才培养阶梯，打造多元化学生成长路径。深入开展教育合作，从学历提升、技能提升、素质培养等多方面为学生提供资源和平台。开展"1+X"证书制度试点、现代学徒制试点；组织学生开展境外研学活动，参与世界500强企业及外资企业的见习实习，参与国际职业资格认证；鼓励学生前往海外留学和海外就业等，不断培养新时代视野广阔、有技术、能担当的职教青年，帮助青年成就精彩人生。

四、建设成效

品文化之美、筑课程之魂、立师者之道、成学生之彩——中职学校教育国际化之路，提升了学校的办学品牌效应，促进了教师专业成长，帮助学生圆梦大学和出国留学，用行动践行了"大力发展职业教育，弘扬工匠精神，崇尚劳动光荣，让每个人都有人生出彩的机会"的要求。

（一）环境建设，实现文化双融入

校党委组织学校领导干部及教师系统学习国家、四川省以及成都市关于教育国际化发展战略的相关文件，领悟精神，实践应用。落实立德树人根本任务，加强对学生

品德、文化基础、传统文化及职业精神等方面的教育。改造学校展板橱窗、学校网站、广播站及校园电视台，全面实施双语表达，打造双语标识，校园环境、专业实训室及班级文化墙全部进行本文化和国际文化的双融入建设。

（二）国际课程，培养国际学习力

加强国际课程资源建设，形成国际理解教育"三力"校本课程体系，助推学校开展国际理解教育，培养学生国际学习力。先后有学生 17 人次赴海外留学或就业，近 100 人次赴境外研学及人文交流。中、日、韩三国领导人会议于 2019 年 12 月 24 日在成都举行，为落实会议精神，在双流区委、区政府支持下，学校于 2020 年 9 月成立"中日合作国际班"，不仅为学校搭建了国际化的人才培养阶梯，形成了以校企合作、国际化合作、中高职衔接为主的多元化人才培养模式，更为教育国际化的跨越式发展打下了坚实的基础。

（三）教师发展，提升国际化素养

有计划、有目标地开展教师国（境）外培训或境内涉外企业跟岗培训，帮助教师培养跨文化沟通能力，学习与本专业有关的国际先进服务标准和技术工艺新标准，掌握国际产业发展新趋势新动态，鼓励教师考取国际职业资格证书。2022 年 10 月，2 名英语教师通过考试，取得了《国际中文教师证书》。这些举措引领学校教师不断走向教育国际化教学和教研的最前沿。

成都电子信息学校　谢菲

中职学校国际理解教育"三力"校本课程的开发实践

——以成都电子信息学校为例

共创和平、安宁、繁荣、开放、美丽的世界是人类共同的美好心愿，对此，我们要深化新时代教育对外开放，加强国际交流与合作，开展国际理解教育，增进中国人民与世界各国人民情谊，携手构建你中有我、我中有你的人类命运共同体，为促进世界和平、推动全球治理贡献中国智慧和中国力量。成都电子信息学校通过中职学校国际理解教育"三力"校本课程的开发与实践，促进学生的本文化自信力、他文化理解力、跨文化融合力统一发展，助推学生多彩成长、教师专业发展和学校内涵建设，为国际化人才培养奠定基础。

一、研究背景

（一）政策依据

国际化人才培养是国家人才强国战略的重要组成部分。《中国教育现代化2035》《加快推进教育现代化实施方案（2018—2022年）》《国家职业教育改革实施方案》以及教育部等八部门发布的《关于加快和扩大新时代教育对外开放的意见》等文件均强调要加强国际理解教育，帮助学生树立人类命运共同体意识，培养德智体美劳全面发展且具有国际视野的新时代青少年。

（二）理论依据

以让·皮亚杰等为主要代表人物的建构主义理论强调要以学生为中心，强化学生对知识的主动探索、主动发现和对所学知识意义的主动构建。在国际理解教育校本课程开发中，建构主义主张的构建学习环境的四大要素"情境""协作""会话"以及"意义建构"，能促进学生积极参与研学旅行、职业体验活动、文化体验活动，获得社会规则体验，培养国家认同、文化自信、国际视野、跨文化交流等能力，实现学生有效率、有意义的自我开发式学习。

（三）实践依据

国际理解教育是学生核心素养培养的有机组成部分，学校所有学科都应将渗透融合国际理解素养要求作为主要教学目标之一。这也是促进中职学校国际化办学，培养兼具民族精神和国际视野、人文素养和专业技能、创新精神和实践能力的高素质技能型人才，塑造具有中国灵魂、国际视野、跨文化交流能力，知晓国际规则，能够参与国际事务的现代中国公民的重要途径。身处"一带一路"和长江经济带交汇点的成都，正努力建设成为国际化大都市，将会拥有越来越多的外向型企业或外资企业，为学生未来的就业提供无限可能，因此中职学校更需要为学生的职业生涯发展打好基础。

二、课程理解

校本课程与地方课程是对国家课程的重要补充，是学校办学特色和教育质量的个性化体现。国际理解教育校本课程作为学校的选修课，能使学生在国际理解的知识、态度、能力方面达到一定的要求。

（一）国际理解教育的含义

联合国教科文组织提出的国际理解教育，是指以"国际理解"为理念而开展的各种教育活动的总称。我国学者普遍认为其含义是指在国际交往日益密切的背景下，为增进不同民族、国家、地区之间的相互理解与包容，促进人类与自然和谐相处，使人们认同与弘扬中华优秀文化，尊重、了解其他国家、民族、地区文化的基本精神及风俗习惯，初步学习、掌握与其他国家、民族、地区人民平等交往、和睦相处的修养与技能，探讨全人类共同价值观念的教育实践。

（二）课程主题

结合我国的国情、成都市国际化大都市的建设需求、成都电子信息学校的校情和学生的实际状况，明确学校国际理解教育校本课程的主题为"纳百国缤纷·育未来工匠"。以世界和平发展、人类幸福为动力，以兼容并蓄、博采众长的姿态接纳缤纷多元的各国文明，坚定文化自信，用中国文化铸"匠心"、育"匠星"，浸润和培养未来工匠，为将中职学生培养为新时代高素质国际化人才打下坚实的基础。

（三）课程目标

国际理解教育课程目标是学校人才培养目标的重要组成部分，旨在帮助学生成长为德智体美劳全面发展的社会主义建设者和接班人，成为具有国际视野、世界情怀的国际化人才，据此设定国际理解教育校本课程目标（如表1所示）。

表1 国际理解教育校本课程目标

关键词	内涵
发展本文化自信力	学习和深度认同中华民族的主体文化，传承和创新中华民族的优秀文化
发展他文化理解力	了解、尊重、包容世界多元文化，学习借鉴符合本文化的他文化，理解他文化，促进本文化与他文化和谐共生
发展跨文化融合力	在规则约束下进行竞争与合作，参与跨文化交流，关注人类面临的全球性挑战，理解人类命运共同体的内涵与价值
促进专业发展	构建学习、研究和教学共同体，促进教师和学校获得更高层次的发展

三、课程构建

（一）国际理解教育校本课程的理论构建

各个国家、民族文化都有自己的民族性，各个国家、民族文化之间有其差异性和内在的相通性（或统一性），由此形成了国际理解教育的三个核心概念——民族性、文化差异性和文化统一性。民族性是基础，差异性是必要，统一性是可能。基于本国各民族文化的民族性，有必要在坚定文化自信的基础上开阔国际视野；基于各国各民族的文化差异性，有必要开展国际理解教育，达成国际理解；基于各国各民族的文化统一性，有必要通过国际参与达成融合创生，国际理解就有可能得以实现。而支撑国际理解事业的最原始的诉求，推动人类努力避免战争、尊重人权、追求持久和平的最强大的力量，其实就是所有人类文化中最普遍的价值追求——平等观、共生观。基于以上对人类文化的民族性、差异性和统一性的认识，以及对国际理解的基础性、必要性和可能性的认识，学校国际理解教育的课程内涵以培养国际理解力为主旨，秉承平等观、共生观的课程核心价值观，通过文化自信、文化理解、融合创生三个建设维度，围绕民族性、差异性、统一性三个核心概念，建构家国情怀、多元文化、国际问题三个核心领域，培养本文化自信力、他文化理解力、跨文化融合力等基本能力。

（二）国际理解力要素分解

国际理解教育是当代教育发展的新课题，旨在培养学生的国际化素养。学生的国际化素养培养包括储备本文化、非母语技能、各国历史文化、国际事务规则、全球性问题等方面的知识，培养本文化自信力、他文化理解力以及跨文化融合力等主要能力，发展学生的家国情怀、国家认同、文明互鉴、世界关怀等人文素养。本文涉及的中学生的国际化素养用国际理解力来衡量，国际理解力包括本文化自信力、他文化理解力和跨文化融合力。

（三）国际理解教育"三力"校本课程体系

根据课程目标，围绕本文化自信力、他文化理解力、跨文化融合力，梳理出民族文化理解、他文化理解、人权教育、和平教育、环境教育五大学习领域，构成了学校国际理解教育专门课程结构，并与学校的其他活动课程、学科渗透，整合形成了学校国际理解教育"三力"校本课程体系（如图1所示）。

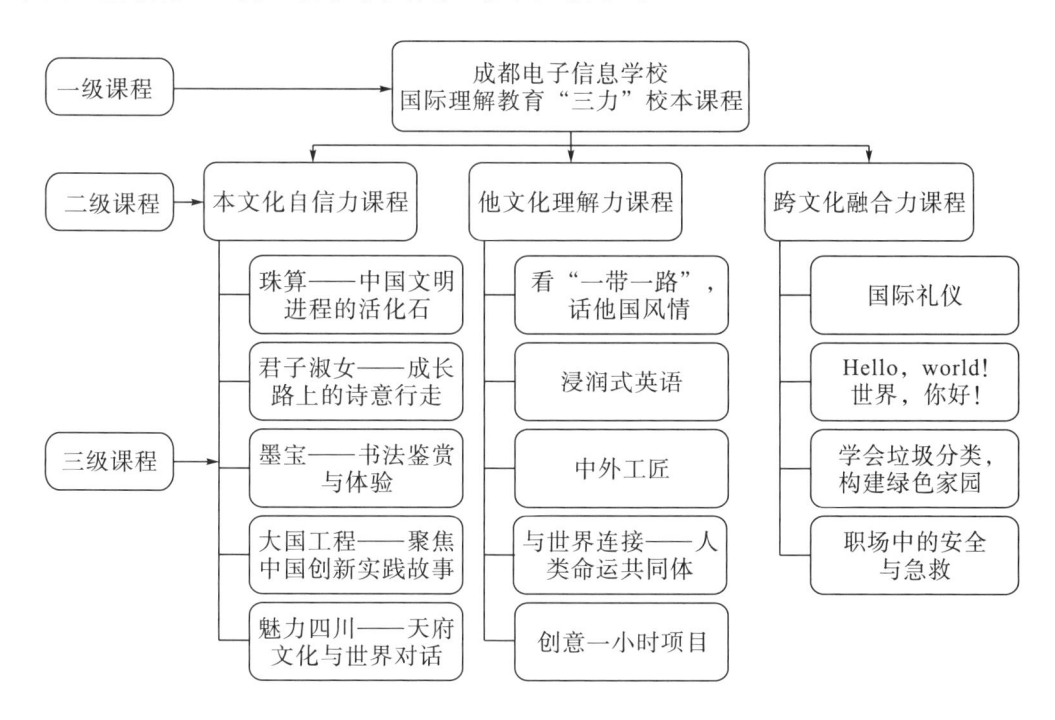

```
一级课程 ──→ 成都电子信息学校 国际理解教育"三力"校本课程
                    │
        ┌───────────┼───────────┐
二级课程  本文化自信力课程  他文化理解力课程  跨文化融合力课程
        │           │           │
三级课程  珠算——中国文明   看"一带一路"，   国际礼仪
         进程的活化石    话他国风情
         
         君子淑女——成长   浸润式英语      Hello, world!
         路上的诗意行走                   世界，你好！
         
         墨宝——书法鉴赏   中外工匠       学会垃圾分类，
         与体验                         构建绿色家园
         
         大国工程——聚焦   与世界连接——人   职场中的安全
         中国创新实践故事  类命运共同体    与急救
         
         魅力四川——天府  创意一小时项目
         文化与世界对话
```

图1　国际理解教育"三力"校本课程体系

四、建设成效

（一）建设成果

构建了学校国际理解教育"三力"校本课程体系，开发编写了《君子淑女——成长路上的诗意行走》《墨宝——书法鉴赏与体验》《珠算——中国文明进程的活化石》《Hello，world! 世界，你好！》《国际礼仪》《学会垃圾分类，构建绿色家园》《看"一带一路"，话他国风情》《职场中的安全与急救》等国际理解教育校本课程读本。

（二）建设效果

围绕提高学生国际理解力的核心目标，组织和实施了"国际礼仪"课程、国际理解英语电子小报比赛、"看'一带一路',话各国风情"之"一班一国大比拼"活动、"语言类俱乐部"课程等各类活动及课程,拓展了学生的国际视野,强化了学生的民族情怀,也有效地提高了学校教师的国际素养,助力学校国际理解教育办学特色的形成和发展。学校先后被评为"成都市教育国际化窗口学校""成都市国际理解教育课程研究实验学校"以及教育部"中外人文交流特色学校立项建设单位"等。

(三)问题及改进

课程体系的职教特色不明显,研究成果的应用面较小,应用反馈不够全面。后期在专家指导和培训下需要加大研究力度,邀请行业、企业、高校的专家共同开发校本课程,积极展示和推广建设成果,不断调整课程的组织结构、实施路径、资源利用等,让课程辐射面更广。

结束语

国际理解教育作为世界各国教育的新热点,也将遇到新的问题和挑战。职业教育是国民教育体系和人力资源开发的重要组成部分,应当增强职业技术教育适应性。作为中职学校,必须坚持以学生为主体,以文化为引领,以课程为保障,以活动为载体,培养兼具家国情怀和国际视野、专业技能和人文素养、创新精神和实践能力的高素质技术技能型人才,弘扬多元文化和现代工匠精神,培养就业有优势、创业有能力、升学有希望、国际能竞争的匠人之星。

成都电子信息学校　李德生

绿色环保我行动

—— 生态文明建设背景下的中职学校垃圾分类实践课程

党的十九大报告提出了构筑尊崇自然、绿色发展的生态体系的理念。它强调了经济发展与环境保护的协调性，符合建设资源节约型和环境友好型社会的必然趋势。在中职学校开展以环保教育为核心的垃圾分类实践课程，有助于推动校园生态文明建设，通过学生引导家庭、社区践行垃圾分类，对于促进全社会绿色低碳生活具有极为深远的意义。

一、研究背景

（一）政策依据

随着全球环境问题日益严重，国际社会对环境保护的认识不断提高。联合国环境规划署等国际组织积极推动全球环保事业，加强国际合作与交流，共同应对气候变化和环境挑战。党的十八大以来，党和国家对生态文明建设愈加重视，将生态文明建设列入"五位一体"的总体布局。2020年，国家出台了《关于进一步推进生活垃圾分类工作的若干意见》，明确提出了要进一步推进生活垃圾分类工作，提高垃圾减量化、资源化和无害化水平。国家相关法律法规及地方法规与制度的不断完善，为中职学校开展垃圾分类教育指明了方向并提供了政策保障。

（二）理论依据

党的十八大以来，人类命运共同体理念受到国内外的广泛关注，并逐渐为国际社会所认同。这一理念强调了各国应该共同应对全球性挑战，推动世界可持续发展。在环境问题上，各国更应该不断加强交流与合作，共同推动全球环保事业的健康发展。垃圾分类及处理可以减少垃圾填埋和焚烧所产生的污染，同时提高垃圾的资源化利用率，是实现垃圾减量化和资源化的重要手段。

（三）实践依据

中职学校作为培养技能人才的重要基地，理应承担起培养学生环保意识和实践能力的责任。在生态文明理念下，中职学校通过开展垃圾分类教育，可以有效提高学生的环保意识和责任感，培养学生的实践能力，推动学校的可持续发展。同时，垃圾分类也可以促进学校和社区的互动与合作，共同推动社区的环境治理和可持续发展。

二、课程主题

结合国家生态文明建设的背景，围绕中职学校的专业设置特点以及人才培养目标，在学校国际理解教育"三力"课程建设带动下，以"中职学校垃圾分类实践"为主题开展"绿色环保我行动——垃圾分类"校本课程建设。

（一）主题内涵

垃圾分类是绿色环保教育的一项重要内容，本课题通过建设垃圾分类校本实践课程，以中职学校的学生为对象，开展垃圾分类教育，帮助学生知晓国际分类标准，掌握分类知识和实践技能，进行正确的分类、投放及后续处理等。校本课程是国家课程和地方课程的重要补充，是基于学校人才培养目标而建设的课程，采用实践课程的模式开展垃圾分类教育，强调在实践操作中掌握垃圾分类的知识、技能，有助于培养行为习惯和优秀品格，帮助学生树立起生态文明建设的责任感和使命感。

（二）课程目标

结合《中国学生发展核心素养》的内容，借鉴国家课程三维目标，拟定了垃圾分类校本课程的育人目标：知识目标为了解垃圾分类的定义、分类及处理方法；能力目标为能够准确区分不同种类的垃圾并正确投放；素养目标为增强社会责任感，养成良好行为习惯，形成稳定的环保行为模式，并为家庭、社区的绿色环保建设做出贡献。

（三）实践活动

结合中职学生的学情特点、专业特点及学校德育活动，围绕"绿色环保我行动——垃圾分类"的课程目标，设计垃圾分类实践活动（如表1所示）。

表1 垃圾分类实践活动

课程名称	课程目标 知识目标	课程目标 能力目标	课程目标 素养目标
垃圾分类小记者	调查所在区域垃圾分类现状,了解环境保护的重要性	能独立进行垃圾分类小调查;能总结分析出调查结果	认识垃圾分类的重要性;提高沟通能力、表达能力、分析汇总能力
走进生活垃圾分类处理现场	了解社区日常垃圾产生量及类别;了解垃圾分类处理厂的工作流程及工作岗位	了解不同岗位的工作特点及难点;能够在现实生活中进行正确的垃圾分类	培养学生勇于探究、信息意识、社会责任、问题解决等核心素养;树立环保意识
国际垃圾分类处理模拟峰会	通过观摩等方式,帮助学生了解国际关于垃圾分类的政策和举措	了解国际会议的一般流程,小组合作撰写方案并模拟会议	提升学生的语言表达能力、听觉注意力,拓宽国际视野
给垃圾一个归宿,还你一个清洁的世界	了解垃圾分类的标准并准确识别垃圾的归类问题	能够在现实生活中进行正确的垃圾分类	培养学生提出问题、查找问题的科学探究精神;增强学生勇于实践、勤于实践的行为习惯
垃圾再利用,拯救错放的"财富"	认识并掌握垃圾分类的细则;了解垃圾的价值与用处	能够确定主题并设计和规划行动方案;制作废物再利用宣传小道具	培养学生环保意识;提高沟通能力、表达能力、分析汇总能力
走出校门,宣传错放的"财富"	引导居民自觉、科学地开展生活垃圾分类,形成垃圾分类及环保意识	培养学生沟通协调、组织管理、语言表达能力	培养学生责任担当、问题解决、团队合作等核心素养
让我们将垃圾分类进行到底	提高学生对垃圾分类价值的认同感	培养学生沟通协调、组织管理、语言表达能力	培养学生责任担当、问题解决、团队合作等核心素养

三、课程案例

(一)课例主题

在生态文明建设的背景下,中职学校的垃圾分类实践课程具有综合性、实践性、教育性和社会责任性等多重性质。这些性质共同构成了这门课程的基本框架和育人目标。现以"国际垃圾分类处理模拟峰会"课程教学设计为例,展示综合能力培养与环保课程教学的融合策略(如表2所示)。

表 2 "国际垃圾分类处理模拟峰会"课程教学设计

名称		国际垃圾分类处理模拟峰会
课时		两课时（80 分钟）
教学目标	知识目标	1. 系统掌握垃圾分类的核心知识，深刻理解低碳生活理念，全面把握全球环境问题的严峻形势 2. 了解不同国家在垃圾分类处理方面的创新实践，从而形成全面、科学的环保知识体系，为垃圾分类实践奠定坚实的知识基础
	能力目标	1. 通过信息的搜集、整理与提炼，提升信息处理能力 2. 通过模拟国际峰会，提高学生沟通与协作能力、语言表达能力及听觉注意力 3. 通过语言归纳和文字总结，增强学生逻辑思维和归纳总结能力
	情感目标	1. 树立低碳生活意识，养成节约资源、循环利用资源的良好习惯 2. 增强学生对多元文化的理解与尊重，培养全球意识和国际竞争力 3. 通过思辨能力的训练，提升学生独立思考和解决问题的能力，形成创新精神和批判性思维
学情分析		高二计算机 2 班已被学校选定为垃圾分类试点班级。该班以环境保护教育为主题，以垃圾分类为突破口，计划将垃圾分类纳入日常班级管理之中。通过前期主题班会等活动，学生已对垃圾分类形成初步认同，但在实际操作中仍存疑虑，对如何有效实施垃圾分类投放与回收感到困惑。 经过高一一学年的学习，该班学生已具备一定的资料搜集能力，能够在小组合作中完成资料提取与总结，并具备制作 PPT 等多媒体作品的能力。部分优秀学生在教师的指导下，已能够完成约 5 分钟的演讲，展现出良好的演讲素养。
重点环节		1. 代表国的经验展示汇报 2. 中方代表讨论与提问 3. 陪审团制订适用于班级的校园日常垃圾分类标准方案

（二）活动准备

为了有效实施课程活动，让学生感受国际峰会的氛围和会议的严肃性，教师组织学生进行了详细的活动准备（如表 3 所示）。

表 3 活动准备

项目	详情
物资准备	话筒、四国代表绶带各 1 条、多媒体电脑、《班级日常垃圾处理预案》材料等
活动分组	教师根据学生自身情况进行分组并布置任务。初步检查每个小组（代表国家）对该国垃圾分类处理方式的调查结果，并帮助学生整理制作好相应的汇报材料
	主持人 2 人；日本代表 4 人；德国代表 4 人；美国代表 4 人；中国代表及评审团 10 人；指导教师 1 人

续表

项目	详情
各组任务	主持人：通过互联网搜索、书籍资料查询等方式了解目前国内环境污染情况以及垃圾回收情况，撰写活动解说词，制作活动流程PPT，并做好同向学们介绍目前国内外环境污染情况以及垃圾回收情况的发言，从而引发同学们对环境问题的思考
	代表国（日德美）：通过互联网搜索、书籍资料查询等方式搜集该国资料。主要关注该国校园日常垃圾分类相关处理情况，包括但不限于该国学校垃圾回收时间、垃圾回收流程、垃圾回收前是否进行预处理、预处理程度等方面情况。总结代表国在校园垃圾回收方面取得的成绩、优秀经验或者不足之处。组内须进行分工，包括但不限于PPT制作、视频节选、发言答辩等
	代表国（中国）：通过日常生活观察、互联网搜索、书籍资料查询等方式搜集我国资料。主要关注我国校园日常垃圾分类相关处理情况，归纳我国在校园日常垃圾回收时的现状，列举我国在校园日常垃圾处理时遇到的困难。（建议1~2名同学进行校园日常垃圾分类引导员体验，探究校园日常垃圾分类时会出现什么情况）在组内须进行分工，包括但不限于PPT制作、视频节选、发言提问、要点记录等
	评审团：思考拟订《班级日常垃圾处理预案》《校园日常垃圾分类处理草案》，再根据各代表国的发言，讨论并订出适用于班级的《班级日常垃圾分类标准草案》。组内须进行分工，包括但不限于预案制作、发言提问、要点记录等
	指导教师：全程指导学生实施任务，把握政治性方向，坚持社会主义核心价值观

（三）活动实施

活动实施环节是要为学生创设一个真实的情境，严格按照国际峰会的流程，从会务接待、会中各环节以及达成会议成果等方面开展，增强学生的体验感，直观形象地了解世界各国面临全球共同问题时的立场、态度及对策，增强学生的家国情怀，提高学生的国际化素养（如表4所示）。

表4 活动实施

环节	活动内容	内容要点	目的
开幕式	1.活动开场，观看目前国内外环境污染情况相关视频、资料介绍 2.主持人介绍参会国的成员，指出本次会议目的，阐明会议流程	1.介绍国内外环境污染情况以及垃圾回收情况，从而引发思考 2.分享并借鉴各国在校园日常垃圾分类回收时的优秀经验，并思考如何应用于班级 3.阐明会议流程，使学生对本次活动有大致的了解	情境创设，引发思考，引导学生关注环境问题，培养学生树立人类命运共同体意识
日德美三国代表发言	分享各国校园日常垃圾分类相关处理情况，包括但不限于各国学校垃圾回收时间、流程、预处理及程度等。总结已有的成绩、优秀经验或者不足之处	各国代表（1名学生作为主要汇报人，可由组内其他成员进行协助汇报）对优秀经验进行分享，形式不限（PPT、视频、实物模拟等）	1.比较分析各国环境问题的应对策略 2.锻炼学生的语言表达能力，提升其信息整合能力

续表

环节	活动内容	内容要点	目的
中国代表发言	根据前期搜集的资料，分享中国校园日常垃圾分类处理现状，列举在校园日常垃圾处理时遇到的困难	主汇报人就中国校园日常垃圾分类处理现状进行分享，重点谈谈自己观察到的身边的情况，谈谈在尝试垃圾分类投放时遇到的情况、困惑等，形式不限（PPT、视频、模拟表演等）	1.认识中国应对环境问题及推进生态文明建设的策略 2.分享校园垃圾分类的优秀案例
提问及答辩	根据前期搜集列举的校园垃圾分类回收时遇到的困难进行提问，各国代表答疑并给予建议。根据草拟的《班级日常垃圾处理预案》，书写实施意见	根据各国的分享，结合自己了解到的实际情况和困惑，提出疑问，各国代表（另2名）进行补充答疑	1.通过现场讨论优化工作思路 2.提升学生的应变与表达能力 3.培养学生跨文化理解力
讨论与表决	评审团结合各方观点和经验，在教师的引导下讨论并制订出《班级日常垃圾分类标准草案》，遇意见不统一时，可进行举手表决，最后宣读草案	梳理各国垃圾分类的优秀经验，归纳、讨论并制订适用于班级的《校园日常垃圾分类处理草案》，宣读草拟的方案	1.锤炼学生的归纳与总结能力及文字表达能力 2.培养学生团队协作与沟通能力 3.培养学生解决冲突的智慧与技巧
结束	主持人与教师总结	尊重文化的多元性，共同应对全球风险和挑战	增强学生对国际峰会的现场体验感

四、成效与改进

（一）成果与效果

1. 提高学生的环保意识和实践能力

垃圾分类是环保教育的重要内容之一，也是践行绿色发展的重要途径之一。通过开展垃圾分类活动，学生可以深入了解环境保护的重要性，逐步掌握垃圾分类的基本知识和技能，确立绿色低碳的生活方式。同时，垃圾分类也是学生实践能力的体现，通过参与垃圾分类活动，学生可以亲身体验环保行动，培养实践能力和创新精神。

2. 搭建教学创新实践平台

这门课程提供了一个教学创新和实践的平台。丰富多样的教学活动，可以激发学生的学习兴趣，培养他们的综合能力。同时，教师也可以在这个过程中不断提升自己的环保教育水平和教学能力，实现自我成长和专业发展。

3. 推动学校的可持续发展

垃圾分类是学校环境治理的重要组成部分，垃圾分类可以减少学校垃圾的产生和处理量，降低对环境的污染，减少资源浪费。同时，垃圾分类也可以促进学校资源的循环利用，提高资源利用效率。其间，学校也为食堂配备了厨余垃圾回收处理器，推动了学校的可持续发展。

4. 促进学校与社区的互动与合作

垃圾分类不限于班级、校园内，最终还需要得到社区、地方的支持和配合。通过垃圾分类活动，中职学校可以与家庭、社区及企业建立联系与合作，共同推动社会环境治理和可持续发展。同时，垃圾分类为学生提供了较为丰富的社会实践和志愿者服务活动的机会，增强了学生的社会责任感和公民意识。

（二）问题

1. 垃圾分类的宣传教育不够深入

中职学校的学生仍然存在对垃圾分类的重要性和方法了解不够的情况。学校、社会都需要加强宣传教育力度，提高学生对垃圾分类重要性的认识。

2. 垃圾分类设施不够完善

根据交流走访，发现部分学校的垃圾分类设施还不够完善，大多存在标识不清、分类不细等问题，需要加强设施建设和管理，提高垃圾分类的质量和效率。

3. 垃圾分类的监督和考核机制不够健全

部分学校缺乏对垃圾分类工作的有效监督和考核机制，导致学生参与度不高、垃圾分类质量不稳定等问题，需要建立健全的监督和考核机制，加强对学生参与度的考核和激励。

（三）改进措施

1. 加强垃圾分类的宣传教育

通过课堂、宣传海报、微信公众号等多种渠道增进学生对垃圾分类重要性的认识，增强学生的环保意识。

2. 完善垃圾分类设施

加大投入力度，完善对垃圾分类设施的建设和管理，提高垃圾分类的质量和效率。同时，引入智能化技术，如智能垃圾桶等，实现垃圾分类的自动化和智能化管理。

3. 建立健全的监督和考核机制

制订具体的考核标准和奖惩措施，加强对垃圾分类工作的监督和考核力度，提高学生对垃圾分类活动的参与度。

结束语

大自然是人类赖以生存和发展的基本条件，建设美丽中国是全面建设社会主义现代化国家的重要目标之一。在中职学校开展垃圾分类活动，抓住学生社会意识形成的关键阶段进行教育，是非常必要的、可行的和有意义的。在生态文明这一理念的指引下，中职学校应该进一步强化垃圾分类工作，提高学生的环保意识和实践能力，为推动生态文明建设和资源节约型社会建设做出积极贡献。

成都电子信息学校　张亚　李解

中职学校汽车维修专业学生职业安全能力培养实践

青少年学生正处在一生中最具冒险精神和探索欲望的青春期，职业院校基于专业技能训练的需要配备了很多大型、高速、智能的设备，因而，安全工作应放在学校管理及专业教学的首位。本文基于"安全是一种能力"的理解和认知，强调学生是安全的主体责任人，结合职业场景，以课题为载体，以中职学校汽车维修专业学生为研究对象，探索如何在专业教学中帮助学生树立职业安全健康意识并形成相应的安全能力。汽车维修工职业安全能力不仅是学生从事未来职业的基础和保障，也是汽车维修行业健康发展及社会和谐稳定的保障，更是"生活在车轮上的人们"幸福安康的保障。

一、研究背景

（一）政策依据

根据成都市人民政府办公厅印发的《成都市工业重点产业发展规划 2010 年调整方案》，汽车产业作为 10 个工业重点产业之一，位列第三，其总体发展思路是以整车为重点，以电动汽车为突破口，以关键零部件引进为手段，着力完善产业链，努力实现传统汽车产业追赶型发展、新能源汽车产业跨越式发展。经过几年的规划建设，成都汽车产业发展格局基本形成。随着汽车产业的发展，成都市机动车、私家车保有量在全国主要城市中排位第三，仅次于北京和重庆，未来成都的汽车保有量还会持续增长。

（二）理论依据

依托专业课程教学培养学生的职业安全能力。主要依据美国心理学家戴维·麦克利兰提出的能力素质结构理论、A. 库尔曼的安全理论以及 MES（Modules of Employable Skill，模块式技能培训）课程模式。

麦克利兰把能力素质划分为知识、技能、自我概念（态度价值观和自我形象）、特质、动机 5 个层次，并构建了能力的冰山模型。我国将"职业能力"定义为从业者在职业活动中表现出来的能动地改造自然和改造社会的实践能力，包括专业能力、方法能力和社会能力。

库尔曼在其撰写的世界上第一部安全科学专著《安全科学导论》中论述了"安全""安全能力""职业安全能力"的内涵和不同，提出了将"能力"置于安全领域，将应用现代技术引起的任何损害后果控制在绝对的最低限度或者减少到可以容许的限度的主张。

MES课程模式凸显了以学生为中心、以能力为中心的课程理念，是国际劳工组织以系统论、信息论和控制论为基础开发出来的职业技术培训模式。我国已将MES课程模式广泛地运用于企业培训、农民工培训、士官职业教育以及职业院校的课程开发和教学改革中。

（三）实践依据

汽车产业发展使整个行业企业对汽车维修人才的数量和质量都提出了更高的要求，但汽车维修工的现状与汽车行业对人才的要求相去甚远。汽车维修工培养存在人才标准不统一、课程不统一、职业资格证书拥有状况参差不齐、高技术人才严重欠缺、学历普遍偏低、专业技术能力不达标等问题，尤其是在汽车维修工安全能力培养方面非常薄弱，各种中高职教材、职业培训机构的培训教材大多对这一内容一笔带过，且在职业资格证书的考核内容中也主要涉及维修技术本身。因此，现阶段汽车维修工安全能力大多比较缺乏，在职业院校专业教学中开展汽车维修工安全能力培养较为紧迫。

二、研究主题

以中职学校汽车维修专业学生职业安全能力培养为研究主题，对研究目标、内容及价值进行分析。

（一）研究目标

明确汽车维修工安全能力的内涵以及安全能力模型；开发汽车维修工安全能力培养课程；探索汽车维修工安全能力培养模式；建设一支能够开展汽车维修工安全能力培养的师资队伍；增强学生的职业意识，提高汽车维修工职业安全能力，为社会培养能适应汽车维修及相关岗位任务要求的高素质技术技能人才。

（二）研究内容

了解国外汽车维修工的培养及认证模式，了解国外在职业安全健康研究、教育及管理等方面的发展现状；确立汽车维修工安全能力的内涵及安全能力模型；开发《汽车维修工安全与健康》校本教材；在教学过程中探索汽车维修工安全能力的培养路径及测评方法,探索建立汽车维修工安全能力培养的教学模式。

(三) 研究价值

该研究可弥补汽车维修工职业安全能力模型及培养路径研究领域的空白;增强学生的生命意识和安全主体责任人意识,培养学生内在的预防和应对危险的能力;培养学生关爱他人生命的人文精神。

三、研究实施

(一) 明确课题的核心概念

课题组通过问卷调查、实地考察及文献研究发现:汽车维修工职业安全能力培养在中职学校教育、汽车行业评估、职业资格认证等方面尚未得到足够重视。总体来看,一线维修人员中近70%为高中(含中职)以下学历,以初级、中级技工或暂未取得职业资格证人员为主,学历和职业资格水平总体偏低。从汽车维修人才的培养体系来看,对职业安全能力的标准和要求等方面的培养也很薄弱。

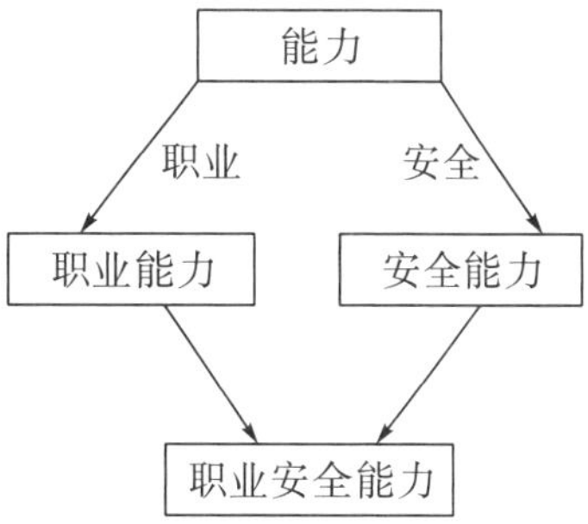

通过文献梳理,尚不能找到有关"职业安全能力"概念、培养模型和评价的体系化研究。课题组借鉴"能力""安全""职业能力""安全能力"等相关概念梳理出"职业安全能力"的表达范式(如图1所示),并确定以"汽车维修工职业安全能力"为核心概念。

图1 "职业安全能力"表达范式

(二) 开发职业安全教育校本课程

以中职学校汽车维修专业学生为对象开发了"汽车维修工职业安全与健康"校本课程,采用MES课程模式,结合汽车维修的典型场景、工具及维修任务,将风险识别、风险预防、风险控制的相关知识整合到技能模块中,形成模块化组合课程,使各学习单元既独立又相互连接。

(三) 开展教学与评价

以成都电子信息学校汽修专业学生为教学对象,以课堂为载体,探索教学方法及测评方法,运用"汽车维修工安全与健康"校本课程形成了"汽车车身钣金修复技术""汽车整车维护与检修""汽车发动机构造与维修""汽车电气设备构造与维修""汽车制动不良故障处理——制动盘、制动片检测"等职业安全教育课例,在专业教学中促进学生增强风险意识、风险预测及防范能力、应急救助能力。

四、研究成效

（一）对汽车维修工职业安全能力的内涵认知

汽车维修工职业安全能力是指汽车维修工在作业场景中，利用所拥有的知识、技能等显性能力和态度、动机等内在特质，有效地识别危险源，并能够做到风险预防和风险控制，有效地避免人的不安全行为、物的不安全状态和环境的不安全因素，从而使维修操作过程中的风险程度控制在绝对的最低限度或者至少使其保持在可接受范围内的能力。根据这个定义进一步分析其要素，如表1所示。

表1 汽车维修工职业安全能力要素

要素	内涵
工作任务	汽车维修工在完成汽车维修任务过程中将对汽车维修工自身、作业对象（汽车及相关设备）、其他相关利益者（客户、他人、环境等）可能存在的危害控制在绝对的最低限度内，或者至少使其保持在可容许范围内
可持续发展	汽车维修工职业安全能力是其所拥有的知识、技能等个性特质的内化，这个内化的过程是持续的、动态的，是可以不断强化和发展的
匹配性	职业安全能力是在操作过程中所表现出来的，对任务中所存在的风险具备识别、预防和控制的能力，尤其是将这种能力与任务进行匹配的能力。如果缺失了这种匹配性，则不会表现出安全能力
可测量性	职业安全能力是汽车维修工的内在品质，而在实际的汽车维修作业中则会表现为行为和安全绩效，因此，可以通过对汽车维修工的行为、结果和安全绩效进行测量，从而推导出其职业安全能力水平
差异性	差异性是指不同的汽车维修工在相同工作场景和条件下完成相同操作活动时所表现出来的安全绩效差异，这是测量和评估职业安全能力的重要依据

结合定义及要素分析，借助能力冰山模型，将汽车维修工职业安全能力确立为五大要素群，即健康状况、专业素质、安全素质、职业态度、工作环境，其具体构成指标见表2。

表2 汽车维修工职业安全能力构成指标

一级指标	二级指标	三级指标（测评点或测评方式）
健康状况	身体健康	可以依据第三方测量或评估
	心理健康	
	家庭和谐	
	人际关系	

续表

一级指标	二级指标	三级指标（测评点或测评方式）
专业素质	教育状况	基本教育学习经历及证书
	专业知识	专业教育学习经历及证书
	操作技能	第三方认定证书
	工作经验	工作经历及相关资质
安全素质	风险意识	风险识别、预防及处置能力评估
	应急能力	风险发生后的处理流程及应对办法评估
	生命关怀	避免对他人及群体的生命健康、安全造成不良影响的行为、措施及方法评估
	环境保护	避免造成环境破坏的行为、措施及方法评估
职业态度	职业认知	对所在职业及岗位的权、责、利的认知评估
	职业价值观	在职业行为中所表现出来的职业价值取向
	职业自我	对职业角色与职业岗位的一致性评估
	职业道德	对社会或行业规定的职业操守和规范的遵循情况
工作环境	基础设施	对工作场景基础设施的认知、检查及维护情况
	维修工具	对工具的管理、检测及使用情况
	安全设施	对岗位必备安全设施的使用与检查情况
	安全管理	对法律规定或行业及工作单位的安全规范的遵守情况

（二）开发"汽车维修工职业安全与健康"校本课程

以 4S 店和大型汽车维修厂为职业场景，结合职业安全能力结构，运用 MES 课程模式开发了"汽车维修工职业安全与健康"校本课程。从汽车维修工职业 7 个工种的共性中，梳理出车间、工具、操作 3 个部分中的风险源以及对汽车维修工安全能力的要求，对车间、工具、操作中的典型风险源进行分析，按照 MES 课程建构方法从任务内容、风险源、应对策略等方面进行分解和描述，形成汽车维修工职业安全能力培训内容，与专业课教学进行配套使用，帮助学生在实训实践过程中矫正不安全行为，促进中职学生职业安全能力的形成。

"汽车维修工职业安全与健康"是一门关乎生命的校本课程，其宗旨就是要增强学生的生命安全意识以及获得安全卫生健康保障的能力。因此，课程在内容设计以及教学实施中遵循了现代职业安全健康管理的"风险管理"理念，按照识别风险、预防风险、控制风险的逻辑开展培养，建立一条风险管理能力培养轨迹，与原有技能培养轨迹并行，并形成了"汽车车身钣金修复技术""汽车整车维护与检修""汽车发动机构造与维修""汽车电气设备构造与维修""汽车制动不良故障处理——制动盘、制动片检测"等教学设计课例。

(三) 实践效益

促进了师生教与学的改变。在教学过程中以各种安全制度、操作规范以及个人防护要求作为应对风险的策略,增强了师生对规章制度的认同感,让安全成为师生的内在需求并发展成能力,使"安全训话—讲解知识和操作规范—实训考核"传统过程发生了结构性改变,更提升了课堂教学的内涵容量,使"生命关怀"的终极价值落实到教学过程之中。

结语

安全既要有物质条件做基础,也要有安全制度做保障,更要有安全课程做支撑。教育者需要变革教育理念,通过课程建设、资源开发、教学实施等环节唤醒学生的安全责任主体意识,促进学生职业安全能力的形成,引领学生树立重视安全健康、创造社会财富、构建职业幸福感的价值观和人生观。

成都电子信息学校　孟建　李春兰　刘云志　胡鑫　蒋金局

安全与幸福

——汽车维修工职业安全教育校本课程建设

在人们的工作活动或工作环境中，总是存在潜在的危险源，或损坏财物、危害环境，或影响人体健康、造成伤害。这些因工作原因造成的工伤事故和职业病极大地威胁着人们的生命、财产安全，影响着社会发展，也给受害者及其家庭带来无法弥补的伤害。职业安全健康权是劳动者的基本权利，是人权的重要内容，从13世纪开始，各个国家相继出台法律法规来保障职工的职业安全健康，我国也在2002年正式实施《中华人民共和国职业病防治法》。从劳动者自身而言，培养和增强安全能力则是职业安全健康的内在保障机制。成都电子信息学校基于"安全是一种能力"的基本理念，以课题为载体，以中职学校汽车维修专业为例，启动研究和构建"汽车维修工职业安全与健康"校本课程，旨在通过专业教学帮助学生形成职业安全健康意识和能力，为未来职业和幸福人生奠基。

一、研究背景

（一）政策依据

校本课程是国家课程体系中的重要组成部分，是对国家课程和地方课程的重要补充。为贯彻党的二十大精神，落实立德树人根本任务，完善国家课程体系，教育部于2023年6月印发《关于加强中小学地方课程和校本课程建设与管理的意见》，激发地方和学校课程建设活力，促进教师专业成长，丰富学校课程体系，推动课程全面育人、高质量育人。

（二）理论依据

美国心理学家亚伯拉罕·马斯洛于1943年提出需求层次理论，认为人的需求分为生理需求、安全需求、归属与爱的需求、尊重需求和自我实现需求，这五种需求既不是割裂的，也不是机械地分先后或高低的，而是相互联系、相互作用的，不仅推动着个人的发展，也推动着人类的进步，是人们不断向上、向善、向好的内在动力。MES（Modules of Employable Skill，模块式技能培训）课程模式，是20世纪70年代初由国际劳工组织研究开发出来的以岗位任务为依据确定模块，以从事某种职业的实际岗位工作的完成程序为主线的模块化课程结构，强调"以学员为中心、以学习站为中心、以技能为中心"，取代了传统课程"以教师为中心、以教室为中心、以教材为中心"的模式。我国从1987年开始引进和研究该模式并将其广泛应用和推广。

（三）实践依据

人才供不应求与汽车维修工质量不高的矛盾是现代汽车产业面临的最大问题。随着我国制造业的蓬勃发展、自动化技术的广泛应用，汽车行业迅猛发展。2023年上半年，我国汽车产量累计达1310.3万辆，期末总额比上年累计增长6.1%。庞大的汽车产量，会衍生出一系列与汽车相关的岗位群。中国电子信息产业发展研究院、智联招聘联合发布的《2023年汽车产业人才发展报告》显示，我国汽车产业人才需求良性增长，汽车维修工岗位数同比增长11%。

安全能力培养要求与安全课程缺失的矛盾是各类学校特别是职业院校面临的大问题。通过调查发现，相关行业普遍存在人才标准不统一、课程不统一、职业资格证书拥有状况参差不齐、高技术人才严重欠缺、学历普遍偏低、专业技术能力不达标等问题。各学校课程设置中很难看到"安全与健康"课程，某些安全教育教材主要涉及公共安全，缺乏与职业相关的安全能力培养的内容。专业教师在教学和指导实训的过程中主要以强调方式向学生传达安全操作规则，不能明确具体安全风险以及预防措施。

二、课程主题

（一）汽车维修工

中职学校汽车维修专业学生是限定的研究对象，其未来的职业岗位主要是汽车维修工。目前我国职业教育领域主要有学历职业教育与非学历的职业培训，在学历职业教育中还包括中职教育和高职教育，这几类教育中，学生在年龄、心智、知识结构上有很大差异。限定研究对象有助于提高校本课程的针对性和实效性，更好地实现课程育人功能。

（二）职业安全能力

在汽车维修工的作业场景中，汽车维修工利用所拥有的知识、技能等显性能力和态度等内在特质有效地识别危险源，并能够进行风险预防和控制，有效地避免人的不安全行为、物的不安全状态和环境的不安全因素，从而使维修操作过程的风险程度控制在绝对的最低限度或者至少使其保持在可接受范围内，这就是职业安全能力。

（三）课程性质与地位

"汽车维修工职业安全与健康"校本课程源于国家三级课程机制，是三级课程中最基础的课程，是对国家课程和地方课程的补充，其主要目标是给学生个性发展提供新的舞台，应用 MES 课程模式，依托维修工职业岗位，以维修任务为核心，多元整合资源，构建模块化课程。在实施环节，从激发学生学习兴趣出发，按课程模块进行课堂教学，开展相关活动。

三、课程建设

（一）拟定课程要素

根据国家中小学课程发展总体规划拟定了课程基本要素（如表 1 所示），确定了课程性质，制订了课程标准，指导课程实施。

表 1　"汽车维修工职业安全与健康"课程五要素

要素	内涵
课程目标	培养学生识别风险、预防风险和控制风险的能力，从自我角度开展职业安全健康管理，减少职业给自己、他人、社会带来的生命伤害、财产损失以及环境破坏，为幸福人生奠基，为和谐社会贡献力量
课程内容	依据中职学校汽车维修专业教学大纲和《汽车维修工国家职业技能标准（2018年版）》，将汽车维修工职业特点及学校专业学习相结合，课程内容包括"职业与安全""职场环境安全""工具使用安全""维修操作安全""职业与健康"5 个部分共计 6 课时
课程模式	选择 MES 课程模式，结合汽车维修工典型工作场景、典型工具、典型维修任务，将风险识别、风险预防、风险控制能力的培养整合到技能模块中，形成模块化组合课程，使各学习单元既独立又相互连接
课程实施	在专业课学习和实训过程中，教师树立活动课程理念，以学生的维修任务为中心，师生共同制订任务计划，以小组合作综合作业的组织形式，通过教师教学和学生自学的途径培养学生的风险识别能力、风险预防能力及风险控制能力，增强职业安全卫生管理能力，为未来进入职场奠定坚实的基础
课程评价	依据汽车维修工安全能力模型的维度和要素以及具体的操作任务设置考核表，在学生开展实训任务时进行过程评价。通过对学生安全能力的培养，提高其职业安全健康管理能力，增强汽车维修工的生命安全意识，激发其内在的识别、预防和应对危险的能力，增强关爱他人生命的意识及安全责任主体意识

（二）搭建课程框架

依据中职学校汽车维修专业教学大纲和《汽车维修工国家职业技能标准（2018年版）》，将汽车维修工职业特点及学校专业学习相结合，确定课程内容（如表2所示）。

表2 "汽车维修工职业安全与健康"校本课程内容

课序	名称	模块序	模块标题	目标
第1课	职业与安全	模块一	汽车维修工职业	认识汽车维修工这个职业，掌握作为一名优秀汽车维修工所需要具备的安全能力
		模块二	安全重于泰山	
		模块三	汽车维修工安全能力	
第2课	车间与安全	模块一	走进汽车维修车间	认识汽车维修车间常见安全隐患，能排除汽车维修车间的安全隐患
		模块二	汽修车间电气布置	
		模块三	车间安全文化	
第3课	工具与安全	模块一	常见工具	以常见工具为例讨论工具及其使用过程中的风险，并找到科学的应对策略，减少因工具使用不当而产生的安全事故
		模块二	典型工具	
第4课	操作与安全	模块一	维护换件作业	按标准规范地对车辆进行维护和检查，熟悉操作步骤，掌握安全技术知识和注意事项，正确使用个人安全防护用品、生产设备和安全设施，掌握预防事故的紧急措施，掌握安全检查的制度和要求等
		模块二	车身修复作业	
		模块三	涂装作业	
第5课	提高职业健康素养	模块一	职业健康	学习与职业健康有关的知识，树立职业健康意识，提高职业健康素养
		模块二	职业健康意识	
		模块三	职业健康素养	
第6课	获取职业健康资源	模块一	职业健康行为	学习与职业健康有关的知识，掌握正确的职业健康行为，培养职业健康习惯，获取职业健康资源
		模块二	职业健康习惯	
		模块三	获取职业健康资源	

（三）实施案例

以"发动机机油的更换"教学设计为例，展示汽车维修工安全能力培养与专业课程教学的融合，主要在教学目标、教学过程、实训任务、教学与实训评价四个环节融入汽车维修工健康与安全能力培养内容(如表4所示)。

表4 "发动机机油的更换"教学设计范例

教学目标	知识	1.学习机油的功用;2.认识机油检查工具;3.认识该任务中存在的安全风险及其规避方法
	能力	1.能够正确使用机油更换工具进行规范的更换操作;2.能够规范使用防护工具,避免在操作的过程中造成伤害;3.在更换中及时加注机油,避免机油溅落造成浪费
	素养	1.规范操作习惯;2.养成保护身体和避免财产损伤的责任意识;3.锻炼小组合作的团队精神

教学步骤(部分)	教学内容	设计意图
制订更换计划	学生以小组为单位,制订更换计划。组员可以通过书本和手机网络查找更换机油的顺序,了解工具的正确使用方法,并在学习中进行自我评价;教师注意关注各组情况	观察学生操作中的风险意识;培养学生观察和归纳的能力,摸索工具的正确使用方法
任务实施	对照工作计划,分组操作,各组学生由组长分配任务,并完成实践记录。过程中,教师巡视并对出现的突发安全情况(机油加注过量、机油溅落在车身及地面等)给予应急指导和处理(观测加注液面界限,并及时纠正错误的加注方法)	汽车维修工安全能力培养: 1.规范使用工具:教师对学生的着装、课堂活动进行指导监控,纠正不正确的工具使用方法,解决学生提出的问题 2.规范操作方法:按操作流程更换机油,及时指出可能出现的安全隐患 3.对突发安全情况给予应急指导和处理
评估	从技能和安全两个方面总结本堂课的收获,找出优点及不足之处;学生进行自评、互评,评出优秀小组,进行经验总结,分享心得	通过评价和激励,总结学习成果,找出差距;培养学生安全意识和规范操作的能力

四、建设成效

(一)学生的变化

本课程是一门关乎生命教育的课程,其宗旨是增强学生的生命安全意识并让学生获得安全卫生健康保障的能力。因此,在内容设计以及教学实施中遵循了现代职业安全健康管理的"风险管理"理念,按照识别风险、预防风险、控制风险的逻辑开展培养，建立一条风险管理能力培养轨迹，与原有技能培养轨迹并行。通过相关培训和实践，各种安全制度、操作规范以及个人防护要求不再是教师的训诫，而是应对风险的理论策略、生命的需要、健康的保障，增强了学生对安全规章制度的认同感，让安全成为学生由内而发的一种需要和能力。学校汽修专业学生在2015—2017年三年参加相关职业技能大赛并取得优异成绩，其中2017年的"汽车二级维护"项目获省级一等奖，参赛学生在素养安全环节获得满分。

（二）教师的成长

经过课程开发，成都电子信息学校汽车维修专业教师的教育理念发生了很大的转变，"生命关怀"的终极价值理念在教学过程中得到了落实。教师们习以为常的教学模式（安全训话—讲解知识和操作规范—实训考核）不仅发生了结构性的改变，课堂教学的内涵更是得到了显著的拓宽与提升。教师们在各级教学比赛中将这些改革成果进行展示与交流，并取得了喜人的成绩。

（三）问题与改进

经过多年课程开发与实践研究，教师们都取得了很大进步，但是也发现了许多需要完善的地方。教师们在长期的国家课程教学实践中已经形成了一套行之有效的教学模式和一成不变的教学风格，校本课程的开发可能需要放弃或改变他们已经形成的某些固有的教学观念、工作方式、教学技能和教学风格，需要花费大量的时间和精力，带来额外的负担，而且一些参与校本课程开发的教师没有得到相应的职称晋升和奖励，因此，可能会不自觉地产生消极甚至抵触情绪。同时，教师关于课程开发的理论认知与技能水平也亟待培养和提高。

结束语

职业安全能力培养关系到人民群众的生命财产安全，关系到社会的和谐稳定和发展大局。在中职学校汽车维修专业课教学中融入职业安全能力教育不仅贯彻落实了党中央、国务院关于安全生产的要求，也是各职业院校对学生生命负责、对企业的生命财产负责的体现。通过对汽修专业学生的职业安全能力培养的探索，发现在专业课教学中融入职业安全能力教育对学生掌握专业本领、养成安全意识、形成安全行为、掌握安全技术有很大帮助。

成都电子信息学校　张燕　兰云　房国臣　肖春华　郑洋　钟奕静

成长·幸福

——基于优势视角的高中学生幸福教育校本课程建设实践

"幸福"最早由 2000 多年前的古希腊哲学家亚里士多德在《尼各马可伦理学》中系统论及，其作为人类共同的追求目标，不仅是各学术研究领域的话题，也是各国及各政党实践的主题。中国共产党自成立伊始即坚持"解放全人类，实现共产主义"的奋斗目标，确立了"为中国人民谋幸福，为中华民族谋复兴"的初心使命。党的十八以来，党中央坚持以人民为中心，从经济、政治、文化、社会、生态"五位一体"的总体布局推进社会全面发展。进入 21 世纪，面对不确定的世界，习近平总书记站在世界和平和人类可持续发展的高度提出构建人类命运共同体的命题，为世界谋大同，为全世界人民谋幸福。

高中阶段是学生世界观、人生观、价值观形成的关键时期，也是进行生涯规划及人格塑造的重要阶段，应积极开展以发现学生的优势为导向、关注学生成长的幸福教育校本课程建设，实践幸福教育，为学生的幸福人生奠基，助力幸福中国建设。

一、研究背景

（一）政策依据

"幸福"不是一个抽象概念，而是源于实践的需求、体验与感悟。党的十八大以来，习近平总书记从理论和实践层面提出了"幸福不会从天而降，美好生活靠劳动创造""只有奋斗的人生才称得上幸福的人生"等观点，创造性地阐述了新时代中国的幸福论。党的二十大报告提出要实施科教兴国战略，建设教育强国，为建设现代化国家提供人才支撑，完成为中国人民谋幸福、为中华民族谋复兴的初心使命。

《中国学生发展核心素养》旨在促进学生必备品格、关键能力等的发展，成为德智体美劳全面发展的社会主义建设者和接班人，实践幸福教育是学生个体发展的需求，也是人民实现美好生活的必然要求。

（二）理论依据

自亚里士多德系统论述"幸福"概念以来，许多思想家、理论家从哲学、伦理学、心理学、社会学、宗教等角度提出过有关"幸福"的主张并做出极大贡献。结合高中阶段的学生特点，本文主要依据爱利克·埃里克森的人格八段论、罗伯特·哈维格斯特的青少年八项发展任务以及马丁·塞利格曼的积极心理学理论探索中学幸福教育校本课程的建设实践。

美国心理学家爱利克·埃里克森的人格理论将人的一生分为既连续又独特发展的八个发展阶段（如表1所示），每个阶段有不同的发展任务，前一个阶段的发展情况直接影响和决定着下一个阶段的发展，进而影响生命的全过程。

表1　埃里克森人格八段论

阶段	年龄	冲突	人格发展任务
婴儿期	0～1岁	基本信任感对不信任感	发展信任感，克服不信任感
儿童早期	2～3岁	自主对羞怯与疑虑	培养自主感，克服羞怯与疑虑
学前期	4～5岁	主动对内疚	培养主动感，克服内疚感
童年期	6～11岁	勤奋对自卑	培养勤奋感，克服自卑感
青年期	12～18岁	自我同一性对角色混乱	建立同一性，防止角色混乱
成年早期	20～24岁	亲密对孤独	发展亲密感，避免孤独感
成年中期	26～65岁	繁殖感对停滞感	获得繁殖感，避免停滞感
成年晚期	65岁以后	完善对绝望	获得完善感，避免绝望与沮丧

中学阶段正是学生从童年向成年的发展时期即"青年期"，其年龄段为12岁到18岁，这一时期的发展任务聚焦为"身份认同与认同混乱"的冲突，是价值观形成的关键时期。美国社会学家罗伯特·哈维格斯特从社会学的角度进一步界定了青少年八项发展任务（如表2所示）。

表2　青少年八项发展任务

任务	发展要求
任务1	跟不同性别的人建立健康的友谊
任务2	接受自己的性别角色

续表

任务	发展要求
任务 3	接受你的身体
任务 4	从成年人那里获得情感独立
任务 5	学习婚姻和为人父母的技能
任务 6	为就业做准备
任务 7	建立清晰的价值观来指导你的行为
任务 8	理解并践行负责任的社会行为

美国心理学家马丁·塞利格曼在继承亚伯拉罕·马斯洛的人本主义心理学思想基础上，提出建立积极心理学，重塑心理学使命的主张，不仅治疗心理疾病，更加关注人类优势美德和潜能，关怀人类的健康幸福与和谐发展。积极心理学研究者们通过跨文化研究，提炼出人类的共同优势和美德即"六大美德二十四种积极品格"（如表 3 所示），并主张实践"发现优势—培养优势—展示优势—体验蓬勃人生—获得幸福"的幸福教育，激发人类追求幸福的内在动力，通过教育获得创造幸福、实现幸福的能力。

表 3　积极心理学六大美德二十四种积极品格

六大美德	二十四种积极品格
智慧	1.好奇心、对世界的兴趣；2.喜爱学习；3.判断力、判断性思维；4.创造性、实用智慧、常识或街头智慧；5.社会智慧、个人智慧、情商；6.洞察力
勇气	7.勇敢与勇气；8.毅力、勤劳、勤勉；9.正直、真诚、诚实
仁爱	10.仁慈与慷慨；11.爱与被爱
正义	12.公民精神、责任、团队精神、忠诚；13.公平与公正；14.领导力
节制	15.自我控制；16.谨慎、小心；17.谦虚
超越	18.对美和卓越的欣赏；19.感恩；20.希望、乐观、展望未来；21.灵性、目标感、信仰、宗教；22.宽恕与慈悲；23.幽默；24.热情、热忱、热衷

（三）学生实际

中学生正处于童年向成年过渡的关键时段，构建自我的同一性，建立社会身份认同感，找到自己存在的意义和价值，都是这一时期重要的发展任务。通过调查发现，高中三个年级的学生在自我的同一性发展方面有不同的需求。高一学生进入新学校，在新的环境开启新的人生阶段，学生、家长、学校、教师都会对高中生活有新的期待，同时也会面临因环境变化而形成的压力。高二、高三学生则会因高一的适应性不同展现出不同的学业和个人状态。因此，在高中阶段开展基于优势视角的幸福教育校本课程不仅要促进高中学生的适应性，也要帮助学生顺利完成发展任务，发展学生优势，帮助学生建立正确的世界观、人生观、价值观，为学生幸福人生奠基。

二、校本课程建设

（一）课程性质与地位

"成长·幸福"是通过正面教育来引导人、感化人、激励人，通过合适的教育来塑造人、改变人、发展人的一门基于优势视角的高中学生幸福教育校本课程。它面向全体学生，通过挖掘学生的优势和潜能，创建积极的环境，配合学科教学，为学生的幸福成长提供方向。

（二）课程目标与框架

幸福是一门科学，因此，本课程从幸福认知、创造能力及积极品格三个维度构建了课程目标（如表4所示）。

表4　幸福教育课程目标

目标维度	目标内容
幸福认知	引导学生通过课程学习，认识幸福的概念和类型，理解幸福的内涵，认识品格优势并逐步掌握发挥优势的基本方法，进而形成积极创造幸福的认知观念
创造能力	引导学生通过课程学习，感知、发现生活中的幸福，进行积极的自我认识，剖析自己的优势品格和能力，找到适合自己成长的方向，形成适应社会发展和职业发展的学习力、探究力、创造力及抗逆力，获取创造幸福的能力
积极品格	引导学生通过课程学习，发现自己的优势，形成积极品格和健康人格，并以此统领个人世界观、人生观和价值观，建立个体的同一性，为成就幸福人生做好充足的铺垫

本课程采用活动课程模式，以成长和幸福为主题，依托主题班会课以及校内外各种体验活动课程达成育人目标，按照学生在高中阶段的成长规律，构建起"三大阶梯四大主题"的课程框架（如图1所示），三大阶梯为探寻幸福、理解幸福和创造幸福，四大主题为个人、家庭、学校、国家。

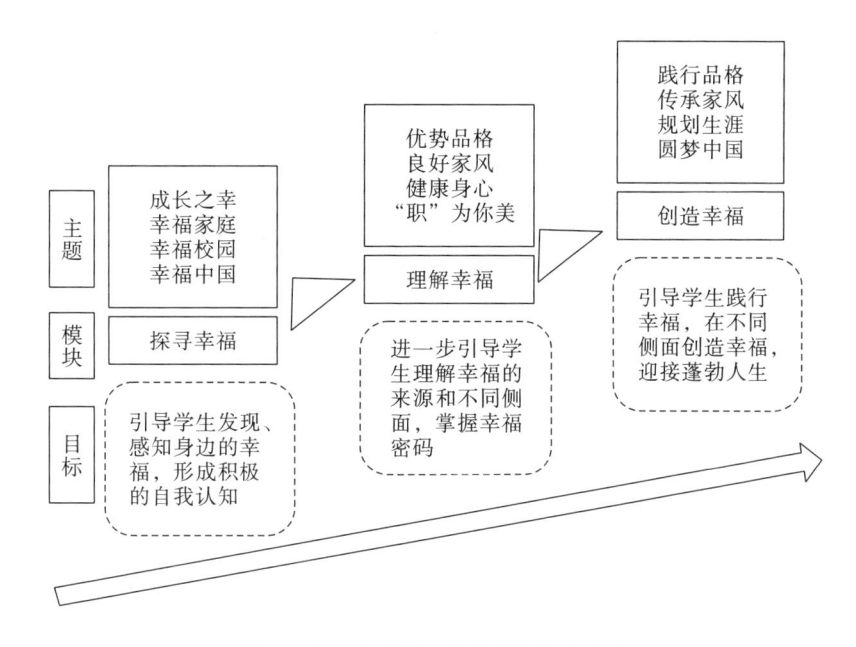

图 1 "三大阶梯四大主题"课程框架

三、实施与评价

（一）课程实施

以班主任为主导，联合学生、教师、学校其他教育者及家长、社区等多方力量共同实施。以每周一课时的主题班会为载体，以学校活动为契机，以学科课堂为阵地，以班会课、年级集会、劳动教育、主题教育为途径实施幸福教育。

课程每个主题实施前需制订符合学生现实、突出学生对幸福的感受和理解的目标，以学生为主体、活动为载体，注重以学生的体验感为生长点，科学而合理地设计活动，持之以恒地引导学生，阶梯式实施课程。

（二）课程评价

课程评价采用双向考查的方式，以课程目标、课程内容为基本依据，对学生的评价要围绕学生参与课程所达到的成长和发展水平，特别是品格、优势、情绪等方面的改变，确定学生发展水平评估标准（如表5所示），并建立学生评价档案。

表5　学生发展水平评估标准

发展水平	质量描述
水平1	能够通过剖析个人的优势与劣势，敢于展示个人的优势，并能够分析出自己的优势在正向发展中发挥的作用；能够根据自身的生长环境对幸福进行认知，并能挖掘出在获得幸福的过程中需要具备的积极品质；能够根据自身的情况定义自己的幸福，逐渐形成积极的人生态度，正确面对青春期的成长危机，学会用优势来规划高中学习与生活
水平2	能够在剖析个人优势和劣势的同时，通过优势带动劣势逐步将劣势转变为优势；拥有积极的情绪，做任何事情能够积极地投入，并能获得意义感；逐步掌握发挥优势的基本方法，学会制订属于自己的成长规划书，掌握好时间管理技巧；掌握属于自己的幸福密码，建立自我同一性，形成正确的世界观、人生观、价值观
水平3	能够在自身幸福的同时，展示出奋斗者的勤奋与坚持，拥有良好的抗逆能力；具备仁慈、智慧、正义、节制、勇气、超越六大美德；能够展现出积极的个人魅力，给身边的人带来积极的情绪体验；能够在追求个人梦想和美好人生的同时，带动身边的人积极、健康地生活，创造出大幸福，展现出新时代奋斗者的美好形象，成长为社会主义建设者和接班人

针对课程实施过程中主题班会课的评价，建立一套基于发现品格的幸福教育课程评价标准（如表6所示）。对课程的评价采用多元评价的方式，在课程实施后，组织学生、家长、教师以及课程专家对课程开展定性、定量评价，总结经验，发现不足，提出改进思路，从课程理念到课程设计、课程实施以及相关条件、制度保障等方面进行系统修正，促进课程更加科学严谨和有效，赋能高中学生健康成长。

表6　幸福教育课程评价标准

维度	权重	评价内容	评分点	得分
目标	15	目标明确，既遵循思想道德建设的普遍规律，又适应学生身心成长的特点和接受能力，体现认知、实践和情感的统一，有助于丰富学生的情感体验，提升生活经验，促进学生自我实现、自我发展	（1）目标与学情有差距，认知、实践、情感不统一（1~5分） （2）目标与学情相符，认知、实践、情感统一（6~10分） （3）目标与学情高度相符，认知、实践、情感高度统一（11~15分）	
内容	15	符合"近、小、亲、实"的特点，贴近实际、贴近生活、贴近学生	（1）不符合"近、小、亲、实"（1~5分） （2）"近、小、亲、实"满足2个（6~10分） （3）符合"近、小、亲、实"（11~15分）	
过程	10	教学过程流畅、结构合理、环环紧扣、逻辑严密、及时且正向评价，班会课课型特点鲜明，体现出课堂教学的节奏和韵律美	（1）环节设置合理、逻辑严密（1~6分） （2）及时且正向评价（7~9分） （3）课型特点鲜明，体现出课堂节奏和韵律美（10分）	

续表

维度	权重	评价内容	评分点	得分
方法	10	教学方法符合学习者主体的认知习惯，灵活且多样。有效运用现代教育技术，教学组织运用合理、调控适度	(1) 方法单一（1~3分） (2) 方法灵活多样，且合理使用现代技术（4~6分） (3) 小组机制运用合理，调控适度（7~10分）	
教师行为	15	尊重学生主体性，营造良好的教学氛围。采用开放的活动控制方式，引发和鼓励学生自由展示他们的情感、体验和观点，促进学生学会自主、学会选择、学会创造。积极参与学生的讨论，以真情感染和引导学生，注重学生思维发展。教态好，基本功扎实，语言丰富、自然、正向，启发性强，能恰当处理课堂紧急情况	(1) 课堂氛围较为单调，教师主讲，师生互动欠佳（1~5分） (2) 课堂氛围较好，以学生为主体，课堂互动良好（6~10分） (3) 教师引导力强、敏锐度高，促进学生思维发展（11~15分）	
学生行为	10	学生充分发挥主体作用，成为活动的设计、组织、参与者。乐于参与，自主体验，有所感悟，从中受益。展现团队精神，善于合作，共同探索，创造性地提出问题，解决问题	(1) 被动参与或未参与（1~3分） (2) 主动参与并积极分享（4~6分） (3) 学生有创造性表现（7~10分）	
过程评价	10	活动过程中，有目标统一的评价标准和评价行为，鼓励并肯定学生的正面反应	(1) 无明确评价标准和行为（1~3分） (2) 有明确的评价标准和行为，但表现不充分（4~6分） (3) 通过评价标准和行为，优化教学过程（7~10分）	
教育成效	15	学生的主体性得到充分体现，在活动体验中目标达成度高	(1) 通过教师讲解，学生明白了道理（1~5分） (2) 以学生为主体，在教师指导下通过体验生成了观念、能力和价值观（6~10分） (3) 教育效果显著（11~15分）	

优势：

建议：

四、实施成效

（一）学生成长

"成长·幸福"课程的实施促使学生生活行为和学习行为发生改变。生活上更加注重感受环境和事件本身，表现为珍惜时间、积极劳动等。学习行为的改变主要表现为学习动力和积极性明显增强，学业水平显著提升。根据学生的发展水平评估量表，课程实施前，多数发展水平为 1 的学生进阶到了水平 2 或者水平 3。在幸福课程的加持下，更多学生发现并发展了自己的优势品格，品格发展程度大为提升。

（二）教师成长

"成长·幸福"课程的建设和实施对教师课程建构能力和实施能力的提升有极大的帮助，同时课程也有助于教师特别是班主任育人方式方法的更新和升级，促进教师育人能力的提升。建设和实施本课程的两名教师在此期间得到快速成长，分别获得了双流区优秀班主任、成都市优秀班主任的荣誉称号。

（三）问题与改进

"成长·幸福"课程建设的第一阶段，在课程内容上侧重于幸福体验和感知、积极品格培养等方面，关注对学生的优势发现和潜能激发。在消极情绪体验及情绪管理、抗逆力培养、适应未来的变化等方面尚待进一步开发和实施，从而帮助学生学会接纳生活和工作中面临的各种问题，并以积极的心态和有效的方法去应对、调整，走向蓬勃人生，获得幸福。

结束语

幸福是人类共同的追求，中学阶段又是实现幸福目标的奠基阶段，"成长·幸福"校本课程的建设和实施作为初步探索，取得了一定的成效，但还需对课程的有效性进行试验和总结，不断完善和修订。教育的使命扛在肩膀，追求幸福的脚步永不停歇，校本课程建设永远在路上。

四川省双流艺体中学　张含凤
成都电子信息学校　负欣
成都电子信息学校　李春兰

青春与责任同行

——初中生责任品格教育系列班会课程建设

高度的责任感能够为个体努力学习、刻苦钻研、不懈攀登、报效祖国提供持续强劲的动力支撑。责任不仅是做人的立足之本，也是一切社会道德的根源，对学生进行责任品格教育是学校德育工作中不可忽视的重要环节。据调查，目前部分中学生由于是独生子女，从小备受家人溺爱，出现任性散漫、缺乏担当、不思进取、不关心集体等不良表现，究其根源，在于他们的责任感不强，责任意志模糊，不能主动践行责任行为。责任品格教育系列班会课程的实施，旨在逐步加深班级学生对责任的理解和认知，进一步增强学生的责任意志，引导他们学会主动践行责任行为，成长为有责任、有担当之人。

一、研究背景

（一）政策依据

自党的十八大召开以来，我国坚持把立德树人作为教育的根本任务。《中国学生发展核心素养》中明确指出，责任担当是中学生必备的六大核心素养之一。2023年6月教育部印发《关于加强中小学地方课程和校本课程建设与管理的意见》明确指出，要构建以国家课程为主体、地方课程和校本课程为重要拓展和有益补充的基础教育课程体系，增强课程适应性，实现课程全面育人、高质量育人。因此，在中学阶段实施责任品格教育大力培育和践行社会主义核心价值观，培养具有社会责任感的时代新人，不仅是必然选择，也非常契合新时代教育改革与发展的新要求。

（二）理论依据

建构主义理论最早的提出者是瑞士的儿童心理学家让·皮亚杰，他认为学生的知识不是通过教师传授得到的，而是学习者在一定的情境即社会文化背景下，借助其他人（包括教师和学习伙伴）的帮助，利用必要的学习资料和情境，通过意义建构的方式获得的。建构主义理论强调以学生的学习和发展为核心目标，倡导课堂中以学生"学"为中心、教师"教"为辅助，实现从"传授模式"向"学习模式"的转变，同时从"教师、教材、课堂"向"学生、收获、体验"递进，从而提高学生的学习效果，使学生的知识、能力和素养得到全面发展。

（三）实践依据

在现实生活中我们经常能听闻一些关于青少年违法犯罪的新闻报道，而且部分初中生到了叛逆的年龄，在家忤逆父母，自理能力差，在校不尊重老师同学，违反校纪校规，学习主动性不强，这些不良现象都反映出部分青少年群体责任意识淡薄。再者，初中生最明显的特点之一就是自我意识进一步增强，开始追求独立自主的人格发展，这一特征决定了在初中阶段的德育过程中应重点开展自主管理，引导学生从他律走向自律，而这一过程离不开对学生责任意识和责任能力的培养。

二、课程理解

（一）课程性质

班会课是学校教育课程之一，是由班主任主持或主导，面向全班学生开展的一项教育活动，旨在培养学生的社会主义核心价值观和落实核心素养。班会课既是"会"，也是"课"，一般每个星期开展一次。本文涉及的班会课授课对象指就读于初级中学的在校学生。为了引导学生平稳度过青春期，班主任可对全班学生实施以德育为主的系列班会课程。

（二）"责任"内涵

古今中外，对"责任"一词的内涵众说纷纭，但总的可以归纳为以下三个方面：部分学者将责任解释为德行，认为负责任就是一种有道德的表现；另一部分学者认为责任就是指人作为一个生命主体、社会成员所必须承担和履行的义务；还有的学者认为责任是指一个人因没有做好自己的工作而应承担的不利后果或强制性义务。本文提到的"责任"是指初中学生根据《中小学生守则（2015年修订）》的规定，自觉做好个体作为社会角色的分内之事，并自觉承担其行为所产生的一切后果。

（三）责任品格教育

责任品格教育就是教师为了培养学生的责任感和责任意识，让学生更清楚地认识到自己肩负的责任而选择主动承担职责，通过一系列有目标、有计划的课程设计，对学生逐步施加影响的教育活动。

三、教育系列班会课程建设

（一）课程标准

责任品格教育系列班会课程标准包含五个方面：课程目标、课程内容、课程模式、课程实施、课程评价（如表1所示）。

表1 责任品格教育系列班会课程标准

项目	详情
课程目标	认知发展：培养学生对责任的正确认知和内涵理解，增强责任意识
	能力形成：通过情境案例、合作探究等活动，明确负责任的行为，学会对自己、对他人和集体、对家庭、对社会与国家、对生态环境负责
	素养提升：通过活动，增强学生集体观念和主体责任意识，培养学生爱国主义和集体主义精神
课程内容	理解责任内涵、培养责任情感、形成责任意志、承担责任行为
课程模式	主题班会课＋主题活动
课程实施	由学校德育安全处、教务处统一协调，以班主任为主导，协调学科教师力量，统筹家长和社区资源，落实家、校、社三位一体，全方位育人，利用每周固定的班会课时间实施开展
课程评价	课程内容和组织：内容要丰富、实用，与预期目标要有契合度；结构、组织方式要清晰、有条理，能够帮助学生更好地学习和消化所学知识
	评估方式和反馈机制：评估方式应多样化、公平且具有挑战性，能够全面评估学生的学习成果；教师对学生的反馈应及时到位，能够提供个性化的指导和建议
	学习成果和实际应用：课程的目标和学习成果应符合中学生核心素养，能够培养学生的创新思维、问题解决能力和实践应用能力

（二）课程框架

根据教育部印发的《中小学生守则（2015年修订）》的规定，本文拟定了责任品格教育系列班会课程框架（如表2所示）。

表 2 责任品格教育系列班会课程框架

课程模块	课程内容	课程目标
对自己负责	对自己的健康负责 对自己的情绪负责 对自己的学习负责	旨在对学生进行自我负责的责任教育。主要有以下三个目标：一是引导学生正确认识自我；二是指引学生学习有效管理自我的方法；三是帮助学生积极地提高自我
对他人负责	对家人负责 对友人负责 对陌生人负责	让学生明白在对自己负责的基础上，还应对他人负责，包括家人、朋友、同学，甚至陌生人。主要有以下三个目标：一是孝敬、理解父母，主动承担家庭责任；二是团结同学，真诚待友；三是尊重陌生人，保持善良，避免侵扰
对群体负责	对班集体负责 对社会和国家负责	在明确对个人与他人责任的基础上，初中生还应对群体负责。主要有以下三个目标：一是树立班集体意识，产生集体荣誉感；二是培养为集体服务的奉献精神；三是形成遵纪守法、坚守社会道德、自觉维护社会公平正义的意识
对生态环境负责	对水资源负责 对土地资源负责 对生物资源负责 对气候资源负责	通过生态伦理和生态现状引导学生认知我们应该与大自然和谐相处的必要性，自觉落实爱护水资源、土地资源、生物资源及气候资源的责任行为，呼吁学生以日常实际行动将保护生态环境的责任扛在肩上

（三）课例设计与实施

下面以责任品格教育系列班会课程框架中"对自己的学习负责"为课例进行展示说明（如表 3 所示）。

表 3 课例展示

项目	详情
班会主题	对自己的学习负责
活动背景	《中小学德育工作指南》明确指出：应培养学生爱党爱国爱人民，增强国家意识和社会责任意识。培养学生对自己的学习负责，是化被动型、他律式学习向主动型、探索式学习过渡的基础，更是增强学生社会责任感的重要一环
活动目标	1.通过参加调查活动，浏览、观看图片等方式，学生感悟并理解承担责任应从自我做起，体会作为学生为什么要增强自己的学习责任感 2.通过情境案例，进行小组探索、交流讨论等活动，学生明确怎样的行为才是对自己的学习负责任的行为 3.通过本次活动，学生提高对责任的认知能力、自我教育能力和实践能力。增强开创未来的责任与担当意识，并凝练成内在积极品质，为将来在学习过程中，能够直面困难和挑战，迎难而上打下坚实的品格基础

续表

项目	详情
设计思路	本次主题班会课设计思路依据悟责任、明责任、负责任、践责任四个环节，让学生加深对责任的理解并认识到勇担责任的重要性，将责任教育内化于心、外显于行，指导学生用实际行动做一名对自己的学习负责的合格中学生，将被动式他律学习转变为主动自律式学习
活动形式	观看文字材料、视频等，进行情境体验、小组讨论等
活动准备	教师准备：搜集相关素材，制作PPT、学习责任清单卡等 学生准备：白纸、笔等，收集与责任有关的名人名言
活动过程	1. 导入环节：引出对自己的学习负责这一活动主题 2. 探究环节：通过悟责任、明责任、负责任、践责任这四个步骤层层推进，逐步对学生的责任认知、责任情感、责任意志、责任行为进行引导和培养 3. 总结环节：对本节班会课的内容进行总结升华
课后反思	本节班会课的设计，符合班会课"近、小、亲、实"的特征，选择的话题和素材内容均贴近学生生活和认知，从对自己的学习负责这一个小切口与学生探讨负责这个大而抽象的话题，班会课的实施以活动为主，充分发挥了学生的主体性。本节课也存在一些不足，如教师的临场应急处理能力还需要加强，对预设外的教学场景处理不够到位等

四、建设成效

（一）学生成长

责任品格教育系列班会课程的开展和实施，加深了班级学生对自我角色的认知，学习主人翁意识明显增强，能够做到对自己的学习负责。具体而言：一是大部分学生的学习内驱力明显增强，有更加明确的学习目标，在校更加自觉遵守班规校规；二是班级整体的学风比以前更加浓厚，班级凝聚力和向心力也明显增强；三是家长们普遍反映亲子关系更加和谐，大部分孩子比以前更关心家人，主动承担家务劳动。

（二）教师成长

通过打造责任品格教育系列班会课程，教师收获颇多。在设计这一系列的班会课时为了查找资料，班主任阅读了大量文献以寻找合适的素材，此时的专业阅读是带着问题在阅读，是最有效的阅读方式，因此提升了理论水平。另外，班会课需要班主任对学生进行适时的点评、启发、引领，通过反复实践和总结，班主任的专业技能得到大幅提升。

（三）问题与改进

班会课每个环节的设计都要从学生的实际出发，贴近学生生活，才能让学生真正有所感悟，有所触动。责任品格教育系列班会课程在对群体负责这一模块上还需要进一步研究和思考：如何才能做到既落实课时目标和核心素养，又符合班会课"近、小、亲、实"的特征？

总而言之，主题班会课不仅是学生乐于接受的一种活动形式，更是学校借以开展德育的重要课程之一，它承载着培养学生核心素养的终极目标。一堂精彩纷呈的主题班会课，可以直达学生内心，在他们灵魂深处引起触动与共鸣，为他们的成长提供必要的精神食粮。

四川省成都市双流区公兴初级中学　郭小丽

律己达己，成人成才

——初中学生自律品格培养系列班会课程建设

初中学生正处于身心迅速发展和学习参与社会公共生活的重要阶段，处于思想品德和价值观念形成的关键时期，迫切需要学校在思想品德发展方面给予正确引导和有效帮助。美好人生建立在自律的基础上，自律对人走向成功具有重要作用。已有研究表明，自律能力的强弱对心理健康、学业成绩、人格发展均具有一定的影响。笔者从个体自我的自律、社会自我的自律、法治自我的自律和国家自我的自律等内容进行课程建设，以此培养初中生自主学习、自我管理的能力，提升初中生的学习与生活质量，促进其身心健康成长。

一、研究背景

（一）政策依据

《中共中央关于进一步加强和改进学校德育工作的若干意见》（以下简称《意见》）强调，德育工作要与关心指导学生的学习、生活相结合，与加强管理相结合……培养学生自我教育、自我管理、自我服务、自我约束的能力。《意见》高度重视学生的德育主体地位和作用，着力激发和引导学生形成自我完善、自我提高的需要和内趋力，而自觉自律教育则为学生形成和增强内趋力提供了可能。2021年1月至4月，教育部先后印发5项专门通知，对中小学生手机、睡眠、读物、作业、体质管理作出规定。2021年7月，中共中央办公厅、国务院办公厅印发了《关于进一步减轻义务教育阶段学生学业负担和校外培训负担的意见》（简称"双减"政策）。培养初中生的自律能力是实现高质量教育目标的重要途径，自律能帮助初中生学会自我觉察、自我管理，提升自觉学习、自主规划的能力，从而提高学习效率，增强自我认知，促进初中生的自主发展，助力学生成长成才，真正落实"双减"政策，构建良好教育生态。

（二）理论依据

埃莉诺·奥斯特罗姆提出的自主治理理论主要解决"一群相互依赖的利益相关者如何才能把自己有效地组织起来，进行自主治理，从而能够在有些利益相关者出现搭便车、规避责任或其他机会主义行为诱惑的情况下，使所有利益相关者或者说整个团体取得持久性的共同利益"这一中心问题。马丁·塞利格曼提出的积极心理学倡导心理学不仅要研究人的各种心理问题，更要研究人自身所具有的种种积极品质；主张心理学要以人固有的、实际的和潜在的具有建设性的力量、美德和善端为出发点，用一种积极的心态来对人的许多心理现象做出新的解读，从而帮助普通人或具有一定天赋的人最大限度地挖掘自己的潜力并获得良好的生活。自律是积极心理学积极品格中的一种。

（三）实践依据

初中学生正值青春期，面对社会上的种种诱惑，尤其是手机、网络、游戏等，部分学生无法自拔、难以自律，漠视法纪规则，时有违纪、违法现象发生。他们求知欲强，自我意识明显，渴望获得尊重；希望得到更多的展示自己、锻炼自己的机会；厌恶空洞无味的说教，希望与老师进行民主平等的心与心的交流等。

基于以上背景，我们应该从实际出发，因势利导，对学生进行帮助和教育，唤起学生自律意识，挖掘学生自身的潜能，使其表现出一种良好的、稳定的心理状况，促使学生将自尊与自觉、律己与律人相结合，实现自我教育和自我管理。

二、自律品格

（一）自律的内涵

autonomy（自律）一词源于古希腊语，由"auto-"（自己）和"nomos"（规律、法律）组合而成，其直译为人自身之内的规律、法律，即行为准则在人自身之内，自我为其本身决定规则，是一个非道德意义的概念，强调对行为的自我管理、自我约束和自我选择。随着社会发展和人类文明的进步，在西方的哲学和伦理学中，自律逐步被赋予了道德意义，包括自我主宰、行为自律、选择自律以及人的自律。

积极心理学家马丁·塞利格曼和乔丹·彼得森描述了各种能使人们获得幸福生活的优秀品质与美德，并且对它们进行了分类。其中包括几乎世界上每种文化都认同的六大美德：智慧、勇气、仁慈、正义、节制以及超越。节制是六大美德的第五组，是指恰当并适度地控制自己需求和想法的表达，但不是克制自己的动机，而是等到最佳时机，能在最少地伤害自己或他人的同时去满足自己的需求。自制包括自律，自律的人能够很容易地控制自己的冲动和需求直到适当的时机，他们知道什么是对错并能依此而行事。在幸福五要素（积极情绪、投入、人际关系、意义、成就）里面的"成就"那一栏，最重要的因素不是智商，而是自律。

自律是中国传统文化中非常重要的内容，在中国文化中自律更多表达克己、律己、自我约束之意。自律，要长期、有机、全面地融合、根植于我们每一个人的意识和行为中，且要长久地执行实施，否则人是难以立足处世的，甚至一事无成。

综上所述，笔者认为所谓自律是相对于他律而言的，对自律的道德判断具有主观性。自律是作为主体的人依靠理性、信念和伦理，靠内心的自省、自觉和自为，通过自我教育，发挥自己的主体意识和创造力，来调节自己，丰富和发展自己的言行，既不用外部强制和监督，也不需自己意志力的控制，而是形成了习惯，油然而生的一种道德情感和道德判断。

（二）自律品格培育

结合初中学生实际，对自律品格的培育可以由四个层次来进行：个体自我的自律，渗透自律能力；社会自我的自律，浸润自律能力；法治自我的自律，强化自律能力；国家自我的自律，发展自律能力。

（三）自律品格课程

自律品格课程属于初中德育的校本课程，是班会课和实践活动相结合的一门针对性课程，旨在对学生进行德育，辅助学科教育，以促进学生良好品格的形成。

三、建设实施

（一）确定课程要素

基于前述探究，结合课程理论的基本要求，确定建设自律品格培养系列班会课程，并从课程的目标、内容、模式、实施、评价五要素建构课程，如表 1 所示。

表 1　课程五要素

课程要素	具体内容
课程目标	培养学生积极主动、独立自主的道德能力与素质，即自觉自律的能力与素质。使学生能靠自己内心的自省、自觉和理性，不断提升自身修养，塑造自尊自信、理性平和、积极向上的心态和良好的意志品质，使崇尚和谐、维护和谐内化为思维方式和行为习惯，用和谐的心理分析问题，用和谐的态度对待问题，用和谐的方式处理矛盾，从而在班级中形成团结友爱、积极进取的良好风尚

续表

课程要素	具体内容
课程内容	自律品格培养系列班会课
课程模式	个体—社会—法治—国家
课程实施	实施部门：学校德育处、教务处 实施人员：班主任、科任教师、其他教职员工 实施时间：班会课、社会实践时间和其他公共德育教育时间 实施要求：活动方案和设计、安全预案等
课程评价	评价方式：多元主体（教师、同学、家长、本人、社区、学校） 评价方法：定量和定性相结合 评价呈现：学生品格成长档案

（二）搭建课程框架

课程要素的确立是建构课程框架的前提，因此，在前文的基础上，结合对自律品格内涵的解读，形成了如下课程结构（如表2所示），旨在使学生在道德方面的主体素质得到全面充分、和谐自由的发展，提升其自觉自律的能力与素质。

表2 课程框架

课程板块	课程内容	课程目标
以个体自我的自律，渗透自律能力	控制情绪，做情绪的主人	让学生学会有效管理情绪，合理宣泄自己的消极情绪，运用有效办法（如看书、听音乐、向好朋友倾诉、郊游、爬山、跑步等）来转化消极情绪，保持积极乐观的心态，成为情绪的主人
	不做手机奴	让学生正确认识手机的功能，科学地使用手机；认识自己不正确使用手机的行为和不善用手机可能带来哪些危害；让学生意识到让人沉迷的不是手机本身，沉迷的行为实际上是一场人与人之间的"较量"，从而提高对自律的认识
	珍爱生命，做对自我安全与健康负责任的人	让学生认识到生命来之不易、弥足珍贵，敬畏生命；增强生命的韧性，正确认识挫折；正确面对挫折，接受挫折，磨砺坚强意志，书写生命价值；理解生命不仅是个人的，更源于父母，个体寄托了家庭的厚望，也是国家和社会的希望
以社会自我的自律，浸润自律能力	自律让我们自尊自强	让学生学会自尊自爱、自信自强，尊重他人；让学生意识到发生矛盾首先自我反省，检查自己的过失与错误，以善念、善心和善行真诚地感化对方，减少矛盾升级；有礼有节地争辩，促使事情合理合法地解决
	勇于承担社会责任	让学生认识责任与角色同在，责任需要全力以赴、尽职尽责，责任不仅是干好自己的事，更是关爱他人，尽己所能，服务社会，奉献社会。只有人人尽责，国家才会更加富强，社会才会更加和谐，国民素质才会提升

续表

课程板块	课程内容	课程目标
以法治自我的自律，强化自律能力	敬畏法律	让学生自觉学习法律，树立法律信仰，遵纪守法，坚持自律和他律相结合，把法律内化于心、外化于行；面对校园暴力，学会用法律武器保护自己，不因害怕而忍气吞声，不因害怕而与施暴者同流合污，反对校园暴力
	树立正确的权利义务观	让学生依法行使权利，自觉履行义务，坚持权利和义务相统一，不仅增强权利意识，而且增强义务观念，做到法律要求做的必须去做、法律禁止做的坚决不做、法律鼓励做的积极去做，自觉承担起对国家和社会的责任
以国家自我的自律，发展自律能力	与国家共成长，共筑中国梦	学生热爱祖国，关心国家发展变化，自觉学习并吸纳中外优秀文化成果，增强民族文化的认同感和自豪感，弘扬中华民族精神；关注时势变化，关注科技与社会发展，把个人梦与中国梦有机结合起来，与国家共成长
	世界舞台上的中国	学生能够以宽广视野观察世界、分析世界，正确认识世界舞台上的中国的担当；树立全球意识，关心国际形势，培养自己的国际参与意识，从普通小事做起，为人类发展和世界进步贡献自己的智慧和力量

（三）课例实施

以个体自我的自律中"不做手机奴"主题班会课为例，通过调查班上学生手机使用情况，实施主题教学，不仅要帮助学生正确认识手机的功能，学会科学地使用手机，更要让学生意识到让人沉迷的不是手机本身，沉迷的行为实际上是一场人与人之间的"较量"，从而提高对自律的认识。具体活动过程如表3所示。

表3 "不做手机奴"课例

课程项目	具体内容
活动背景	1.政策背景：中共中央办公厅、国务院办公厅印发了《关于进一步减轻义务教育阶段学生作业负担和校外培训负担的意见》（即"双减"政策）
	2.活动背景：手机已经成为人们日常生活的一个重要的工具，学生使用手机也成为一个普遍的现象。但是很多学生对手机的认识不清晰，很容易被手机游戏、短视频、电子小说等吸引，严重影响学习和身体健康。特别是在"双减"背景下，学校作业量减少，周末不进行课外拓展学习，课余时间增多的情况下，若不加强对手机的自主管理教育，学生很容易沉迷于手机，无法自拔
学情分析	通过问卷星对授课班级关于中学生使用手机的情况进行调查，共回收39名同学的问卷，其中25名同学表示拥有属于自己的手机，约94%的同学表示周末每天玩手机的时间在1—2个小时。其中花费在玩游戏、看视频、看电子书、购物等娱乐方式上的同学占44%，与老师、父母、朋友聊天进行情感沟通的同学接近70%，约66%的同学觉得自己的自控力一般甚至较差，所以班级学生普遍对手机的使用缺乏足够的辨别能力和自控能力

续表

课程项目	具体内容
活动目标	1.让学生正确认识手机的功能，科学地使用手机
	2.让学生认识自己不正确使用手机的行为
	3.让学生认识不善用手机可能给我们带来哪些危害
	4.让学生意识到让人沉迷的不是手机本身，沉迷的行为实际上是一场人与人之间"较量"，从而提高对自律的认识
活动形式	玩小游戏、观看视频等，进行情境体验，小组讨论等
活动准备	教师准备：搜集相关素材，制作PPT、问卷星以了解学情等
	学生准备：提前了解手机的功能，准备笔、白纸等
活动过程	1.导入环节：播放视频，让学生感受从古至今信息传递方式的演变，体会手机是科技发展的产物，从而引入班会主题
	2.探究环节：通过"当手机进入我的生活——'奴'的诞生""多巴胺——让我欢喜让我忧""自律——重回主人地位"这3个步骤层层推进，逐步引导学生正确认识手机的功能，了解容易深陷手机的原因
	3.总结环节：对本节班会课的内容进行总结和升华
	4.课后拓展：相互监督，增强自律能量

四、建设成效

（一）学生变化

激发了学生的自律意识。通过自律品格培育系列班会课的教学，学生的情绪得到接纳和释放；学生通过反思自己的学习情况，提高了对自律的认识，意识到提升自律能力的重要性，学生对学习的焦虑情绪也得到某种程度的缓解。从师生互动中可以看出，学生开始思考学习的意义，认识到自律缺乏的原因，开始从自身角度思考解决方法。

（二）教师成长

促进了教师的个人成长。比如，通过对此课程的深入研究，笔者撰写的治班策略获双流区治班策略二等奖，班会课"不做手机奴"获双流区主题班会二等奖，笔者获双流区第八届班主任技能大赛综合一等奖。

（三）问题与改进

本课程仅在小范围内进行了试用，应该扩大使用范围，且不同地区不同学校的学生会各有其针对性。

成都信息工程大学常乐实验学校　蒋佩岑

好学近知，有难必克

—— 初中生好学积极品格的培养探究与实践

学习是学生的要务，更是每个人终生随行的事。习近平总书记针对青少年教育发表了一系列富有时代性、开创性的论述。总之，学校教育仅围绕教书育人的方寸之地是不够的，引导、帮助和促进学生积极学习、主动探索、有效实践是新时代育人的刚需。教育是唤醒、呵护学生的好学潜能，更是挖掘其好学天性的重要活动。初中是人格养成关键期，此时若能帮助学生将其好学潜能固化为积极品格，可为其打下终身学习的良好基础。

一、研究背景

（一）政策依据

党的二十大报告将教育、科技、人才定位为全面建设社会主义现代化国家的基础性、战略性支撑。教育是科技创新和人才培养的基础。自主学习、终身学习是推动人才培养和教育发展的核心力量，建设人才强国需要最大限度发挥人的自主性、创造性以及创新性。因此，在育人过程中，引导学生热爱学习、帮助学生爱上学习显得尤为重要。

（二）理论依据

从人类学的角度来说，一个人发展的基本维度是看其接受知识的程度。个人在社会中的适应程度取决于其具备的能力和本领，而能力和本领需要通过学习来获得。善于学习对于个人发展和社会发展都是十分必要的。

从积极心理学角度来说，积极心理能够帮助个体达到自我实现的目标，同时自我实现也会促进积极心理因素与体验的产生，从而形成正向循环，进一步促进个体持续采取积极行动以实现更高的目标。学习是个人成长的激情、愿望和动能。教育是要促进人的发展，就需要不断激发学生的学习热情和兴趣，不断增强学生自主学习的意愿和能力。

（三）实践依据

初中阶段学生的身体和心理都处于快速发展阶段，学习任务陡增对学生是一大考验。实践表明，初中生的学习积极情绪与喜爱学习、主动学习、有效学习、积极开放学习呈正相关关系。在实际教学过程中，亟须帮助学生树立积极的学习态度，引导学生体验学习的快乐，改善学生的学习体验。

三、课程主题

（一）课程性质

品格培育是德育课程中的重要内容。品格是个体在遗传和后天环境的交互作用下形成的道德品格、人格特质以及社会性方面的情感、认知与行为特征。品格教育帮助学生学会做人、做事、与人共处。从国家层面来看，品格教育是培育和践行社会主义核心价值观的重要途径，是落实立德树人根本任务的基础，开展品格教育才能为国家培养出德才兼备的社会主义建设者与接班人。

（二）好学品格内涵

综合社会学、教育学以及中国传统文化思想对好学的阐释，本文认为好学是一种主动追求学问的情感和态度，以及付诸行动的认识世界的过程，包括学习知识技能及完善自己的道德品质。根据这些阐述，我们归纳了好学品格的主要特征，如表1所示。

表1 好学品格的主要特征

特征	内涵
好奇心	对未知的事物充满好奇，愿意探索和学习新知识、新经验
求知欲	不满足于现状，不断寻求提高和成长的机会
勤奋	愿意投入时间和精力去学习
意志力	不畏困难和挑战，具有毅力和耐力
自我驱动	不断推动自己去追求更高的目标，不轻易放弃
开放心态	愿意接受新思想、新知识和新技能，不断拓宽自己的视野
创新思维	能够思考和解决问题，不断寻找新的解决方案和创新点
自我反思	能够评估自己的知识和能力，寻找自己的不足之处并加以改进

三、课程建设实施

(一)确定课程要素

基于前述探究,结合课程理论的基本要求,确定建设以好学为主题的品格养成系列主题班会课程,并从课程的目标、内容、模式、实施、评价五要素建构课程,如表3所示。

表3 好学品格养成系列主题班会课程要素

课程要素	具体内容
课程目标	认知:通过主题班会,帮助学生深刻理解好学品格的内涵和价值 方法与技能:通过主题班会和实践,帮助学生掌握愉快学习的方法 体验与实践:通过实践活动,促使学生感受好学的积极能量,将好学付诸实践,养成好学品格
课程内容	好学品格养成系列主题班会
课程模式	通过活动课程、综合实践课程的模式实施品格教育,实现感知、内化及实践
课程实施	由学校德育安全处主导、教务处协同,以班主任为主的学科教师、其他教职工组成实施团队,利用班会课、在校期间、校外学习时间实施品格教育。同时要求有完备的活动方案和设计、突发情况预案等
课程评价	评价方式:多元主体(教师、同学、家长、本人、社区、学校) 评价方法:定量和定性相结合 评价呈现:学生品格成长档案

(二)设计课程主题与内容

课程要素的确立是建构课程框架的前提,因此,在前文的基础上,结合各年级学生实际,设计以下课程主题与内容(如表4所示)。

表4 好学品格养成系列主题班会课程主题与内容

主题	学习目标	年级	主要内容
因学而乐,在乐中学	引导学生表达释放当下学习的情绪并体验不同学习态度下的不同感受,最终学会调整学习状态,以积极态度对待学习	七年级	1.由学生真实学习体验导入,引导学生表达自己对待学习的态度 2.回忆自己曾有过的正向学习经历 3.通过正念呼吸法和制作"趣打学习疲劳怪"卡片赶走干扰学习的负能量,积极面对学习

续表

主题	学习目标	年级	主要内容
学能得法，习而自得	分享日常学习困惑，学生寻找解决学习困难的要领。在活动交流中制定属于自己的学习秘方，提升学习信心	八年级	1. 课前交流学习近况，梳理最近的学习情况，找出学习困惑，课上相互分享 2. 通过活动"有问必答"，同学间提出困惑后，互相解决困惑，并对解决方法有效性给出评价，而后总结归纳出最佳方案 3. 对应不同学习困惑的不同解决方案，制作自己的学习秘方卡并"邮递"给偶尔身处困境的自己，找到学习信心
巧学得道，习以成惯	学生通过分解学习步骤，认识到达成学习目标所需的路径。认识到做读书笔记、错题集册、使用工具书等学习习惯的重要性，并逐渐贯穿于学习中	八至九年级	1. 由"整体与部分"几何游戏导入，学生充分认识整体功能的发挥需要每一个构成部分有序并有机展现各自的功能，缺一不可 2. 小组合作，绘制学习达成结构图，展示并阐述绘制缘由，投票决出最佳图示（可多选） 3. 由学习达成结构图，学生制作"学习习惯要素"卡片，通过活动选取自己最需要的要素贴给自己并监督打卡（每日/每周）完成

（三）课例实施

以"因学而乐，在乐中学"主题班会课为例，通过调查学生的学习动机、学习方法及学业水平，进行班会课设计与实施。（如表 5 所示）

表 5 "因学而乐，在乐中学"主题班会课例设计与实施

课前说明			
活动主题	活动主体	活动前提	课程目标
因学而乐，在乐中学	七年级学生	帮助学生表达自己对学习的情绪和感受，寻找与学习相处的最佳方式	1. 引导学生表达自己对学习的感受，释放对学习的情绪 2. 带动学生体验对学习的不同态度带来的感受，引起对学习的新态度 3. 学会调整自己的学习态度，以积极的态度对待学习
课中学习						
环节	内容	任务	方法	思政	资源	评价
（一）导入：学习遇生活	观看趣味视频《初中生学习现状》	学生对照自己是否有过相似状态	自主学习	学生感受生活中自己的学习现状	视频《初中生学习现状》	/

续表

(二)学习遇学生——千万种的爱恨心	请学生扮演喜欢学习和厌恶学习的两种学习者角色,体会在不同情境下的行为与情绪	根据学生喜欢学习和学生厌恶学习两种情境,记录下表演后的感受	小组合作	学生初步建立起乐于学习的心态	表格材料:不同情境下"学习"的感受和行为	哪种相处方式在现实生活当中可能会比较有帮助?
(三)学习遇快乐——经历过的小确幸	学生抽取快乐学习经历卡片,回忆自己是否有过类似经历	学生抽取卡片,回答相应的问题,并简单分享自己的经历	小组合作	学生回顾幸福的学习经历,体会学习中的乐趣	卡片材料:不同的快乐学习经历你是否有过?	学会用正念呼吸法去面对学习中的困境
(四)学习遇困境——我是威武的魔法师	学生用正念呼吸法和"趣打学习疲劳怪"卡片打败负面学习情绪	学生观看《小鱼呼吸》视频,让内心平静,默念"学习让我成长,学习使我快乐",完成"趣打学习疲劳怪"卡片,在班内展示分享	学生观看练习,完成分享	学生放下学习中的负面情绪,从心理上驱赶学习负能量	1.视频材料:《小鱼呼吸》 2.卡片材料:彩色卡片"趣打学习疲劳怪"	分享自己的"趣打学习疲劳怪"卡片内容和自己快乐学习的方法
(五)课堂小结	1. 请学生总结本堂课的收获,教师指导点评 2. 学生自行选取形式对"趣打学习疲劳怪"卡片做保存、放飞或抛弃等处理,赶走干扰学习的负能量					

四、建设成效

(一)成果

形成了阶梯式的初中学生好学积极品格培养三步法,即:明确正向学习动力,找准学习目标;获得学习成就,正向评价学习价值;养成良好学习习惯,获得持续积极的学习能量。

有效帮助师生建立积极心理资本,抵抗学习倦怠,提高了师生的学习成就感。

（二）效果

初中学生的学习积极性有效提升，学生的学习自主性和主动性较之前有明显改善。大部分学生能发现自己的学习优势并积极评价自己的学习收获。

各年级中的随班就读生积极学习的优势潜能得以生长，能建立起自己的学习自信心，更好地认识自己，接纳自己，提升自己。

成都市双流区公兴初级中学　张华川

传承中华美德·建设美好生活

——中职学校感恩品格教育系列班会课程建设实践

本文聚焦中职学生成长，以感恩品格教育为主题，开展系列班会课程建设实践，传承中华民族的传统美德，培育学生感恩品格，促进学生个体成长、家庭和谐，激发学生爱党、爱国家、爱民族的情感，树立技能报国的理想信念，努力学习，用行动回报父母、回报社会，成为个人美好生活的奋斗者、人民美好生活的建设者。

一、研究背景

（一）政策依据

《中小学生守则（2015年修订）》明确提出学生要"孝亲尊师善待人"，蕴含着要求学生学会感恩老师、亲友和他人的具体要求。中国学生发展核心素养十八个基本点中的社会责任也强调孝亲敬长，有感恩之心。《中华人民共和国家庭教育促进法》要求教育未成年人崇德向善、尊老爱幼、热爱家庭，培养其良好社会公德、家庭美德、个人品德意识。可见，感恩一直是国家要求、社会提倡、学生需要的重要品格。

（二）理论依据

根据美国社会学家彼得·布劳的社会交换理论，感恩可以被视为一种回报的形式，当一个人感到被他人帮助或支持时，会产生一种对他人的感恩之情，并希望通过回报来维持这种关系。而根据马丁·塞利格曼积极心理学的观点，感恩是一种积极情绪和心理状态，能够促进个体的幸福感和心理健康。因此，感恩是人在社会交往中必需的一种积极品格。中职学生养成感恩品格可以更好地体验到乐观、喜悦、满足、希望等积极情绪，从而提升个体的心理健康指数和幸福感。

（三）实践依据

为了解中职学生感恩品格的发展水平，特对成都电子信息学校旅游专业 800 余名学生进行问卷调查和访谈。结果显示学生对父母的生养之恩和教师的传道授业解惑之恩的理解度、认同度、回报度高达 100%；但对其他感恩对象如环卫行业工作者、建筑行业工作者以及其他行业的工作者所提供的劳动和服务则缺乏认知，不能建立感恩情感联结；对革命烈士、英雄先烈或者现役戍边军人的感恩认知及情感较为薄弱；对感恩的表达方式单一，大多数人将感恩与感谢混淆，尚未建立起施恩、传递、回报等表达感恩的方式。因此需通过课程对学生进行深刻启发，拓宽学生对感恩对象和方式的理解，并使其能付诸感恩实践，养成感恩品格，做一名中华美德的继承者和发扬者。

二、感恩品格

（一）品格内涵

社会学、心理学、哲学等领域对感恩内涵有着不同的界定。社会学认为感恩是一种情感，是个体在道德、社交、精神的一种响应，表现为对他人好意、关心的感激之情；积极心理学则将感恩视作一种情感和认知状态，涉及对生活中积极因素的感激和认可，包括对他人的善意、对自然界恩赐的感恩等；哲学则强调感恩与道德、责任和义务有着紧密的联系。综上所述，感恩不仅包含思维层面的认知，还包括情感层面的感受等。

（二）品格培育

结合中职学生实际，对感恩品格的培育可以从由低到高、由浅入深的四个层次来进行，即体验和认知、感受和感激、回馈和善行、价值和裨益（如表 1 所示）。

表 1 感恩品格培育层次

培育层次	含义	表现
体验和认知	体验和感知来自他人的善意行为和自然界的恩赐	朋友和家人的支持、陌生人的友善举动、日常生活中的美好瞬间等
感受和感激	真正感受到善意行为的好处，并产生一种深刻的、能带来积极情绪体验的感激之情	满足感、幸福感和内心的平静
回馈和善行	接受好处，并分享财富、时间和资源，以回报所受好处	行善、帮助他人、关心社区和环境等

续表

培育层次	含义	表现
价值和裨益	互相信任和理解，建立和加强人际关系，降低焦虑抑郁水平	建立亲密的友谊，维护家庭关系，以及在学习和社交环境中建立良好的合作关系

（三）品格课程

感恩品格课程属于中职德育的校本课程，是将班会课和实践活动相结合的一种针对性课程，旨在对学生进行德育，辅助学科教育，以促进学生良好品格的形成。

三、建设实施

（一）确定课程要素

基于前述探究，结合课程理论的基本要求，确定建设以感恩为主题的品格教育系列班会课程，并从目标、内容、模式、实施、评价五要素建构课程，如表2所示。

表2 感恩品格教育系列班会课程要素

课程要素	具体内容
课程目标	认知：通过主题班会，学生能深刻理解感恩品格的内涵和价值 方法与技能：通过主题班会和实践活动，学生掌握表达感恩的方法 体验与实践：通过实践活动，学生体验到感恩的情绪价值，付诸感恩行动，养成良好品格
课程内容	传承中华美德·建设美好生活——感恩品格教育系列班会
课程模式	认识—理解—实践
课程实施	实施部门及人员：学校德育安全处、教务处 实施人员：班主任、科任教师、其他教职员工 实施时间：班会课、社会实践时间和其他公共德育教育时间 实施要求：活动方案和设计、安全预案等
课程评价	评价方式：多元主体（教师、同学、家长、本人、社区、学校） 评价方法：定量和定性相结合 评价呈现：学生品格成长档案

（二）搭建课程框架

课程要素的确立是建构课程框架的前提，因此，在前文的基础上，结合对感恩品格内涵的解读，形成了如下课程框架（如表3所示）。

表 3 感恩品格教育系列班会课程框架

课程名称	课程模块	内涵	主题	目标	课时
传承中华美德·建设美好生活——感恩品格教育系列班会	（一）认识感恩	体验和认知：体验和认识生活中的美好瞬间	感恩的概念	认识感恩的基本概念，通过事例体验感恩瞬间，激发情感共鸣	课时1：我与感恩的初遇
			感恩的类型与对象	认知感恩的种类，通过事例体验感恩对象的多样性，引发对回报施惠者、他人和社会的认同与思考	课时2：感恩行为大发现
					课时3：不做忘恩负义之徒
	（二）理解感恩	感受和感激：在情感层面激发感激之情，体会感恩的价值	感恩与人际关系	感受人际关系中存在的感恩情感，理解感恩与人际关系的关系，促进形成和谐的人际关系	课时4：感恩——家庭关系的增甜剂
					课时5：感恩——班级和睦的营养液
			感恩与社会互助	感受社会生活中存在的感恩情感，理解感恩与社会互助的关系，促进形成互助社会	课时6：感恩——和谐社会的基石
			感恩与跨文化	感受跨文化情境下感恩的不同情感，打破感恩的文化壁垒	课时7：感恩的心不分国界
	（三）实践感恩	回馈和善行、价值和裨益：通过善行回馈他人、社区、社会，自己也获得幸福	感恩练习	通过感恩日记、一封家书、感恩拜访等形式向他人和自己表达感恩，强化感恩的积极情绪，促进生成感恩行为	课时8：我的感恩日记
					课时9：一封家书寄父母
					课时10：一次感恩拜访
			志愿者服务	通过校园志愿者活动、社区服务，向他人和社会实践感恩，从而深入理解感恩的价值，延伸感恩的意义	课时11：校园志愿者服务
					课时12：社区志愿者服务
			感恩报告	通过调查身边的人和事，体会感恩、心理健康和社会和谐幸福的关系，体会感恩的价值与裨益	课时13：感恩与幸福大调查
					课时14：我的感恩实践报告

（三）课例实施

以"一封家书寄父母"主题班会课为例，教师通过调查学生与父母的关系，实施主题教学，不仅要帮助学生认识父母之爱的无私与包容，激发感恩之情，更要达成用家书表达感恩的实践行动。班会课以学生熟悉的父母角色制作微视频进行导入，进而按照"认识—理解—实践"的课程模式展开。活动的最后，请学生贴上邮票，老师作为"邮差"为学生投递家书，让情感升华和落地。

四、建设成效

（一）学生变化

感恩课程促使学生生活行为和学习行为发生了改变。生活行为变化诸多，如个人物品摆放更加整洁，占用公共空间者减少等。此外，学习动力和积极性明显增强。

学生心理健康状况改善，情绪更加积极，如面对较多课业时由怨天尤人变为欣然接受。班级互助凸显，形成了良好的班级氛围。通过学生品格成长手册的家长评语和家长回访可明显看到亲子关系也得到显著改善。

（二）教师成长

感恩品格教育系列班会课程的建设，促使班级教师对积极心理学及二十四项积极品格认识更加清晰，对班级学生的品格成长情况更为了解，且在课程实施过程中，逐步提升了班主任运用德育课程育人的能力和课程建构能力，同时也取得了可喜的德育成果。

（三）问题与改进

在课程建设的过程中，因实践条件的限制，教师只调研了中职旅游专业学生的情况，样本数量较少，且因不同年级学生年龄、认知存在差异，对课程效果的检验还不够充分，因此本课程在推广应用过程中需根据学情适当调整。

结束语

课程是引领学生成长的基石，当前学科课程致力培养学生素养，德育课程也应紧随其后，感恩品格教育课程的建设正是在这一领域的积极探索，希望经过反复实践，不断修正和完善课程内容，并将社会主义核心价值观、积极心理学的二十四项品格都开发建设为校本课程，形成具有推广应用价值的课程体系。

成都电子信息学校　贠欣

小学"三色"劳动课程体系建设实践

劳动教育是全面贯彻党的教育方针的基本要求，是实施素质教育的重要内容，是培育和践行社会主义核心价值观的有效途径。《义务教育劳动课程标准（2022年版）》指出，劳动教育是发挥劳动的育人功能，对学生进行热爱劳动、热爱劳动人民的教育活动，是中国特色社会主义教育制度的重要内容，是全面发展教育体系的重要组成部分。四川大学西航港实验小学以发展学生核心素养、落实立德树人根本任务为导向，主张将学生的劳动认知与劳动实践结合起来，构建了具有学校特色的"三色"劳动校本课程体系。

一、研究背景

（一）政策依据

2018年9月，习近平总书记在全国教育大会上发表重要讲话，提出要"坚持中国特色社会主义教育发展道路，培养德智体美劳全面发展的社会主义建设者和接班人"。习近平总书记高度重视劳动教育，强调必须牢固树立劳动最光荣、劳动最崇高、劳动最伟大、劳动最美丽的观念。2020年3月，中共中央、国务院印发《关于全面加强新时代大中小学劳动教育的意见》，明确新时代加强劳动教育必须以习近平新时代中国特色社会主义思想为指导，坚持立德树人，把劳动教育纳入人才培养全过程，促进学生形成正确的世界观、人生观、价值观。学校教育工作者更要厘清新时代劳动教育的价值，培养适应新时代的社会主义建设者和接班人。

（二）理论依据

根据人本主义理论，小学劳动教育的资源开发应该以学生为中心，立足发展学生的实践能力和培养学生的劳动意识，满足学生个性化和多元化的需求，让学生在劳动实践中得到自我发展和成长。劳动教育的最终目的是让学生具备幸福生活的能力。学校教育要注重在劳动教育中培养学生的品格意志，使学生学会做事、学会生存、学会做人，使学生通过劳动强身健体的同时，具备自身成长和社会发展所需要的核心素养，以成就更加幸福圆满的人生。

（三）实践依据

义务教育劳动课程以培养学生的核心素养为导向，围绕日常生活劳动、生产劳动和服务性劳动三大领域，以任务群为基本单元，构建内容结构。劳动课程内容在三大领域内共设置 10 个任务群，旨在全面提高学生的劳动素养，包括劳动观念、劳动能力、劳动习惯和品质、劳动精神。课程体系包括劳动文化、劳动实践、劳动审美和劳动创意四大课程板块，每个板块兼顾基础性的基础课程与延伸性的拓展课程，体现选择性与差异性。劳动课程是推动学生"做中学""学中做"的重要实施载体。

二、劳动教育的课程标准

（一）解读国家课程标准

对于劳动课程开设，《义务教育劳动课程标准（2022 年版）》明确要求，中小学劳动教育课平均每周不少于 1 课时，劳动周一般每学年安排 1 次，劳动必修课和劳动周相互补充、拓展。同时，学校要对学生每天课外、校外劳动时间作出规定。

《义务教育劳动课程标准（2022 年版）》对劳动课程内容的设置做了明确指示，即以培养学生核心素养为导向，体现劳动素养的四个方面，即劳动观念、劳动能力、劳动习惯和品质、劳动精神，围绕日常生活劳动、生产劳动和服务性劳动，以任务群为基本单元构建内容结构，让学生在劳动实践过程中形成适应个人和社会发展所需要的正确价值观、必备品格和关键能力。

《义务教育劳动课程标准（2022 年版）》还规定各学校在进行劳动校本课程开发时可根据办学实际条件，并结合学校办学理念，参考劳动教育项目清单设计校本化劳动清单，做到课程内容上能全面覆盖日常生活劳动、生产劳动以及服务性劳动。

（二）明确学校课程标准

劳动是人类社会存在和发展的基础，是实现自身价值的重要途径。劳动教育课可以帮助学生树立正确的劳动观念。通过参与劳动，学生可以深刻体验到劳动的辛苦和重要性，从而树立起尊重劳动、尊重劳动者的观念。同时，劳动教育还可以引导学生树立正确的职业观念，培养他们选择合适的职业并为社会做出贡献的意识。在劳动过程中，学生会接触到各种社会问题，通过劳动课程的学习，学生可以了解到这些问题的根源和解决方法，同时也能够认识到自己应该承担的社会责任。通过这些实际行动，学生将逐渐形成关心社会、关心他人的良好品质。学校开设劳动教育课对培养学生劳动意识、职业道德和社会责任感具有重要作用。通过学习劳动教育课，学生能够树立正确的劳动观念，培养良好的职业道德，增强社会责任感，并培养创新能力。这些都将为学生将来的职业生涯和社会发展做出积极的贡献。

依据上述目标以及成都市和双流区相继出台的《成都市大中小学劳动教育项目清单》和《双流区义务教育学段劳动项目清单》，学校本着落实、落细、落小的原则，结合当地和本校实际情况，聚焦"劳动清单"引领，制定出全面覆盖日常生活劳动、生产劳动和服务性劳动的校本化劳动清单，以促进劳动教育课程标准的扎实落地。在制定校本化劳动清单时需要考虑学生的实际情况和年龄特征，应根据学生的年龄、性别等来确定不同的教学内容。

（三）"三色"劳动课程框架

依据《义务教育劳动课程标准（2022年版）》和《双流区义务教育学段劳动项目清单》，结合四川大学西航港实验小学"让每一朵花绽放出自己的色彩"的育人理念及育人目标，学校融合日常生活劳动、生产劳动、服务性劳动，打造出了富有学校特色的"三色"劳动课程，即蓝色课程——日常生活劳动，绿色课程——生产劳动，红色课程——服务性劳动（如图1所示）。

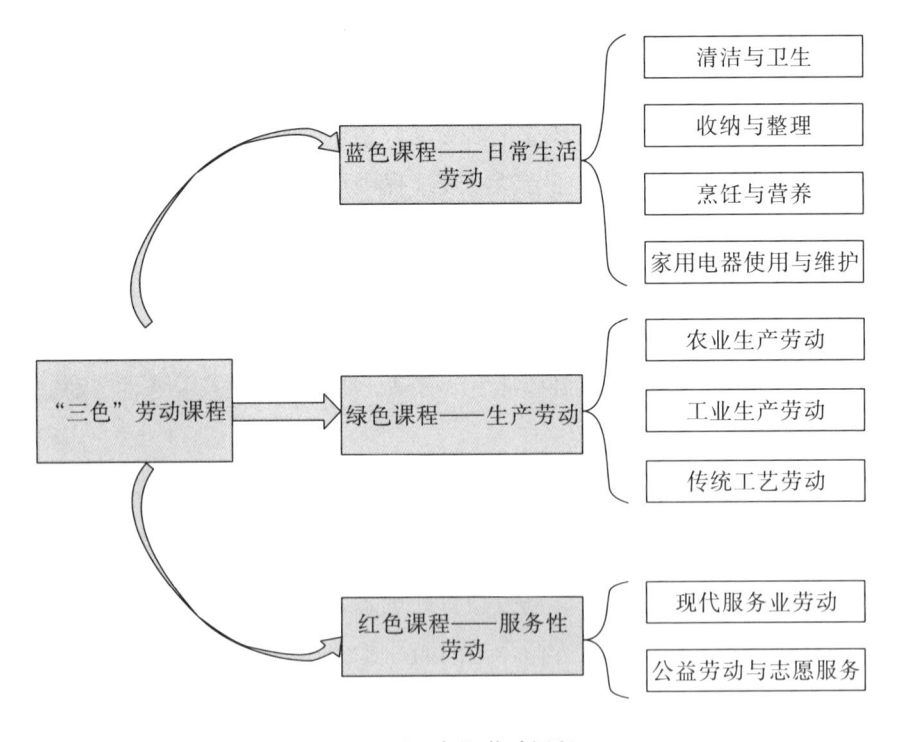

图1 "三色"劳动课程

三、"三色"劳动课程的建设实施

（一）建立组织机构

学校在社区党组织的领导下设立了以社区党支部和学校党支部为指导，学校劳动教育分管副校长为主负责人，德育处牵头，各班班主任和学校劳动教师强强联手，紧密联系各家庭的层级劳动教育协同育人统筹机构。

"社区＋学校"的层级机构，构成了学生劳动教育的学校教育体系和社区支持的外围支撑体系，有利于校社协同育人，最终达成合力育人的目标。

（二）设计课程清单

学校劳动教育在教研组的带领牵头下精心安排了涵盖日常生活劳动、生产劳动、服务性劳动三大领域且符合各年级孩子身心发展特点的劳动课程内容清单，并由学校专兼职劳动教师承担相应劳动教学任务。

（三）家校社协同课程

根据校本课程开设的协同性原则，学校坚持家校社协同育人，家庭是基础，学校是主导，社会是支撑。学校在必修课和劳动周的基础上延伸和拓展劳动教育活动，以学校、小区、社区为场所依托，开展了形式多样、内容丰富的特色志愿服务活动。

劳动观念、能力、习惯、品质、精神都只有在长期的实践中才能落实。学校一直坚持多途径、多方式地扎实开展劳动实践活动，让学生在劳动实践中增强劳动核心素养。

四、建设成效

（一）成果

教师成长喜人。学校的黄英老师先后担任双流区劳动教育中心组组员、双流区劳动教育工作坊坊主，并负责双流区劳动教研活动，献课"巧手理课桌"。由她撰写的劳动协同育人案例《一体两翼多联动，协同赋能共劳育》荣获成都市陶行知研究会第七届学术年会论文特等奖。同时，学校劳动工作坊成员积极参加四川省作业设计大赛，获得四川省一等奖1次、二等级1次，成都市一等奖1次、二等奖2次、三等奖3次。

（二）效果

学校在现有的劳动课基础之上，增加了劳动必修课、劳动周、劳动月，相互补充拓展，学校的劳动教育涵盖了生活劳动、生产劳动、服务性劳动三大领域。德育处对学生每天、每周、每月的校外劳动时间作出规定，学校成立劳动工作坊，建立了"三色"劳动课程体系，并根据《双流区义务教育学段劳动项目清单》开发符合本校的劳动教育特色校本读本《以劳为荣 美德炫彩》，切实保障劳动课程的正常开展。

（三）问题与改进

受学校区域的限制和人数的限制以及家庭劳动课程落实不到位等原因影响，学校学生的劳动习惯、生活能力和劳动技能落实到个人日常学习生活方面相对较薄弱。因此，因地制宜开展劳动教育、补齐学校劳动教育短板是学校当前需要着力改进的地方。

四川大学西航港实验小学　黄英　王莉莉

第四篇　协同育人

党的十八大以来，在习近平总书记关于教育的重要论述指引下，新时代教育坚持党的全面统一领导，通过国家层面的法律和政策统领，理论层面的中国特色教育学的建设和引领，实践层面的体制机制改革以及围绕德智体美劳五育融合的系统性课程改革，社会层面的教育环境治理等改革举措，深化科教融汇、产教融合，在政府、学校、家庭、行业、企业以及社会各界之间凝聚共识，促进家庭教育、学校教育与社会教育之间的有机衔接，形成全员、全过程、全方位的三全育人新生态新格局，落实立德树人教育根本任务。

在本篇所呈现的实践案例中，来自职业教育、普通教育各学段的教师们从学校实际和学生发展出发，立足工作岗位，对家校社协同、校企合作、政企校会研等跨界合作育人策略开展了有效探索。有关于家长志工队伍的培育、机制建设及活动开展的；有围绕家风家训家教建设，重点探讨和谐亲子关系、家校协同育人的；有重点探讨家长会的策略优化，使家长会真正成为凝聚教育合力重要桥梁的；有探讨家长参与班级治理的平台及机制建设以及开展家庭教育指导服务实践的；有以劳动教育为主题探索家校社协同模式的。在探索协同育人方面，职业教育因为与社会建设、经济发展和产业升级关系紧密而具有得天独厚的优势。教师们借助中职学校的专业优势，探索职普融通、中高职衔接等职业教育新机制，依托成都市中职学校电子信息专业职教集团的平台，深度推进产教融合，实践"1+X"证书制及现代学徒制，探索校企"双元"育人新模式，共同担负起培育新时代产业大军的重要使命。

凝聚家校合力 共育时代新人

——以双流永安中学高中班级协同育人实践为例

面对新时代的机遇和挑战，教育改革必不可少，其中一项改革就是为学生提供良好的成长性支持环境。家校如何有机地衔接、协调、统一，形成育人合力，是教育改革中的一项重要话题。本文结合农村普通高中学生实际，通过探索家庭教育指导和家长志工建设，寻找家校协同育人的有效途径与方法，助力学生创赢未来，真正实现"为党育人、为国育才"的目标。

一、研究背景

（一）政策依据

党的二十大报告指出，要健全学校家庭社会育人机制，培养德智体美劳全面发展的社会主义建设者和接班人。2022年实施的《中华人民共和国家庭教育促进法》指出，家庭教育应当同学校教育、社会教育紧密结合、协调一致，中小学校、幼儿园应当根据家长的需求，邀请有关人员传授家庭教育理念、知识和方法，促进家庭与学校共同教育。2023年，教育部等十三部门发布的《关于健全学校家庭社会协同育人机制的意见》指出，明确学校家庭社会协同育人责任，完善工作机制，促进各展优势、密切配合、相互支持，共同担负起学生成长成才的重要责任。

（二）理论依据

著名物理学家赫尔曼·哈肯提出了协同理论，该理论强调团队合作和共同努力的重要性，当团队成员之间相互协作、互相支持时，团队可以更有效地实现共同目标。家校社协同育人正是基于这一理论，以生命共同体为理念，以合作、互助和共同学习为基础，以学习者本身的发展与学习为主线，健全学校家庭协同育人机制，构建学校家庭协同育人的良好教育生态。

（三）现实依据

双流永安中学作为一所农村普通高中，一直践行现代平民教育理念，让每一个学生享受公平的教育，实现学生全面发展。

通过问卷调查发现，学校学生大多来自农村，生活自理能力比较强，思想健康积极向上，普遍有强烈的发展愿望。但由于学业压力大、家长不理解和亲子沟通效果不佳等问题，学生自信心、创新能力不强；家长缺乏对学生心理健康的及时关注和抚慰，导致学生容易出现心理疾病；家长对职业理解存在偏差，导致学生没有明确的职业规划。家长文化水平主要集中在专科学历，职业多元，很多家长在自己的领域有一定的成就，但因对当下时代背景的分析不够，育人理念与育人目标与学校不统一，家长"专制"现象比较明显；家长对家校协同育人的理解不够，没有形成双向的有效合作。因此，建立家校协同育人机制势在必行。

二、协同育人内涵

（一）协同育人概念

广义的教育是指增进人的知识技能、影响人的思想品德的一切活动。学校教育是指在学校中实施的教育，具有系统的育人目标、规范的管理制度和规定的教学内容。家庭教育是指父母或者其他监护人为促进未成年人全面健康成长，对其实施的道德品质、身体素质、生活技能、文化修养、行为习惯等方面的培育、引导和影响。协同育人是一个综合性的教育理念，指学校、家庭或社会从学生成长的需要出发，在不同的环境，利用不同群体的优势共同对学生进行教育。

（二）协同育人目标

以学校教育为引领，家庭教育协同，两者相互配合、相互支持、优势互补，构建家校协同育人体系，共同促进学生全面发展。

（三）协同育人路径

家校协同育人以家委会作为链接，以"育人为本、学校统筹、协同共育、问题导向"为工作原则，以学生发展为目标，结合各自优势，在学校引领下有序进行。

其步骤为培训学习，统一教育认知——分工合作，践行育人活动——分享交流，辐射育人团队。

其内容为主题学习提升家庭教育能力、职业介绍引导学生生涯规划、亲子活动陪伴治愈学生心理、交流分享辐射家长成长。

三、协同育人实践

（一）机制构建

家委会作为家校合作的桥梁和纽带，是双方有效沟通与合作的平台。

1. 家委会机构建设

班主任召开家长会明确家委会成立的目的及职能分工，公开招募家长志工组建班级家委会，同时由班主任推荐家长志工加入年级、校级家委会，形成"学校—年级—班级"三级家委会，并建立微信群、QQ群等作为公共交流平台。

2. 家委会制度建立

制定班级家委会制度，首先要明确家委会的职责和工作内容，基于校级家委会章程，结合班级情况，充分听取家长志工对班级管理的意见和建议，形成班级家委会章程，以明确工作内容、规范工作行为。

家委会负责及时沟通家校事务、协调家长志工的工作分配和调度、利用"家长开放日"全面督促学校各部门工作、组织家长志工学习交流等。家长志工负责参与各种学习培训活动，协助学校、班主任进行班级管理，结合自身的优势资源开展育人活动。

（二）学校开展家庭教育指导

1. 开展学习培训提升家庭育人能力

学校成立家长学校，通过学校心理教师团队开展家庭教育培训、专家讲座等方式，借助家庭教育书籍和育人平台，帮助家长志工树立科学的家庭教育观念，了解高中阶段孩子的心理特点及与孩子有效沟通的方式，做到真正理解孩子，提升家长志工的家庭教育能力。

2. 召开家长会促进亲子沟通理解

家长会是学校进行家庭教育指导的主要途径，是帮助教师、家长、学生达成协同的心路之旅。高中阶段，班主任、家长志工协同组织，共同筹备召开"沟通，从心开始""赏识您的孩子""高考加油站"等系列主题家长会。家长会上借助团体心理辅导活动"你说我画""肢体语言大传递""信任背摔"等，帮助家长们理解了孩子们的学习困惑。通过亲子互动活动，家长们体会到了孩子成功瞬间的喜悦，学会欣赏孩子，关注孩子生命的进程，进而转变家庭育人视角，即从关注孩子分数到关注孩子成长，注重培养孩子健全的人格。

3. 组建"家庭教育咨询室"辐射更多家庭

为了让家庭教育更好地开展，班级借助家长群平台让家长志工和教师一起组建

"家庭教育咨询室"，家长们可以在群里提出自己的家庭教育困惑，由班主任负责给家长们分配可以解决问题的教师或家长志工，进行一对一或一对多的沟通交流。班主任针对班级学生的一些共性情况，如周末如何管理孩子的手机、如何培养孩子良好习惯等问题组织家长们进行交流发言。家长们在共同探讨的过程中实现思维的碰撞，收获更多育人经验，更大程度地发挥育人平台的育人功能，提升协同育人的效果。

（三）家长志工协同参与学校育人活动

班级教育中，家长的参与既能为孩子提供情感支持和道德引领，也能充分利用家长的社会资源对学生进行生涯规划指导，帮助学生理性选择未来的人生方向。

1. 家长志工利用优势资源开展生涯规划指导

高中生大部分时间在学校度过，对社会现有职业了解不全面，对大学及专业选择没有明确的方向。班级通过"走出去、请进来"的方式，利用家长志工的优势资源对学生进行生涯规划指导。如孩子们"走出去"到了永安红提农场，由家长志工给孩子们介绍红提的培育、生长、成熟等知识；又如到花卉种植基地参观了解花卉的培育、养护过程，家长志工为孩子们讲解花艺并让其体验插花。在这些活动中，孩子们增进了对家长的了解，拓宽了对职业的认知，更好地体验社会、亲近自然、开阔眼界、增长见识、提高素质。再如班级充分利用主题班会，通过"请进来"的方式邀请担任医生、大学教授、美容师、飞行员、军人等职务的家长志工进行职业介绍，帮助学生点燃梦想之灯，对自己的人生做出清晰的规划。

2. 家长志工利用空闲时间关爱留守儿童

班级部分学生家长长期在外务工，陪伴的缺少及隔代教育有效沟通的缺乏，容易导致这些学生内心封闭，缺乏爱和交流的主动性。针对这些情况，班级家委会充分发挥家长志工的力量，利用假期开展"联合家庭日"活动，为这些孩子带来陪伴和关爱，帮助他们走出孤独，重拾自信。

四、实践成效及思考

（一）协同育人成果

经过家校协同育人实践，多名学生先后被评为市区级"三好学生"、优秀学生干部、优秀团员，部分班级先后获评市区先进班集体；部分班主任及科任教师被评为市优秀班主任、市优秀德育工作者；优秀家长志工应邀在成人仪式、年级家长会等重要场合交流发言。

（二）协同育人效果

通过实践探索，班级学生培养了乐观积极的心理品质，心理问题大大减少，实践能力和综合素质得到有效提升；家长的亲子沟通能力增强，家庭教育能力有大幅提升，更加理解和认同学校育人目标；学校和教师协同育人引领力增强，能够联动多元主体为学生营造出健康和谐的成长环境，让学生无论在校还是在家，都可以获得良好的教育。

（三）思考及改进

在实践中，我们也遇到了一些困惑，如学生届届更替使得家长志工的培养很难固定，课程的设置难以体系化。因此，学校需要建立长效机制，设置必培课程和选培课程，让家庭教育指导实现体系化、具有针对性，实现家长志工的延续发展。

四川省双流永安中学　熊敬娟　郭俊梅

以会为介搭桥梁 家校携手共育人

——中职学校家长会策略优化

家长会是达成家校育人共识的重要桥梁，是形成教育合力的关键载体。本文以中职学校为例，针对当前家长会存在的吸引力不足、含金量不高、实效性不佳等问题，探讨家长会各个环节的创新与优化策略，进行系统设计，以期提升家长会的实效性。

一、问题的提出

（一）政策依据

2023年，教育部等十三部门发布的《关于健全学校家庭社会协同育人机制的意见》明确指出，要认真贯彻落实习近平总书记关于教育和注重家庭家教家风建设的重要论述，增强协同育人共识，积极构建学校家庭社会协同育人新格局。由此可见，国家高度重视家校的紧密联合，而家长会作为联系家庭教育与学校教育的纽带，是家校沟通的重要桥梁。

（二）理论依据

家校共育的理论依据主要有发展心理学和教育学中的生态系统理论。发展心理学家帕金杰的阶段理论提到，家庭和学校的职责和作用都非常重要，它们共同影响着孩子的成长和发展。美国心理学家尤里·布朗芬布伦纳提出了生态系统理论，他认为个体的发展受到五个系统的影响：微系统、中系统、外系统、宏系统和时间系统。其中，微系统是最内层的环境，包括家庭、学校等直接影响个体的环境。家校共育正是将家庭和学校这两个环境有机结合，形成相互依存、相互渗透的双向力量。这些理论为我们提供了重要的视角和思考框架，能帮助我们更好地理解和实施家校共育。

(三) 实践依据

通过多年中职教育实践我们发现，部分中职学生家长对孩子的教育期望很高，希望孩子能够接受社会认可的普高教育，但孩子的成绩只能进入中职学校，他们对中职学校的教学、设施、师资等存在疑虑，对学校的管理不信任甚至排斥。还有部分家长并不重视教育，对孩子的成长缺少关心和陪伴。为了更好地获得家长信任并引导家长参与到家校共育中，需要开展科学合理的家校沟通。

二、优化设想

(一) 升华意识

家长会是家校之间交流的桥梁，它应该成为教师、家长和学生之间互相理解、支持和协作的平台。大部分班主任开家长会，往往是被动应付学校的要求，效果欠佳是必然的。班主任要珍惜开家长会的机会，积极主动，早做计划，注意平时的积累，到时候自然是水到渠成。

(二) 丰富形式

班主任需要重新设计家长会形式，争取创造一个学生、家长、教师多边互动的环境。教师不应只是简单地汇报成绩、讲要求，而是要与家长、学生深入交流，真正实现三方的互动、沟通和学习，让家长、学生和教师共同参与，共同成长。

知子女莫若父母，父母清楚孩子的问题，更希望能找到适合的方式来教育孩子。通过家长会，孩子们可以分享成功经验，家庭教育成功的父母可以分享教育心得，这样的正面引导不仅可以触及学生的内心，对于父母的教育智慧也是一种启发。

三、探索实践

(一) 系统设计家长会流程

教育是一项全面而复杂的系统工程，家长会则是教育活动中的一项子工程，需要班主任有的放矢地设计流程，使它成为一个自然的教育活动。完整的家长会流程应包括三个阶段：会前、会中、会后。一个成功的家长会必须在时空上向前延伸，会前做好铺垫积累；向后拓展，会后进行反馈巩固。

通过会前的铺垫让家长感受到尊重，让学生感受到安全，是家长会成功的关键。班主任应重视素材积累，学生学习生活的分分秒秒、成长进步的点点滴滴，都可以通过现代化的传媒手段记录下来，用实际行动体现对学生的关心、关注和关爱。此外，班主任还需要加强与家长的沟通，一方面利用微信、QQ、电话等沟通方式与家长保持沟通，及时分享孩子的点滴进步与成长，潜移默化地消除家长心中对班主任"无事不找家长、报忧不报喜"的刻板印象；另一方面，班主任还要拟定计划、按部就班地开展全员家访活动，把对学生的关爱送上家门，把教师的责任心和爱心留在家长心中，把家长的感动和认同带走。

家长会后的反馈巩固环节至关重要，它为家长与教师搭建了更紧密沟通的桥梁，能有效推动孩子的全方位成长。会后，教师应立即将孩子的情况具体、明确地反馈给家长，包括孩子的学习成绩、课堂表现、社交能力、兴趣爱好等方面，使家长了解孩子在学校的表现及需要改进的地方。

（二）优化家长会核心环节

家长会应该成为师生共同合作、家校真诚沟通、亲子和谐交流的舞台。班主任带领学生将已经司空见惯的家长会核心环节进行拆分，并设计出详细的流程，这个过程本身就具有教育意义，有利于培养中职学生精益求精的工匠精神（如图1所示）。

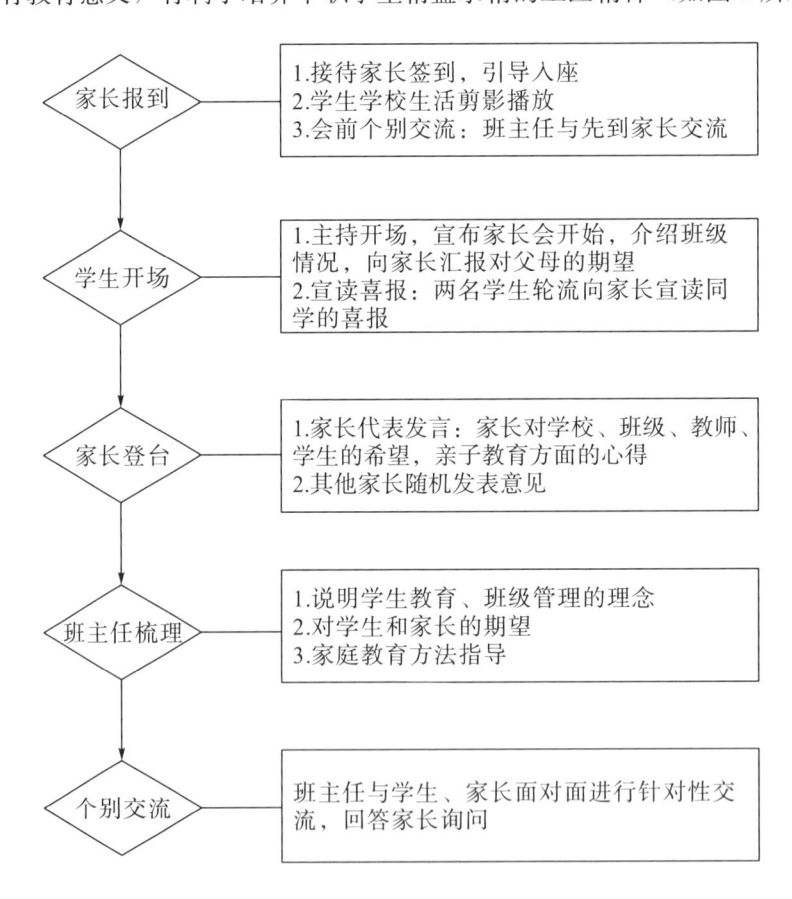

家长报到
1. 接待家长签到，引导入座
2. 学生学校生活剪影播放
3. 会前个别交流：班主任与先到家长交流

学生开场
1. 主持开场，宣布家长会开始，介绍班级情况，向家长汇报对父母的期望
2. 宣读喜报：两名学生轮流向家长宣读同学的喜报

家长登台
1. 家长代表发言：家长对学校、班级、教师、学生的希望，亲子教育方面的心得
2. 其他家长随机发表意见

班主任梳理
1. 说明学生教育、班级管理的理念
2. 对学生和家长的期望
3. 家庭教育方法指导

个别交流
班主任与学生、家长面对面进行针对性交流，回答家长询问

图 1　家长会核心环节流程图

学生在此过程中的积极行动，既能温暖家长，又能增强主人翁意识，学生得到锻

炼、收获自信。根据自愿报名和推荐相结合的方式，确定家长会实施小组人选，明确岗位、合理分工后进行必要的指导练习，有条不紊地开展工作。

家长会应该是家长的舞台，可以邀请善于表达且重视家庭教育的家长在会上作分享、作主题发言，内容可以是对学校、班级、教师、学生的希望，也可以是自己教育孩子的心得体会。其他家长结合会议主题发言的内容做随机发言，自由地发表自己的真知灼见。通过这种分享和讨论实现家长与学校、教师之间的真诚沟通，让家长之间相互学习、借鉴，促进双向的亲子交流。

（三）班主任是导演

在家长会中，班主任不但可以使自己的能力得以展现，而且可以得到家长的认同和信任，这对以后班主任工作的开展更加有利。以下是班主任在本班家长会中的具体工作任务（如表1所示）。

表1　班主任统筹家长会的具体工作任务

序号	主题	内容
1	策划流程	从开始到结束、从形式到内容的精心策划
2	辅导学生	培训会务礼仪、主持人，指导学生的发言内容
3	沟通家长	邀请家长作主题发言并组织讨论发言内容
4	临场协调	适时调控会议进程，为家长会的顺利召开保驾护航

四、实践成效

创新优化让家长会焕发新颜，班主任从被动应付到主动作为，从单兵作战到齐抓共管，家长的到会率、满意率、回头率得到明显提高，实现了学生对家长会从"怕"到"盼"的转变，有效提高了会议吸引力，家长会重新焕发出了生命的活力。学生、教师、家长相逢于"会"，成长于"会"。

（一）学生受触动

家长会的各岗位给每位学生创造了锻炼的机会，学生既能学习文明礼仪，实践待人接物，体会分工合作等方面的知识，又能培养岗位责任意识，孩子们的潜力被无限激发。当一份份记录了学生为班级和同学辛勤付出的班级喜报呈现在家长面前时，孩子们的自豪感油然而生，这个经历既让他们能够收获人生最宝贵的财富——自信，又能助力孩子们领悟到"能把简单的事情做好，也是一种成功"的真谛。同学们通过全程参与家长会的设计与实施深受触动，增强自信心，提升自尊感，获得了"我能行、我很棒"的积极体验和认知。

（二）家长增见识

通过家长会，家长们欣慰地了解到孩子们在学校里努力进步的模样，满意地看到孩子们端正态度、认真做事的效果，认识到了孩子们的成长变化，对孩子们的发展前途更有信心。家长们真切地听到了孩子们对自己父母在家庭教育上的期望，学习了家庭教育中其他家长行之有效的做法，也知晓了学校对家庭教育的要求。浓厚的学习氛围也促使家长们开始反思和完善自己的教育方法。

（三）教师获支持

学生们发现，家长会少了班主任的"告状""批判"，更多展示的是自己努力付出的证明，点滴成长的记录，他们懂得了老师的良苦用心，更加认同班主任，这对班主任今后工作开展大有益处。家长作为孩子的第一责任人，目睹了班主任对孩子成长的尽心尽力、对孩子教育的一视同仁、对帮助孩子的细致入微，他们受到触动的同时也更愿意积极主动地配合学校，支持班主任的教育理念和教育方式。

结束语

作为家校共育重要环节之一的家长会，还有很多方面尚需思考，譬如如何将家长会设计得更有针对性、实效性；如何发现、挖掘家长的教育资源，探索有效的家校共育机制；如何对家长开展教育理念培训，以提升家长在家校共育中的有效参与力度等。"路漫漫其修远兮，吾将上下而求索"，研究路上，我们一直在努力！

成都电子信息学校　赵又苇

一体两翼三融合 协同赋能劳动育人

——以四川大学西航港实验小学为例

党的十八大以来，在习近平新时代中国特色社会主义思想指引下，教育改革实践沿着德智体美劳五育融合的育人目标纵深推进。中共中央、国务院印发的《关于全面加强新时代大中小学劳动教育的意见》、教育部印发的《大中小学劳动教育指导纲要（试行）》以及《义务教育劳动课程标准（2022年版）》等重要文件，明确了劳动教育在中国特色社会主义教育体系中的重要地位，阐述了劳动教育的指导思想、基本原则、实施路径与保障措施等。本文依托双流区小学劳动工作坊平台，以四川大学西航港实验小学为例，从机制建设、课程内容、评价标准等方面探究小学劳动教育课程的实施，提炼出"一体两翼三融合"的实践模式。

一、厘清背景导向，靶向归因依据

（一）政策依据

《中共中央关于制定国民经济和社会发展第十四个五年规划和二〇三五年远景目标的建议》中指出要健全学校家庭社会协同育人机制，这是对建设高质量教育体系提出的新要求，是落实党的教育方针与立德树人根本任务的关键举措。积极建设劳动课程是当前教育的重要议题，劳动教育对调动学校、家庭、社会协同育人合力，培养德智体美劳全面发展的社会主义建设者和接班人有着重要的意义。

（二）理论依据

马克思主义劳动观认为，劳动是人类最基本的实践活动，也是社会发展和人类进步的根本力量。在劳动过程中，人们通过不断地改造自然、改造社会，不断地提高自身的劳动技能和劳动素质，推动着社会不断向前发展。现代教育理念注重培养学生的创新精神和实践能力，而个性化和创新化的劳动教育对于培养学生的创新意识和实践能力具有重要作用。同时，在劳动教育中还可以培养学生的团队合作精神和社会责任感，让学生在劳动中更好地发挥自己的作用，为社会做出更大贡献。

（三）实践依据

四川大学西航港实验小学一直坚持开展劳动教育并取得了一定的成绩，但相比于学校教育，家庭劳动教育与社会劳动教育的专业化水平还有待提高，家庭劳动教育的定位较为模糊，方法不够科学，教育资源也比较少，而社会劳动教育也存在缺位的情况。学校位于城乡接合部，家长对树立孩子正确的劳动价值观虽有一定意识，但在行动上落实度不高，孩子的生活起居被家长包办，导致孩子生活自理能力差、劳动主动性不强。因此，学校、家庭、社会协同育人助力劳动教育的开展迫在眉睫。

二、明晰课程内涵，优化课程结构

（一）劳动教育内涵

劳动教育是指通过学习和实践，培养学生对劳动的认识、理解和尊重，促进学生形成正确的劳动态度和价值观，同时培养他们的劳动意识和劳动能力，以适应社会劳动需求，提高就业竞争力，实现个人发展和社会贡献。劳动教育是学生德智体美劳全面发展的主要要求之一，是中国特色社会主义教育制度的重要内容。

（二）劳动教育课程内涵

劳动教育课程是一种综合性的教育方式，旨在通过实际的劳动活动和各种操作实践，培养学生的劳动观念、技能、习惯和精神。课程不仅提供给学生各种实际操作的机会，如手工制作、机械维修、农作物种植等，以提高学生的劳动技能，培养学生的责任感和团队精神，还涉及日常生活劳动、生产劳动和服务性劳动，旨在让学生动手实践，接受锻炼，磨炼意志，从而培养正确的劳动价值观和良好的劳动品质。

（三）学校劳动课程结构

依据《义务教育劳动课程标准（2022年）》和《双流区义务教育学段劳动项目清单》，结合学校"让每一朵花炫出自己的色彩"的育人理念及育人目标，学校打造出"三色"劳动课程，即蓝色课程——日常生活劳动，绿色课程——生产劳动，红色课程——服务性劳动（参见本书《小学"三色"劳动课程体系建设实践》）。

三、健全劳育机构制度，深耕协同育人实践

（一）建立校社协同育人统筹机构

为了有效实施家校社协同劳动教育，学校设立了以社区党支部和学校党支部为指导，学校劳动教育分管副校长为主负责人，德育处牵头，各班班主任和学校劳动教师强强联手，紧密联系各家庭的层级劳动教育协同育人统筹机构（如图1所示）。

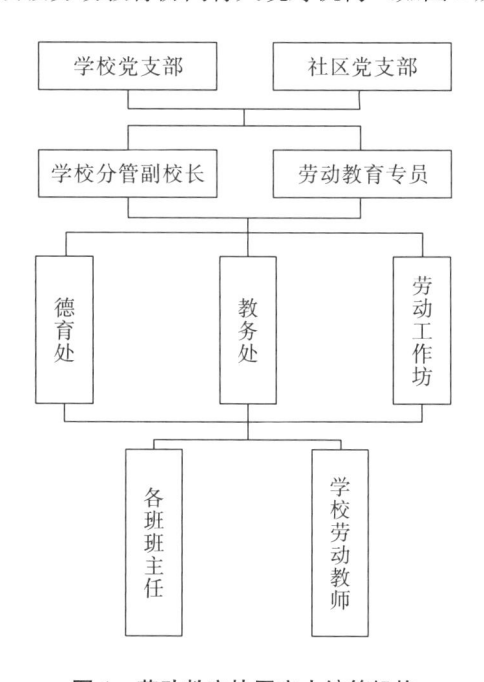

图1 劳动教育协同育人统筹机构

（二）健全协同育人运行制度

好的协同育人制度可以促进家校社在开展劳动教育时更好地互动与交流。学校结合校情和班级学情以及班级家长情况，制定了以学校劳动教育为主体，家庭劳动教育和社区劳动教育为两翼支撑，融合日常生活劳动、生产劳动和服务性劳动课程的"一体两翼三融合"运行制度。

学校是劳动课程实施的主阵地，立足于劳动教育的显性化目标实现定岗定人定课程。由劳动教师教授学生劳动知识和劳动技能，教务处也将劳动教育的实施写入学校的规章制度，每个班级的劳动教育也被纳入班级班规中，且保障劳动课专课专用。

学校联合江安社区共同制定《双流区西航港江安社区联合四川大学西航港实验小学社区劳动服务制度》，旨在为小学生提供社会实践的平台，期望小学生在劳动过程中学会感恩、尊重劳动，形成团结协作精神，为成为合格公民奠定基础。学校制定的

《四川大学西航港实验小学劳动工作坊制度》旨在培养小学生的劳动习惯和实践能力，帮助小学生增强劳动认知及创新能力，形成团队合作精神和责任感，为未来的生活和工作打下基础。

家庭是进行劳动教育的重要场所，学校在实施劳动课程时，始终以开放的姿态，积极与家庭紧密合作，实现劳动教育家校联动，倡导家庭以"劳动是一种美德、一种习惯、一种奉献、一种乐趣"来作为各自家庭的家风家训，以激励学生养成在家自主劳动的好习惯。

（三）家校社协同赋能，拓宽劳育实践途径

为进一步落实小学劳动教育任务群的各个项目，学校在必修课和劳动周的基础上进行延伸和拓展，以学校、社区为场所依托，开展了形式多样、内容丰富的劳动教育活动。校内，以"小红帽"志愿者为主体，设立楼道值守、校园向导等特色岗位，让学生在服务他人、美化校园的活动中，体验奉献的快乐，树立劳动最伟大、最美丽的观念。校外，联动学生居住社区，开展楼道清理、垃圾分类宣传等社区服务，以及"雷锋月"、敬老院关爱老人、交通文明劝导等活动，让学生在服务社区、关爱他人中培养热爱劳动的品质。家校合作方面，通过家长进课堂分享经验、家长志愿者活动等，共同营造劳动教育氛围，以实际行动为学生树立榜样。

四、协同赋能初见成效，齐心协力展望未来

通过探索，学校劳动教育初成体系，劳动教师专业水平有所提升，劳动课时得到保障，学生能更自律地参与到学校、家庭、社区的劳动之中。"一体两翼三融合"的家校社协同劳动教育策略初见成效。

（一）学生成效

在学校开展的劳动课程中，学生们不仅掌握了劳动技能，提高了沟通协作能力，还养成了安全劳动、规范操作的习惯和吃苦耐劳的精神。在综合素质评价体系之下，各班涌现出一大批劳动炫彩少年（如表1所示）。这一系列活动有助于提高学生的劳动积极性，有助于达成学校"以劳为美、以动为乐"的育人目标。

表1 劳动炫彩少年

获奖名称	人次
劳动小能手	3218 人次
公益志愿星	1285 人次

续表

获奖名称	人次
团结合作星	824 人次
星级达人	1642 人次
红十字志愿者	514 人次

（二）教师成效

2022年7月在双流区教科院指导下成立了学校劳动工作坊，统筹学校各项劳动教育实践活动的开展。教师在工作坊的带领下开展新课标学习、教学探讨及示范课磨课等活动。同时依据《双流区义务教育学段劳动项目清单》，工作坊组织劳动课教师编写了1—6年级的《以劳为荣 美德炫彩》系列校本读本和《种子的旅行》记录册，供全校劳动课任课教师学习探讨。

（三）学校成效

学校一直坚持实施劳动教育，在2023年成都市双流区教育质量综合评价中，学生的劳动习惯和社会体验各指标均高于双流区平均水平。同时，学校的劳动教育还得到了社区的大力支持。江安社区连同成都空港建设管理有限公司将航雅路四川大学西航港实验小学南侧部分交付学校临时用于劳动教育教学和科研。

五、结语

学校、家庭、社区三管齐下，竭力为学生全面成长赋能，为"双减"助力。"以劳为美"的理念让热爱劳动的美德在每一项劳动中炫出光彩，"以动为乐"的信念让热爱劳动的精神在每一次劳动中熠熠生辉！

四川大学西航港实验小学　黄英　张权伟

家校的双向奔赴

——积极心理学视角下初中家庭教育指导服务实践

初中阶段是学生身心发展的黄金时期，家庭教育和学校教育的互相配合具有不可估量的价值。笔者在担任班主任的七年时光里，深深感受到家庭教育环境对学生的影响。本文探讨家庭教育指导服务对改善初中学生教育环境的作用，研究表明，家校协同可以助力学生和谐身心和健全人格的发展，让学生成长为新时代的好少年，并且为国家和社会发展贡献力量。

一、研究背景

（一）政策依据

2013年，教育部等十三部门发布的《关于健全学校家庭社会协同育人机制的意见》强调，学校要把做好家庭教育指导服务作为重要职责，纳入学校工作计划，充公发挥学校专业指导优势，切实加强教师家庭教育指导能力建设，将教师家庭教育指导水平与绩效纳入教师考评体系。

《中华人民共和国家庭教育促进法》高度强调家庭教育的重要地位，开展家庭教育指导服务也成为新时代中小学校的重要任务。

（二）理论依据

由美国心理学家马丁·塞利格曼创建的积极心理学被誉为"研究人类幸福的心理学"。他提出"PERMA"幸福五要素模型，包括积极情绪、投入、人际关系、意义、成就，由五要素的英文首字母缩写组合为PERMA。开展幸福教育是积极心理学在教育领域的转化应用，积极心理学主张优势导向，激发潜能，关怀每一个孩子的成长。

家庭是孩子的第一所学校，父母是孩子的第一任教师。"教育学之父"夸美纽斯在

《母育学校》一书中阐述了家庭教育是非常重要的教育方式。

这些心理学、教育学理论为班主任开展家庭教育指导服务、提升家长教育能力提供了理论依据。

（三）实践依据

部分家长的家庭教育知识掌握情况存在单一片面、群体差异较大的特点，教育观念存在结构性欠缺，部分家庭的教育价值观呈功利取向，家庭教育实践能力不足，这些问题亟待解决。因此，班主任基于岗位职责及教育专业基础，探索家庭教育指导服务的实施策略具有很重要的意义。

二、家庭教育指导服务

（一）关键词解读

1. 家庭教育

家庭教育是指父母或者其他监护人为促进未成年人全面健康成长，对其实施的道德品质、身体素质、生活技能、文化修养、行为习惯等方面的培育和引导。

2. 家庭教育指导

家庭教育指导是指学校协同政府、社区以及各级教育行政部门共同开展的对家庭教育的指导实践，包括指导平台的建设、组织队伍的建设、指导服务内容的建设以及监管机制的建设等。

3. 家庭教育指导服务

家庭教育指导服务是指以学校为责任行为主体，在地方党委领导下，政府统筹各部门共同建设指导平台、建立人才队伍、提供指导服务内容，并实施、完善监管机制和评价制度。

（二）协作责任主体

1. 学校是协作责任主体

《中华人民共和国家庭教育促进法》指出家庭教育指导服务由各部门各单位及相关机构共同参与，各司其职，协同开展，并强调中小学校具有履行家庭教育指导服务的职责。

2. 明确服务对象

学校家庭教育指导服务的对象包括全部学生的监护人和共同居住的其他家人，特别是经济困难、下岗职工、单亲、离异、流动人口等家庭的家长。

3. 指导服务内容

指导家长明确并承担起家长的教育主体责任，了解并掌握家庭教育的目标、任务和方法等，提升家长的家教胜任力，以家庭教育落实立德树人根本任务。

（三）班主任是主力军

学校管理的基本单位是班级，主力是班主任。班主任是学校中全面负责班级学生思想、学习等事务的主力军，班主任将来自各方面的要求进行统一，形成教育合力。结合班级实际，班主任主要以家访、家长学校以及推荐教育资源这三种方式开展家庭教育指导服务。

1. 家访

广义的家访指在教育行政部门或学校的组织下，班主任为了促进学校教育和家庭教育的双向协调、实现学生的全面发展，与家长进行沟通交流的各种教育方式。而狭义的家访则专指班主任登门访问。

2. 家长学校

家长学校是在教育行政部门组织下，以中小学校为创办主体，由家长委员会负责，吸收中小学生家长参加的一种指导家庭教育的群众性业余教育组织；也可以是以班级为主体，由班主任以及科任教师和家长委员会负责，开展家庭教育指导服务的教育组织。

3. 推荐家庭教育资源

在家庭教育资源的界定中，有学者认为，教育资源指的是教育过程中所占用、使用和消耗的人力、物力和财力资源，是教育的人力资源、物力资源和财力资源的总和。因此，家庭教育资源具备多样性特征，包括阅读书籍、电影、博物馆、亲子户外运动、亲子话剧表演、科技馆等。

三、实践行动

（一）家访

家访是我国中小学教育的优良工作传统。此处的家访专指班主任登门访问。

1. 家访的过程

"松柏十三班"是棠湖中学实验学校初2026届13班，由53位来自不同学校、班级的学生组成。为了深入了解孩子们生活的环境，笔者历时3个月走遍15个社区，走访53个家庭，与100位家长开展沟通交流并形成详细的家访记录表。

2. 家访报告

通过本次家访，笔者看到了孩子们不同的家庭环境，为下一步班级治理打下了基础。结合此次家访，笔者总结出典型家庭的三种类型（如表 1 所示）。

表 1 典型家庭的三种类型

类型	名称	数量	特点
第一类	容易情绪不稳定的家庭	15	家长的情绪波动比较大，容易动怒，容易焦虑，容易给孩子造成压力。面对十二岁孩子存在的行为习惯上的不足，家长迫切希望孩子变成自己满意的样子，容易生气并且把情绪传递给孩子，孩子在平时的学习生活中会有胆小不自信的表现
第二类	多子女家庭	25	这群 2010 年以后出生的孩子的家长们大部分是第一批独生子女，对如何处理多子女家庭问题也有很大的困惑。家庭内部存在孩子误会家长更偏爱其兄弟姐妹的现象，存在家长误用"孔融让梨"的思想去规范孩子言行的情况，存在重组家庭里多子女相处不和谐的现象
第三类	控制型风格家庭	20	这类家庭容易产生亲子冲突。主要表现为家长不会有效沟通，无法和孩子建立合适的交流方式，当亲子冲突发生的时候，没有合适的沟通技能，并且习惯性控制孩子的情绪、言论甚至行为，就会让冲突升级。亲子关系紧张，不仅仅影响孩子对亲人的情感，更加影响孩子的学习状态

3. 指导策略

针对以上情况，笔者采取了以下家庭教育指导策略（如表 2 所示）。

表 2 家庭教育指导策略

类型	策略要点	策略步骤
第一类	在和家长建立信任前提下，家长进行自我谈判训练和自我肯定的训练，主要分为四个步骤——DESC	D 代表描述（Describe），不夹杂感情和评价，看看到底是什么让你感到烦恼。不要夸大它，不把"偶尔"说成"总是"
		E 代表表达（Express），说说它是怎样让你感觉到的。不要指责，只要确定你感受到的是哪种情绪
		S 代表指明（Specify），明确指出你希望对方做什么
		C 代表结论（Consequence），最后告诉自己如果对方不愿意做的话你会怎么办。不要去威胁、恐吓或吓唬对方
第二类	优化家规，重塑和谐家风	1. 了解目前家庭的家规家风
		2. 达成优化家规的意识
		3. 半个月追踪家规执行力度

续表

类型	策略要点	策略步骤
第三类	掌握冲突解决技能，解决冲突，重建良性亲子关系	1. 推荐《传承好家风 文明千万家》周刊作为阅读材料
		2. 沟通技能：善于仔细、完整地接收和倾听信息；简化沟通中所运用的语言，使沟通信息尽量简洁；注意分析和抓住段落信息，要求对方加以复述，并做小结和回顾
		3. 倾听技能：在保持沉默的前提下，注视对方的眼睛，并且不制造其他干扰声音，同时用"嗯，是的""好，懂"等词语给予回应；同时用写大纲的方式概括倾听内容；注意对信息的辨别，多角度辨别信息，从完整性、逻辑性、官方性来辨别；避免边际式倾听
		4. 理解技能：在沟通中，理解是辨识、组织互动情境的能力，常常作为沟通的基础存在于人际交往中。理解是动态的调整模式，我们在沟通的场景中需要仔细观察对方的各种变化，从言语、姿态、表情中敏锐地捕捉细微的信息，在感知他人的情绪和态度的过程中，评估沟通的情境

（二）家长学校

1. 课程建设

针对家长对青春期学生的特点与成长规律了解不足、对学生成长的关注视角较为狭窄的问题，基于各年级学生发展特点与全面成长需求，有针对性地开展家长学校的培训课程，构建了专题讲座指导课程、居家实践课程、特色化专项指导课程三类家长学校课程，并明确各年级家长学校课程目标（如表3所示）。

表3　家长学校课程

学校	课程内容
七年级	1. 了解七年级学生身心发展规律，尝试对孩子生活管理逐步放手 2. 了解小学与初中学习生活差异，能开展时间管理、专注力训练等家庭指导 3. 了解权威型家庭教养方式，接受并练习温和而坚定地坚持家庭约定 4. 关注孩子有序、专注、尊重、合作等品格的养成

续表

学校	课程内容
八年级	1. 了解青春期学生身心发展规律，尝试逐步放权让孩子自主管理 2. 学习接纳孩子，能积极开展周末家庭活动，增加亲子沟通的机会与时间 3. 了解人文阅读、劳动、运动的价值，积极培养孩子阅读、劳动、运动的习惯 4. 关注孩子勇敢、坚持、感恩、创新等品格的养成
九年级	1. 了解九年级学生身心发展规律，尝试让孩子对自己负责，实施完全的自我管理 2. 帮助孩子做好生涯规划，能带领孩子主动了解高一级学校，做好行动规划与执行落实反馈 3. 关注孩子责任、坚持、感恩、合作等品格的养成

2. 课程实施

首先是专题讲座指导课程，分别在开学初与期中考试前后，与年级全体家长会相结合，先集中进行家庭教育讲座，然后分班级开展教师与家长的交流（如表4所示）。

表4 专题讲座指导课程

学段	时间	课程内容
七年级	9月	智慧家长如何陪伴孩子适应初中生活
	11月	如何培养专注力，提升时间管理能力
	3月	不同家庭教养方式对孩子成长的影响
	5月	如何听与说，才能促进青春期孩子与父母建立良好关系
八年级	9月	家有青春期孩子
	11月	如何激发学习力——论阅读、劳动、运动习惯的价值与养成
	3月	权威型家长为何有助于孩子预防八年级两极分化的问题
	5月	如何进行情绪管理
九年级	9月	如何协助孩子进行生涯规划
	11月	如何培养耐挫力与持久力
	3月	如何进行升学指导

然后是居家实践课程，基于家庭教育的重点培养习惯、涵养品格，我们结合积极心理学的24个积极品质与初中生成长的特点与需要，确立了初中阶段家校协同培育的项目（如表5所示）。

表 5　居家实践课程

序号	课程内容	课程目标
1	"松柏十三班"学生成长过程中家庭的使命：学做积极家长，共育幸福少年	1. 了解孩子身体和心理状况与现阶段遇到的问题
		2. 认识孩子存在这些问题的成因
		3. 掌握家庭、学校、社会如何协同帮助孩子健康成长的活动策略
2	关注青春期孩子身体成长需求和心理成长规律	1. 了解青春期孩子生理与心理特点及身体和心理成长的需要
		2. 认识并且掌握孩子目前出现的不良行为的表现与矫正策略
3	职业或者岗位体验	1. 通过角色扮演和深入父母工作环境，体验不同的交流模式
		2. 认识多子女或多层次结构的家庭环境下，家庭信息的传递与反馈方式
		3. 了解信息传递的多种方式，构建新时代背景下积极的家庭氛围
4	今日家庭饮食我做	1. 通对家庭会议等方式，确定当日的饮食计划
		2. 认同父亲和母亲在家庭中的重要价值与良好家庭氛围的重要性
		3. 把握教育契机，家长和孩子互相了解彼此真实的喜好，从而提高沟通能力
5	阅读能力与家庭运动	1. 家长和孩子一起协商阅读书目，并且坚持执行为期 21 天的阅读计划
		2. 家长和孩子根据"四川教育发布"提供的体育锻炼指南，制订详细的家庭体育锻炼模式，并且感受亲子互动方式的多样化
6	学会有效沟通	1. 认识正面管教的方法并且感受家庭沟通重要性
		2. 掌握亲子沟通的原则、方法、关注点以及话术特点
7	亲子沟通体验式活动	1. 家长详细地描述自己童年印象最深刻的一件趣事并且匿名发在群里
		2. 学生通过匿名观看童年趣事，猜一猜这是谁的父母，学生以同样的方式描述自己以前记忆最深刻的趣事，让父母来猜哪个是自己的孩子
		3. 通过以上游戏，家长与孩子能更深入地交流，更加愿意在以后的交流中注意相处的细节
8	讲述家庭成长故事	1. 回顾 2 个月的成长作业，父母表达成长收获
		2. 孩子讲述父母的良好转变，为父母颁奖

最后是特色化专项指导课程，主要是针对学生成长规律进行的指导与训练，对问题比较严峻的家庭做针对性指导，对部分家庭的个性化问题做体系化跟进。特色化专项指导课程的指导对象还包括单亲、留守等九类重点家庭，这类家庭因为家庭成员结构的不同，需要做特色化指导服务。

（三）推荐教育资源

1. 教育资源的界定与选择

根据部分家长对家庭教育知识掌握单一片面、家庭教育观念存在结构性欠缺、家庭教育方式呈功利取向、家庭教育实践能力不足等问题，考虑家长教育素养积累与家庭内部因素、外部支持力度有关，因此，教育资源的界定和选择主要从上述角度考虑。

2. 教育资源库的建设与更新

根据推荐教育资源的界定和选择，在教育资源库的建设和更新上，我们从提升家庭教育资源多样性入手，将以下资源纳入资源库：阅读书籍、电影、博物馆、亲子户外运动、亲子话剧表演、科技馆。

3. 教育资源的使用与反馈

通过开展"松柏十三班"教育资源整合的调查问卷，引导家长关注阅读，参与孩子的成长游戏，打开与孩子有效沟通的渠道，并且在日常生活中给予孩子合理的评价。设置21天打卡计划，家长和学生一起为彼此成长打卡记录，并且由老师做好监督登记，为坚持完成阅读的家长和学生颁发班级阅读徽章和班级阅读书香家庭荣誉证书。

四、实践成效

（一）家长方面

首先是家长教育观念的转变，家长逐步认识到在孩子的成长教育过程中自己应负的责任。家长由教育的旁观者变为同盟者，由教育的参观者变为参与者，由教育的评论者变为支持者。其次是家长的教育方式转变，家长与孩子相处的时候，更加具有目标性和活动性，也更注意方式方法。家长教育素养的整体提升，促进了家庭教育高质量发展，家庭教育的重心由以前依赖学校转变成为回归家庭。

（二）学生方面

学生在家长的改变中感受到了家庭氛围的变化，能够在多次班级活动中积极表现。学生也更重视家庭成员之间的积极人际关系，以更加积极的态度处理自己遇到的困难，坚持投入自己觉得有意义的事情中。

（三）班级建设方面

初2026届"松柏十三班"家长和学生参与了室内外班级布置，均获一等奖，年度考核均获校一等奖，班级获评区"二星章集体"。结合学校的德育活动，围绕专注、井然有序等品格开展主题活动。视频主题班会课"生而有爱活得精彩"成为年级示范课，并获好评。

（四）问题与改进

新时代背景下，多媒体等网络的发展促进了家长对教育的重视，但是部分家长"就地取材"，而不"因地制宜"，出现"吐槽、抱怨、躺平"式的家庭教育恶循环现象，给家校合作增加了困难。我们作为人民教师，应该深刻认识自己的中小学班主任立场，就家校共育策略展开研究。我们只有合理利用有效的资源，家校共育，齐心协力，才能使学生在家校共育中健康成长。

成都市双流区棠湖中学实验学校　覃叶

"1＋2＋3"家校合力育英才

——基于家校共育的小学班级实践

在培养和教育学生的过程中，家庭教育尤为重要。然而，在实际的教育实践中，家长的教育作用却未能得到充分发挥。不仅留守儿童、单亲家庭儿童缺少家长的陪伴和教育，完整家庭的家长也因欠缺教育技巧而不能起到很好的陪伴教育作用。家校共育是一个庞大的综合体系，包括家庭、学校、家庭教育指导、家长参与学校教育四个方面及其相互作用的关系。本文以小学班级为例，基于学校的教育大环境，侧重从家校共育方面的实践进行探讨，总结出搭建家校共育三级平台协同机制及"1＋2＋3"的家校共育模式，让家长积极参与到班级治理和学生教育活动中，促进学生的健康成长。

一、家校共育三级平台

"三级"是指为家长提供3个不同级别的平台共同参与学生的教育和班级建设，即家长会、家委会、家长志工，并授予不同的活动内容和功能。

家长会是学校管理中的常规工作，一般一学期开一次，班主任进行充分准备，以实现家校沟通。

家委会是由从学生家长中选拔出的热心班级治理和活动开展的数名家长组成的，根据具体的分工和职责，按照家委会监管制度对班级事务进行决策和执行（如表1所示）。

家长志工队伍是遵循"奉献、友爱、互助、进步"的志愿者精神，结合家长的学历、职业、特长等教育资源招募建立的志愿者队伍，通过专题讲座、亲子活动、职业体验等参与到班级治理、学生教育中，将家长教育资源转化成班级特色课程。

表 1　家委会的组成及分工

岗位	人数	职责	工作开展
会长	1	与班主任沟通，协调家委会工作	参与班级治理整体工作，组织家委会开展各类活动
秘书长	2	负责收集整理资料、活动摄影摄像及美篇制作	编辑班级纪念册框架，记录学生的学习活动和生活点滴
策划部长	2	负责每次活动的具体策划	具体筹备并组织活动的开展
财务部长	2	负责班级费用管理	采购物资及安排交通工具
网络总监	2	负责班级 QQ 群及邮箱管理	发布班级活动信息
安全总监	2	负责各项安全工作	做好师生互动的安全、保卫工作

二、"1＋2＋3"家校共育模式

"1"即家庭、学校、社会三位一体，形成家校共育模式；"2"即家委会和家长志工，是家校共育模式的有力支撑；"3"就是学校通过 QQ 群、校讯通、班级特色课程，加强与家长的沟通交流，挖掘家长教育资源，让家长融入班级建设和学生教育过程中。

（一）家庭、学校、社会三位一体，形成育人合力

1. 改变家长错误观念，重视家庭教育

学校依托心理团辅课程，每学期定期举行一次亲子课程培训，对家长进行培训，让家长逐步认识到在孩子的成长教育过程中自己应负的责任。同时教育专家也会到学校做家庭教育报告，指导家长提升教育能力。每年举行亲子朗诵、舞蹈等文艺活动，增进家庭间的和谐交流。日积月累，家长们的观念会不断转变，与学校的合作也会越来越密切。

2. 引导家长重视社会教育的影响

影响青少年身心发展的不仅有学校和家庭，还有社会这个重要的因素。学校为此邀请对青少年犯罪有经验的警务人员以青少年犯罪为主题做宣传讲座，邀请家长来倾听，从而引导家长重视社会教育的重要性。

3. 促进家长实现三个"转变"

在转变家长教育观念的基础上，着力打造和建设家委会制度，真正发挥家委会的作用，促进家长实现三个"转变"，即：由教育的旁观者变为同盟者，由教育的参观者变为参与者，由教育的评价者变为支持者。通过积极有效的推进策略，积极吸纳有热情、有精力、有时间、有能力的家长，成为参与学校建设、支持学校发展、提升家庭教育水平的重要力量，进一步完善家校合作育人机制。

（二）家委会和家长志工是家校共育模式的有力支撑

1. 家委会

成立家委会并形成监管机制，家委会参与制定班级的各项规章制度如委员会章程职责、日常工作例会制度、各成员与学校部门对口联系制度、家长义工制度、家长网络评价学校制度等，确保家委会各项工作有据可依、有章可循，走上制度化、规范化的良性发展轨道。充分发挥家委会职能作用，借助家长外力助推素质教育，把家校合作育人工作与日常教育教学工作有机融合，特别是需要家委会对于学生作业量及作息时间设置等作出规定，并邀请家长监督教师教学行为和学生作业完成情况，促进规范办学。

2. 家长志工

充分发挥家长志工的专业特长和个人特长，挖掘家长志工的教育资源，邀请各行业家长走上讲台，为学生上综合实践课，拓宽学生社会实践知识。例如关于传染病防治、近视眼预防、法治教育、传统育人与现代育人的区别、剪纸、象棋等的知识，为学生健康快乐发展提供平台。

（三）QQ 群、校讯通、班级特色课程建设

1. 班级 QQ 群

家委会网络总监定期进行内容更新，宣传家教知识，推广成功案例，介绍学校发展和优秀教师案例，让家校共享教育成果。

2. 校讯通

改变传统家校联系方式的单一性和沟通不畅等问题，充分发挥校讯通的沟通功能，确保家长及时接收到学校的信息及教师给家长的温馨提示，如上放学安全、传染病预防、用电用气用火安全等，让家长感受到来自学校和教师的温暖。

3. 班级特色课程

以提高学校工作和家庭教育为一体建设目标，在广泛征求家委会意见的基础上，每学期邀请家长和社会人士走进校园、走进课堂，通过课堂听课、座谈交流、现场教授等方式，让孩子接受各种职业体验教育，了解生活中常见的问题处理措施及策略。整个活动中，家委会部分委员全程参与，并及时关注孩子们的变化和感受，旨在在今后的学习生活中更好地引领孩子的成长。

三、家校合力 共育显成效

（一）小学班级品格文化建设

在实践过程中，家委会和家长志工参与了班徽、班级目标、班级口号和治班策略

的设计和建设。每期板报在校内均获一等奖，班级室内和室外布置均获一等奖，在近三年的班级年度考核中均获校小学部一等奖。

（二）开展系列化品格教育主题活动

结合学校的德育活动，围绕专注、井然有序、尊重、友善、宽容等品格开展主题活动。视频主题班会课"点赞友善 快乐相伴"获区级一等奖，"学会宽容 快乐生活"代表区教育局向内蒙古呼和浩特市的名优班主任进行展示和交流，班级社会实践主题活动"叶子也可以这么玩""育良好品格 建和谐班级""以宽容为翅 放飞梦想"等均在校本培训中展示并获好评。

（三）促进学生养成好习惯

建立了家长会、家委会和家长志工队伍的三级平台，通过家长的教育力量帮助孩子克服迟到、延误作业等不良习惯。家长参与班级特色课程建设、班级文化建设、班级户外活动的策划组织等，促进了班级建设，也增进了亲子感情。

（四）促进师生、家长共同成长

学生参加市级体育项目获得 3 项第一名、2 项第二名。班级在校体育节中获得 7 项第一名，在艺术节合唱和朗诵比赛中均获年级第一名，获评 2016 年区优秀班级、2017 年区级优秀中队。班主任获区级十佳教书育人名师、优秀青年教师、"四有"好老师和市级优秀班主任、优秀德育工作者称号。

家委会的成员们积极投身学校特色活动、班级建设和班级特色课程建设。他们平时积极参与学校各种主题活动，支持家校合育，为同学们上职业相关特色课程，深受同学们的喜爱。其中一名家长被双流区委、区人民政府评为中国航空经济之都"模范家长"，成为家长的模范。

成都市双流区棠湖中学实验学校　王萍

构建三全育人新格局 培育新时代产业大军

——成都市中职学校电子信息专业职教集团的教育实践

坚持党的领导，凝聚政、校、企、社及家庭的力量，构建三全育人新格局，在全社会营造良好的育人生态，既是为了满足每个学生的成长和发展的需要，也是为国家发展和社会建设培养栋梁之材。本文以成都市中职学校电子信息专业职教集团为例，探讨深化产教融合、校企合作、中高衔接的机制体制创新。

一、研究背景

（一）政策依据

1. 构建职业教育三全育人新格局

党中央提出的构建三全育人新格局，要坚持党的领导，在政、校、企、社及家庭之间形成共识，凝聚育人合力，构建各相关主体之间的新型关系，共同参与教育治理以及育人过程，在全社会形成全员、全过程、全方位的育人生态。职业教育因其与经济、产业的天然联系，成为探索三全育人新格局的排头兵。

2. 探索职业教育集团化办学模式

党和国家颁发的一系列推动职业教育改革的文件对产教融合、校企合作、集团化办学等提出具体的发展要求和改革指导，据此，中职学校应以培养高素质技术技能型产业大军为育人目标，在专业设置、课程内容、教学过程、毕业证书、职业教育与产业需求、职业标准、生产过程、职业资格证书、终身学习等方面发力，探索多元化、集团化等办学模式，以创新为动力，以产业结构升级和集群化转型为导向，加快教育教学改革，优化人才培养结构，提高人才供给与人才需求的适应性。

（二）理论依据

1. 产业结构理论

产业是指在劳动对象、手段以及结果等要素上具有相似性的经济活动的集合。产业结构是指各产业之间的生产、技术、经济联系和数量比例关系。在现代产业结构理论的形成过程中，许多经济学家做出了突出贡献，包括17世纪英国经济学家威廉·配第，20世纪的经济学家费希尔等。美国著名经济学家西蒙·库兹涅茨提出"国民收入"概念，把产业结构重新划分为农业、工业及服务业，揭示出产业结构与国民收入的关系，进一步完善和巩固现代产业结构理论及其在世界的影响。

2. 产业集群理论

20世纪90年代，美国经济学家迈克·波特提出了"产业集群"概念，用以表达发达国家的产业结构的融合与集群化现象。产业集群是指一个或多个产业链的上中下各段企业、供应商、产品客户、销售商、金融机构及其他由于延伸而涉及的相关机构等在特定区域的聚合现象。它突破了单一企业或产业的边界，由具有竞争与合作关系的跨产业、跨行业的组织机构聚合而形成区域共生体，无论在区域经济发展还是企业实现集约化管理方面都显现出明显的竞争优势。

（三）实践依据

1. 产业集群化发展提出新的人才结构需求

电子信息产业是成都市八大支柱产业之一，也是成都在2020年实现的第一个万亿级产业集群，而职业教育人才培养的数量和质量与产业需求严重脱节，因此迫切需要整合多方力量和资源，提高专业建设和人才培养的适应性，为区域经济建设及社会发展提供人才支撑。

2. 公园城市建设呼唤职业教育的融合创新

"雪山下的公园城市"是成都市打造的名片之一，建设公园城市示范区不仅要造福一方，更要在全国起到引领示范作用。这需要加强成都市职业教育在专业与产业、普通教育与职业教育、高等教育与基础教育、国内教育与国际化教育方面的融合协同发展，实施"1+X"证书制度以丰富人才认定途径，搭建人才立交桥，构建成都市现代职业教育体系，促进"产城教园"示范区的协调发展。

二、实践主题

(一)集团的成立

1. 成立背景

为落实 2005 年全国职业教育工作会议精神,根据教育部 2009 年工作要点以及成都市职业教育三年攻坚任务,成都市教育局发文成立 8 个专业职教集团,旨在整合资源,优化专业,提升人才培养数量、质量与结构,助力成都乃至西部区域经济发展。

2. 集团性质

成都电子信息学校作为牵头单位,成立了成都市电子信息专业职教集团(以下简称"集团"),以专业为纽带,联合区域内的中职学校、行业企业、科研机构等组成了不具备法人性质的非实体化、松散型职教集团。

(二)集团的运行

1. 运行机制

集团自 2009 年成立以来,以自主发展、资源共享为宗旨,在中共成都市委教育工作领导小组的领导下,由成都市教科院负责业务指导,依据集团章程,成立理事会,作为集团治理机构,秘书处为执行机构,常态化开展集团运行与建设工作,并依据《成都市职教集团考核评估细则》进行工作绩效评价和经费划拨。

2. 活动开展

对接产业建专业,在人才目标、课程标准、教师队伍、课堂教学等方面开展研究与实践(如表 1 所示),探索集团化办学模式。

表 1 集团的探索实践

阶段	年份	主题	载体	成效
1	2009—2012	实训课程体系建设	集团课题研究	通过建立统一的内容及评价标准在成员学校之间寻找融合点
2	2013—2016	校企文化融合	企业文化进班级、进课堂、进校园	通过文化融合在学校与企业之间建立融合点
3	2016—2020	构建集团专业群	对接产业集群,并与高职院校衔接	职业教育改革与产业结构优化升级有机融合
4	2021	探寻四链融合点	成立市行指委,深化产教融合	促进教育链、人才链、产业链及创新链的有机融合

（三）主题内涵

集团结合成都市职业教育与产业发展现状，提出"集团专业群""四链融合"概念并运用到集团建设实践中。

1. 集团专业群

集团专业群是以集团为整体，对接电子信息产业集群，以电子技术应用为主导专业，依据各学校办学优势，统筹相关专业或专业方向的优化设置，以自主发展、资源共享为宗旨的专业组织形态。随着经济领域供给侧改革的推进，职业教育也做出了积极回应，在相关文件中先后提出了"专业群""专业集群"概念，以引领和指导职业院校的教育教学改革与产业结构升级和集群化的发展趋势同步，优化人才培养。

2. 四链融合

"四链"是指以集团专业群为载体，推进教育链、人才链、产业链与创新链在标准、课程、教学、评价等方面的有机融合。目的是共培"双师型"教师，共建实训基地，优化成员学校的专业设置，整体提升集团办学实力和水平，为区域经济发展和产业集群发展培养高素质技术技能人才。

三、活动实施

（一）构建集团专业群

1. 调查先行

集团于2016—2017年对中职学校和产业现状进行调查。围绕各中职学校的电子信息类专业目录、专业方向、课程设置等情况，以及产业人才需求规模和质量以及人社部门职业资格证考试与认定的情况开展调查，形成《学校教育、产业需求、职业资格相关性的调查报告》，结果显示人才供给与产业需求脱节和不匹配的问题非常突出。

2. 共识为基

随着我国工业化进程的发展，特别是智能化时代的到来，产业细分和交叉融合使产业呈现出集群化发展的趋势，任何一所学校都难以单独建设专业群去对接产业集群。因此，集团组织召开"校长级"会议，就集团专业规划达成共识。在成都市经信局、教育局、电子学会、教科院及职业院校等领导专家的指导下，结合区域经济发展，确定了以电子技术应用专业为主，各学校发展1～3个清晰的专业方向，以集团专业群对接产业集群。

3. 形态渐成

建立集团专业群动态调整机制及各学校专业方向调整的备案制度，围绕电子信息技术逐步形成了 23 个专业方向，涉及电气、电子、光伏、智能、机电、汽车、物联、家居、楼宇、医疗等电子信息及相关产业的多个领域，并加强中高职衔接，打通学生职业能力成长和学历教育发展的双通道，促进人才培养与公园城市建设协同发展。

（二）聚焦四链融合点

1. 行业引领

成都市行指委、成都市电子学会、科技局及科技协会等组织开展产业人才需求调查，指导职业院校修订专业标准及人才培养方案，组织专业教师参与行业企业培训等，为四链融合提供了产业、行业及学术支持。

2. 建立标准

为了推进三教改革，实践课程思政，规范执行国家课程，在市行指委指导下，融入行业最新技术规范和标准、引进"1＋X"证书考核标准，组织修订教学标准、技能标准，为师生参加技能培训和相关大赛提供了科学的标准指导。

3. 教学改革

课堂是学生成长的主要阵地，是创新人才的孵化园，教学改革是实践四链融合的重要环节。集团以技能培训提升教师实践能力，以课堂教学研讨提升教师思政教育水平，以学习机制和教学方式变革充分体现学生的主体地位，以教促学赋能学生自主成长。

四、特色与成效

（一）资源整合初显成效

集团教师积极参与各类行业培训活动、新技术博览会、企业考察等，扩展视野，了解新技术。各级技能大师工作室、名师工作室、科技创新实验室、公共实训基地、高级技能人才培养基地等搭建起资源整合平台。

（二）师生发展质量提升

集团积极组织师生技能大赛以提升中等职业学校教师专业素养和专业技能，推动中等职业学校"双师型"教师队伍建设，提高专业建设与产业发展匹配度，为区域经济高质量发展培养更多高素质的技术技能人才。同时推进中高职衔接、职教高考，提高升学质量，为高职院校输送优秀毕业生。

（三）集团困境

由于体制机制限制，职教集团对企业、行业、职业学校的资源整合力度还不够，如何充分发挥集团的整体优势、组合效应和规模效应还需持续努力和探索，特别是当前国家鼓励职教集团进行实体化转变，还急需区域政策和相关法律的支持。

成都电子信息学校　李春兰　张伟华

成都石化工业学校　贺建波

成都市工程职业技术学校　郭晓凤

成都市中和职业中学　税先德

成都现代制造职业技术学校　易云霞　黄德开

政校企会研同行 产教融合育匠星

——成都市电子信息专业职教集团的建设实践

成都市电子信息专业职教集团（以下简称"集团"）在地方政府统筹下，以职业院校为主导，联合行业企业、科研机构、电子学会、电子信息行业协会、科技协会等，协同育人，整合资源，发挥整体优势、组合效应和规模效应，创新职业教育"产学研培"一体化育人机制，深度开展校企合作、产教融合，探索订单培训、工学结合、现代学徒制、"1＋X"证书制等多种人才培养模式，提高职业学校的市场适应力和人才培养质量，助力区域经济发展和产业升级。

一、研究背景

（一）政策依据

为贯彻落实全国、省、市职业教育工作会议精神和 2005 年由国务院发布的《关于大力发展职业教育的决定》，根据教育部 2009 年工作重点部署，结合《成都市人民政府关于实施职业教育三年攻坚计划的决定》文件精神，在成都市教育局的领导下，成都市职业院校开启了职业教育集团化发展的新篇章。

（二）理论依据

集团依据产教融合及校企合作的相关理论开展集团建设工作。产教融合指产业界与教育界的深度合作，实现资源共享、优势互补，使人才培养与产业发展同步协同发展。校企合作是指学校与企业之间建立合作关系，在人才标准、课程建设、科学研究、技术创新等方面开展合作。它们强调学校与企业相互依存、利益共享，共同推动人才培养和产业发展，推动区域经济持续、健康、快速发展。

（三）实践依据

随着中国改革开放的深度推进，国民经济得到快速发展，三大产业的占比变化和结构调整、产业升级改造等急需大量的产业人才。为适应经济发展的需要，国家出台相关政策促进职业教育的发展。成都市的公办和民办职业学校数量大幅度增加，高中阶段的升学职普比提升，学校办学规模快速扩大。但是，专业设置的同质化造成资源浪费、发展不均衡等问题，影响了成都市职业教育水平的整体提升。职业教育急需创新机制，整合资源，从规模发展向内涵发展转型，提高人才培养质量，助力成都市社会建设和经济发展。

二、基本情况

（一）集团的成立

根据成都市教育局印发的《关于同意组建职业教育集团的决定》，要求按照自愿、平等、互利原则，以专业为纽带结成区域性、跨行业、多元化的教育集团。成都电子信息学校作为牵头单位之一，联合相关学校、企业、行业及其他社会资源，于2009年5月正式组建了成都市电子信息专业职教集团。集团成员单位包括19所中职学校、1所高职院校、35家电子制造类企业、成都市电子学会、成都市电子信息行业协会等。

（二）运行机制

集团由成都市教育局管理，以成都市教科院为指导，依据《成都市电子信息专业职教集团章程》，实行理事会制度，成立了理事会，设牵头单位理事长1名，其他各成员单位负责人为理事。理事会下设秘书处，由牵头单位副校长任秘书长，各成员单位相关人员组成秘书处，秘书处在理事会的领导下与成都市中等职业学校电子专业教学指导中心组（以下简称"中心组"）协同开展各项工作。集团根据《成都市职业教育集团考核评分标准》的相关要求，先后拟定和完善了网站管理制度、集团会议制度、经费管理办法、秘书工作制度及奖励办法、专业带头人考核制度、牵头单位与成员单位管理办法、秘书处工作职责，为集团各项工作的开展提供了制度保障。

（三）成立行指委

在习近平新时代中国特色社会主义思想指引下，为加快构建现代职业教育体系，创新机制体制，促进人才链、教育链、产业链及创新链的深度融合，成都市教育局、成都市经济和信息化局于2018年5月联合成立成都市电子信息行业职业教育教学指导委员会（以下简称"行指委"），推进集团人才培养和教学改革与成都市产业结构调整和人才需求协调发展。

三、建设实践

（一）教学改革

教育教学工作是集团的核心工作之一，为促进教育教学质量的提升，集团开展了同课异构教研活动、升学调研考试、学生技能比赛、课程标准研制等多种类型的活动。如集团自 2017 年 11 月以来，每期开展 2 次专业综合升学调研考试，各成员单位均积极参与，累计参与学生达 3000 多人次。升学调研考试对集团教学质量和师资水平的提升均有很好的促进作用。课程标准研制是集团着力开展的专项工作。当前，随着经济发展和市场需求的变化，根据国家最新产业划分及职业教育专业目录对电子专业内涵的重新定义，各职业院校为精准化对接产业，设立了电子产品制造、汽车电子、电子产品营销、制冷与空调、机电一体化、楼宇智能化等多个新专业方向，在行指委的协调和指导下，秘书处协助中心组开展并完成了课程标准的研制工作。

（二）建设集团专业群

在行指委的指导和统筹下，集团先后开展成都市电子信息产业人才需求预测调研及成都市中职学校专业设置与课程开设情况调查工作，具体工作包括文献研究、问卷编制、问卷调研、企业访谈以及报告撰写等。通过政府部门、电子学会、电子信息行业协会、职教集团成员单位、行指委等多种渠道对全市 500 余家规模以上电子信息制造类企业进行抽样调查，最终选定 21 家典型制造类企业进行数据统计分析，并作为报告的主要参考依据。在专家指导下系统梳理了"产"与"教"相关情况，发现专业与产业、课程与证书、证书与岗位三个不对接问题，反映出人才链、教育链和产业链脱节的情况，这为集团整合资源、构建集团专业群提供了实证依据。集团以电子技术应用专业为主，根据产业细分情况及各学校实际，发展 1~3 个专业方向，并持续开展跟踪与指导，动态调整，逐步形成与产业方向基本对接的集团专业群（如表 1 所示）。

表 1 集团专业群

成员学校名称	专业方向
成都电子信息学校	人工智能、机器人、汽车运用与维修
成都市机械高级技工学校	物联网、智能家居
四川省乐至县高级职业中学	电子技术
四川省金堂县高级职业中学	机电、自动控制、机器人
成都市中和职业中学	电气自动化、无人机、电子产品（单片机）

续表

成员学校名称	专业方向
成都市温江区燎原职业技术学校	机电一体化、医疗电子
四川省简阳市高级职业中学	工业机器人、智能制造
崇州市职业技术教育培训中心	工业机器人
成都现代制造职业技术学校	汽车电子、机电一体化、智能楼宇
四川省大邑县职业高级中学	机电一体化、电气控制
成都市工程职业技术学校	新能源汽车电子、机电一体化、物流
成都石化工业学校	机电一体化、汽车电子、智能楼宇
四川矿产机电技师学院	电气自动化、汽车电子、光伏、机电一体化
成都天府新区职业学校	智能家居、电子应用技术

（三）资源整合

集团通过建设网站、建立和共享市级公共实训基地、开展圈层融合、建设"双师型"教师队伍等促进资源整合。其中成都市电子技术应用公共实训基地现有建筑面积13147平方米，总值1780万元，配有光电一体化、电子工艺等实训考核装置共89套，SMT生产线2条，PLC、单片机实训台共58台，包含丰富的电子基础实训设备及国赛赛项设备，可满足中职学校95%以上学生的实训需求。其丰富的实训设备可提供900余个实训工位，其中长期预留实训的工位数达300余个，且长期对外免费开放，为兄弟学校的实训提供了极大的支持。

师资队伍建设一直是集团的重点工作，主要通过教师技能培训、教师技能比赛、教师专项教研活动、教师专题培训讲座、行业协会培训、校企教师师傅互评等多渠道培养"双师型"教师。自集团成立以来，累计组织专业教师1000余人次参加成都市电子学会、成都市电子信息行业协会的培训，有助于扩展教师的专业视野，提升技能水平，优化课堂教学。

四、实践成效

（一）形成了"一核多元、共建共享"的发展模式

以集团网站平台为载体，积极引入中职学校、高职院校、本科院校、行业协会、企业、政府机关、科技类研究机构、教育类研究机构等各类单位加入集团平台，实现集团成员单位的信息共享、资源共建。

（二）教师培养卓有成效

经过 10 年的发展，师资队伍建设在教师总数、高级教师数、"双师型"教师数、硕士研究生学历教师数及名优教师数等方面均有提升。专业教师数由 226 人增加至 262 人，增加 36 人；高级教师增加 31 人；"双师型"教师增加 78 人；硕士研究生学历教师增加 12 人；获国家专利教师 1 人；成立区级名师工作室 2 个、市级技能大师工作室 1 个、高级技能人才培养基地 1 个。名师（技能大师）工作室为集团师资队伍建设注入了新的活力，高级技能人才培养基地的建设大大增强了集团的社会服务功能及社会影响力。当然，由于产业升级和专业方向的调整，教师队伍建设需要持之以恒地跟进，方可适应不断变化的社会需求和学生成长需求。

（三）学生培养成效显著

10 年来电子技术应用专业累计为社会培养了中级技能型人才约 20000 人，向高职院校输入 4000 余名优秀毕业生，其中升入本科院校人数有 500 余人，还有部分毕业生顺利升入电子科技大学、四川大学等名校深造。

成都电子信息学校　谭周辉

预测产业人才需求 提升教学改革实效

——校企协同开展电子信息产业人才需求调研的实践

随着电子信息技术的飞速发展以及"一带一路"建设的开展，电子信息产业作为成都市的支柱性产业之一，对成都及西部地区的发展起着重要作用。为了深入了解成都市电子信息产业制造业的人才需求状况，成都市中职学校、成都市电子信息专业职教集团在成都市经济和信息化局、成都市电子学会等相关机构指导下，校企协同，每年开展人才需求调研分析。本文基于 2020 年的数据，对行业内多家企业开展实地考察调研，结合人才市场招聘数据等，对人才需求情况、存在的挑战以及产业未来发展趋势进行分析，为中职学校优化专业设置、调整专业课程及技能实训项目等提供依据，助力提升教学改革实效。

一、研究背景

（一）政策依据

本次调研参考了国家及地方政府关于电子信息产业和制造业发展的政策文件，2015 年 5 月由国务院发布的《中国制造 2025》、成都市关于电子信息产业和制造业的发展规划等，为调研工作提供了具体的产业背景情况和宏观指导。

（二）理论依据

运用由众多学者和实践者在长期的人力资源管理实践中共同形成的人才供需平衡理论，通过调查和分析成都市电子信息产业制造业的人才供给和需求情况，研究当前和未来一段时间内的人才缺口和过剩情况，为制定人才政策提供依据。结合区域经济发展理论，分析成都市电子信息产业制造业在区域经济发展中的地位和作用，以及人才对产业发展的支撑作用，为区域经济发展战略的制定提供参考。根据调查统计方法，通过问卷调查、访谈、数据分析等，收集成都市电子信息产业制造业对人才的需求信息，包括人才数量、结构、素质要求等方面的数据，为最终形成报告提供支持。

（三）实践依据

成都市电子信息产业发展的万亿级规划目标带来促进了数量及岗位需求快速增长。2019年电子信息产业制造业规模以上企业有500余家，主要分布在集成电路、新型显示、智能终端、网络通信和新经济五个行业方向，从业人员达30余万人。电子信息软件业规模以上企业有900余家，主要包括软件开发、软件服务两类企业，其从业人员达30余万人。随着成都市电子信息产业的发展，产业内企业规模正逐步扩大，从业人员正逐步增加。

二、调研主题

本次调研主题为成都市电子信息产业人才需求预测（2020年），具体包括以下子主题：

人才结构分析。分析成都市电子信息产业制造业的人才结构，包括各类技术岗位、管理岗位等，评估各类人才的需求量和供给情况。

人才需求预测。根据成都市电子信息产业制造业的发展趋势、技术创新速度以及市场变化，预测未来几年内对各类人才的需求量。

人才缺口分析。对比当前人才供给和预测需求，分析各类人才的缺口情况，为制定人才培养和引进政策提供依据。

本次调研实践旨在深入了解成都市电子信息产业制造业的人才需求状况，为政府和企业制定相关政策和策略提供支持，也为促进电子信息产业与人才培养的有机结合、推动成都市电子信息产业制造业的持续健康发展提供助力。

三、调研实施

（一）企业及岗位需求的数据采集

成都市电子信息产业人才需求调研报告的数据采集主要针对以下几个方面：

企业实地调研。通过与企业负责人及人力资源、技术等部门负责人的交流和访谈，了解企业的实际运营情况、人才需求状况、人才培养和引进策略等。

人才市场和招聘数据分析。收集并分析各大招聘网站、人才市场、招聘会等渠道发布的电子信息产业相关岗位的招聘数据，了解岗位需求情况、薪资水平、人才流动趋势等信息。

行业报告和数据统计。参考国内外电子信息产业的专业报告和统计数据，了解行业的整体发展趋势、市场规模、竞争格局等信息，以及成都市在其中的地位和角色。

专家咨询和意见收集。邀请电子信息产业领域的专家学者、企业家、行业分析师等进行咨询，收集他们对成都市电子信息产业人才需求的看法和建议，增强报告的专业性和前瞻性。

人才培训和教育机构合作。与成都市内的高等院校、职业培训机构、人才孵化器等建立合作关系，了解其人才培养模式、课程设置、实习实训等情况，以及与企业的人才供需对接情况。

人才调查和问卷反馈。通过设计问卷，对成都市电子信息产业从业人员进行广泛调查，收集他们对行业发展趋势、人才需求、职业发展等方面的看法和反馈，为报告提供第一手资料。

（二）企业典型岗位分布与人员配置

电子信息产业典型岗位分布大体分为三类，即经营管理人员、工程技术人员、技能操作人员。其中，工程技术人员主要包括研发类（高端）、工艺技术、设备维护及质量管控等；技能操作人员主要是指操作普工。通过对21家典型电子信息类企业进行调研，得出其典型技术岗位分布及人员配置（占比）情况，如表1所示。

表1 电子信息产业典型技术岗位分布及人员配置（占比）

	产品设计	编程设计	工艺控制	生产管理	质量管控	设备维护	设备操作	产品维修	产品测试	操作普工	其他岗位
人数（人）	273	387	130	208	265	153	366	158	317	2814	980
占比	4.5%	6.4%	2.1%	3.4%	4.4%	2.5%	6.0%	2.6%	5.2%	46.5%	16.2%

（三）人才学历结构分析

通过调研，我们得到电子信息产业技术类人才（含操作普工）学历结构，如表2所示。

表2 电子信息产业技术类人才学历结构

	研究生及以上	本科	大专	中职、高中及以下
人数（人）	327	1290	925	3509
占比	5.4%	21.3%	15.3%	58.0%

其中研究生及以上学历从业人员主要分布在产品设计和编程设计岗位上。本科生主要分布在产品设计、编程设计、工艺控制、生产管理、质量控制及其他管理技术类

岗位上。大专生主要分布在一线操作、编程设计、生产管理、设备维护、设备操作及其他管理技术岗位上。中职（含普通高中）毕业生主要集中在操作普工和设备操作两类岗位上；经过一段时间努力后，有的中职生也能发展到工艺控制、质量管理甚至研发设计等岗位。

（四）岗位能力需求分析

通过调研和企业访谈我们发现，产品设计、软件设计等研发类岗位对从业人员要求相对较高，对其专业能力、理论水平均有很高的要求，这类岗位研究生及以上学历从业人员较多。工艺控制等技术型岗位对专业能力及理论水平通常没有过高的要求，本科、大专学历从业人员通过企业培训均能胜任，培训周期取决于具体工作及从业人员本身能力水平。至于设备操作、维修等岗位，对专业能力要求较高，理论水平要求一般。操作普工岗位对专业能力及理论水平均没有较高要求，通过企业短期培训即能上岗。

四、调研结论

（一）技能人才需求统计

通过分析企业人才需求调研数据，我们了解到成都市电子信息产业到2020年技术、技能型人才需求总量约为9.7万人。其中对研究生及以上学历人才需求约为0.91万人，需求占比9.4%；本科生需求量约为1.99万人，占比20.6%；大专生需求量约为1.2万人，占比12.5%；中职及以下学历人才需求量约为5.6万人，占比57.5%。

（二）技术、技能型人才的岗位分布

研发类岗位对人才专业能力及理论水平均有很高要求，要求精良率达到100%；研发类人才主要以研究生及以上学历人员为主，其主要集中在产品设计和编程设计两类岗位上。本科生除从事产品设计、编程设计两类岗位相对较多外，较均匀地分布在其他技术岗位上。对大专生的需求主要来源于生产管理、设备操作及产品测试三类岗位。而中职生仍是电子信息产业的需求重点，中职生主要分布在操作普工、设备操作、产品测试与产品维修四类岗位上。

（三）人才需求趋势预测

人才的能力及素质的需求趋势。从单纯注重专业方面的能力转向注重专业能力和综合素质的同步发展。专业能力方面，要求能够综合运用知识，精通业务流程，熟悉营销、管理等知识，具有自主学习、更新技术知识的能力，具备"互联网＋"时代所需的复合型专业技能。综合素质方面，要求具有道德感，身心健康，具备分析与解决

问题的能力、沟通与团队合作的能力和安全与环保意识，以及满足业务需求的相应的外语能力、科学思维能力、创新和创业能力。

人才规模需求趋势。高端复合型、创新型技能人才数量较少，研究生及以上学历人才比例只有 9.4%，与国际成熟的电子信息产业的高端人才占比 50% 以上还有较大差距，到 2020 年研究生及以上学历人才需求达 0.91 万人。

技术人才的学历构成。普通工程技术人才主要由本、专科学历人才组成，需求量随着产业的迅速发展而稳步增加，到 2020 年可达 3.2 万人。

一线操作人员需求将下滑。到 2020 年一线操作人员需求量为 5.6 万人，占总需求的 57.5%，随着企业的智能化进程加快和产业升级，人工智能设备在生产中逐步广泛应用，一线操作人员需求将逐步减少。

成都电子信息学校　谭周辉

成都市机械高级技工学校　李明睿

崇州市职业教育培训中心　刘翔

四川矿产机电技师学院　郑清

成都市天府新区职业学校　苏炳华

成都市礼仪职业中学　冯军波

锚定人才需求 调整人才培养方案

——校企协同开展成都市电气自动控制人才需求调研的实践

为贯彻《国家职业教育改革实施方案》精神，成都市电子信息行业职业教育教学指导委员会（以下简称"行指委"）和成都市电子信息专业职教集团秘书处（以下简称"秘书处"）于2021年5月启动了成都市电气自动控制人才需求调研，调查了解成都乃至四川电气自动控制行业的升级调整趋势，了解行业、企业未来发展趋势及人才需求情况，为中职学校电子专业的结构调整和建设提供客观依据，以促进专业与产业对接、课程标准与职业标准对接，推动教育教学改革与产业转型升级衔接配套。

一、调研背景

成都市作为成渝地区双城经济圈建设的主阵地之一，在机械、汽车、电子、通信等现代制造领域，均需要电气自动控制方面的工程技术人员，与此相关的机械制造与自动化、机电一体化、电气自动化等专业人才需求量非常大。产业的发展必然带来人才需求的增长，技术的进步必然要求人员素质的提高。在传统劳动力密集型产业向高新技术知识密集型产业转变的过程中，企业需要进行设备的更新与改造，需要大量既懂技术、管理，又具备操作能力的面向生产一线的电气自动控制人才。

本次采用问答和座谈会等形式进入拉法基水泥有限公司、四川华都核设备制造有限公司等10余家企业单位开展调研。同时，深入多家机电制造规模以上企业对高职院校的毕业生进行访谈，就企业对电气自动控制人才素质的要求、电气自动控制行业对应的职业资格证书、职业院校电气自动控制人才培养存在的主要问题进行梳理和分析。此外，通过文献及互联网查阅相关信息，对调研数据进行比对和分析。

二、调研实施

（一）职业院校人才培养情况分析

1. 企业对电气自动控制人才素质的要求（见表 1）

表 1　企业对电气自动控制人才素质的要求

序号	主要调研项目	所占比例（%）
1	爱岗敬业，勤思肯钻，身心健康，服从安排	100
2	机电图样的识读	100
3	常用工具、量具的使用	100
4	合理使用技术资料	82.7
5	低压电器的使用	60
6	通用设备的电气控制电路安装调试（机电）	58.6
7	机械安装调试及维护	52.3
8	常用油路及气路分析	23.3
9	计算机技术应用	53.3
10	先进程序控制设备应用（机电）	46.7
11	常用设备结构及工作原理	40
12	工业机器人操作与运维	35.8

2. 电气自动控制行业对应的职业资格证书分析（见表 2）

表 2　电气自动控制行业对应的职业资格证书分析

序号	职业领域	就业岗位	职业资格证书
1	自动线操作人员	操作工	无
3	设备维修人员	机修钳工、维修电工	中级/高级电工、中级/高级钳工
4	设备安装调试人员	安装钳工、安装电工	中级/高级电工、中级/高级钳工
5	自动线设备技术员	设备主管、机械电气工程师	电气、机械工程师
6	自动线管理人员	车间主任、线长	电气、机械工程师

3. 职业院校电气自动控制人才培养存在的主要问题（见表3）

表3　职业院校电气自动控制人才培养存在的主要问题

序号	主要调研项目	比例（%）
1	电气自动控制专业课时不足	100
2	基本技能不扎实，与企业具体岗位的要求有一定差距	100
3	教学理念、教学方法、教学手段相对落后	100
4	教材更新跟不上企业的发展，教学内容相对滞后	82.7
5	课程体系与企业生产实际有较大差距	60
6	专业培养目标没有对接企业需求	58.6
7	缺乏与企业全面合作办学的机制	52.3
8	实训器材和设备数量不足，功能落后于企业要求	43.3
9	专业教师的实践教学能力不够强，理论教学与实践教学未有机融合	33.3
10	培养模式和课程体系未结合企业文化和岗位的技能要求	28.9

（二）企业自主人才培训现状

1. 成都市企业职工电气自动控制人才培训现状（见表4）

表4　成都市企业职工电气自动控制人才培训现状

序号	主要调研项目	比例（%）
1	争取主管部门支持，获得自主考核权	88.3
2	下发职工培训需求调查表，制订年度培训计划	85.8
3	结合技术比武活动开展职工培训	73.5
4	岗位培训实施班前、班后短期集中培训	80.2
5	技术人员主要立足岗位自学和经验积累	59.7
6	各单位培训师资参差不齐	57.6
7	培训内容不具备系统性和稳定性，教材选择混乱	55.6
8	专业人员继续教育多为岗位自学，系统培训较少	45.3

2. 成都市企业职工电气自动控制人才培训存在的问题

通过调研发现，企业要想做到培训贴近生产，主要要解决机制的问题。受考试模式的制约，培训内容和企业实际需求有差距。企业培训教师大都是土生土长的本岗位上的骨干，他们懂生产有经验，但大多数人员未掌握科学的教育教学方法和先进的教育技术，严重制约了培训效果。由于生产与培训时间上的矛盾，集中抽调培训不太现实。另外，职工培训工作主要是通用工种技能鉴定前的理论和实作培训，切合生产实际和职工素质提升需求的专门性培训项目较少。

三、问题反馈

通过对上述调查情况的整合，行指委和秘书处对问题进行提炼，形成了以下反馈意见：

（一）师资队伍的培养

针对中职学校电子类师资基本技能不扎实、距离企业岗位要求有一定差距的现状，为确保专业人才培养方案的顺利实施，必须培养一支专兼结合、业务能力强、职业素质高的师资队伍。而要达到上述目标，兼职教师应按不低于专任教师30%的比例配备，才能将企业具体岗位要求真正有效融入电子专业人才培养的全过程。

（二）教学资源的重构

教学资源为教学的有效开展提供各类素材。行指委和秘书处建议各中职学校根据本区域电子电工类企业发展需要，以及完成职业岗位实际工作任务所需要的知识、能力、素质要求，制定突出职业能力的课程标准，按照职业标准安排教学内容。本专业已有或拟建设相关专业教学资源（含精品在线开放课程、专业教学资源库），利用信息化手段形成多角度、全方位的教学资源体系，有力推动专业建设与教学模式改革。

四、改进对策

通过对比成都市职业院校电气自动控制人才职业面向和培养情况，以及成都市企业职工电气自动控制人才培训现状，对中职学校电子专业的结构调整和专业建设提出以下相应对策：

（一）师资队伍建设

1. 教师进企业

做实电子专业教师进企业跟岗培训，围绕"提升教师专业能力"和"贴近生产实际需要"，分专业、分层次开发针对电气自动控制人才岗位群的专题培训项目，实行"模块化教学，菜单式服务"培训教学模式，让他们掌握各岗位急需技术技能。

2. 加强兼职教师队伍建设

从企业聘请有经验（特别是有管理经验的技术技能人才）的师傅参与学校教学及

教师培训，打造一支高素质的"校企双向"兼职教师队伍，鼓励教师向专业的深度和广度发展，为企业的职工培训工作奠定良好师资基础。

（二）教学资源建设

1. 构建"岗课赛证"人才培养模式

在做实企业调研的基础上确定人才培养的目标，契合成都地区电气自动控制类企业核心岗位群对高素质技术技能人才、能工巧匠、大国工匠的需求，构建"岗课赛证"的人才培养模式，大力建设电气自动控制人才岗位规范、职业（工种）项目培训实施方案、教学大纲和适合培训需要的教材或教学资源。

2. 加强数字化教学资源建设

组织有能力的专业教师自编校本教材，大力开发活页式教材和数字化教学资源。使培训的内容更贴近生产实际，提高培训的有效性。

（三）推进教学改革

结合中等职业教育的培养目标，在电气自动控制重应用、轻维修的大背景下，电气自动控制类专业教学改革应以能力教育为核心，以培养学生的专业实践能力和继续学习能力为重点进行。

1. 转变教育教学观念

打破学科逻辑，以电气自动控制典型的工作任务开展专业理论课及实训教学，课程设置保证与工作任务相匹配。注重从职业活动的实际需要出发来组织教学内容，强调能力本位和知识的"必需、够用"，重视职业分析。

2. 建立实践教学体系

建立从培养基本能力到专业综合能力的实践教学体系并进行合理的时间安排，融入教学计划，贯穿学生从入学到毕业的整个过程。

3. 加强职业道德培养

职业学校要加强对学生的心理健康、思想品德、职业道德和责任意识等方面的教育引导，教育学生学会做事之前首先学会做人，培养学生良好的职业习惯，做到无论从事何种工作，首先要端正工作态度，具有敬业精神，认真负责，一心一意，任劳任怨，精益求精。

4. 改革教学方法和教学手段

本着培养学生自学能力、创新能力，促进学生个性发展和全面发展的原则，构建新的电气自动控制类专业教学模式，教学资源中增加离线模拟软件、专业图片、施工视频等相关内容和资源，提升教学的生动性、直观性和形象性，既方便教师在教学中更好地借助网络课程教学资源库进行教学,又能为学生扩展、深入利用网络课程教学资源库提供便利,真正将案例教学、理论学习、师生交流、技能形成等整合在资源库的平台上,高质量、高效率提升专业教学的效果。

四川省金堂县职业高级中学　王智勇

成都市温江区燎原职业技术学校　易治庆

成都市机械高级技工学校　李明睿

四川省简阳高级职业中学　钟孙国

核工业成都机电学校　庞大彬

第五篇　自主发展

　　人的存在和发展是马克思主义思想体系的灵魂，人的全面发展以人的主体性发展为核心，发展人就是发展人的主体性。教育"不仅是提高社会生产的一种方法，而且是造就全面发展的人的唯一方法"，所有外部条件只有通过人的内部转化，形成自我教育能力，才能真正对人的全面发展起作用。自主发展突出自主性，强调每个人都需要在持续不断的自我教育中才能实现全面发展。对于教师、家长等主体而言，必须坚持自育，方可担当起育人的责任和使命；对于学生而言，学校、家庭、社会等外部因素必须通过内部转化才能发生作用，形成自我教育的意识和能力，走上正确的自主发展之路，在为社会创造幸福的过程中实现个人幸福。

　　本篇呈现的实践案例涉及小学、初中、普高和职高的身体健康的学生和残疾学生。教师们以学生的自主发展为主题，从学科教学、班级治理以及社会服务等不同角度培养学生的自我教育意识和能力，在探索与实践中形成了一些认识和方法，可供同行们借鉴和参考。这些案例中，有关于随班就读学生的积极品格、学业发展等的探讨，以期助力残障孩子的自主发展，适应并融入大众社会；有关于自主班会课、自主学习、自主治理以及多元评价等方面的探讨和实践；有关于志愿工匠的讨论，引领学生树立"尽我所能，帮助他人，奉献社会"的人生信念，成为新时代创造美好世界的重要力量。

让自助、互助、他助之花开满班级

——高中学生自主学习能力的培养实践

　　高中阶段对学生而言无疑是人生的关键期，不仅面临从青春期向青年期的过渡，更处在高考升学及未来发展的十字路口。高中生的身心健康是快乐生活、高效学习的前提保障。本文以积极向上、自主合作的班级文化建设为基础，构建"自助助人·助人自助"的合作学习模式，让学生扮演助人自助的多重角色，学习在自助中积极成长，在互助中和谐发展，在他助中体验快乐，提升自主学习能力。

一、研究背景

（一）政策依据

　　《中小学德育工作指南》指出，高中阶段的学生应"具备自主、自立、自强的态度和能力"，教师要"引导学生增强调控心理、自主自助、应对挫折、适应环境的能力"。《普通高中课程方案（2017年版 2020年修订）》强调要促进学生自主、合作、探究地学习。《国务院办公厅关于新时代推进普通高中育人方式改革的指导意见》指出，要"加强对学生理想、心理、学习、生活、生涯规划等方面指导，帮助学生树立正确理想信念、正确认识自我，更好适应高中学习生活"。

（二）理论依据

　　朋辈心理互助是指在工作中遇到挫折或困难时，向与其年龄相仿的同辈或朋友进行倾诉，以此获得问题解决的办法以及情感上的鼓励的一种心理辅导形式。自主管理是人本管理的核心理念和本质特征。实现组织自主学习的关键在于融入组织利益和个人利益，充分激发学习者的学习动机，并由学习组织建立充分的保障机制和促进机制，助力人的全面自觉自在发展。

（三）实践依据

高中生自我意识增强，内心深处有向上向善向美的积极倾向，但部分学生自控能力不是很强。高中阶段的学习任务相对较重，学生如果没有较强的自主学习管理能力，也得不到同学之间的支持与帮助，那么他的学习、生活、心理都将会受到较大影响。在班级建设和学生成长过程中，遵循助人自助的心理教育原则，实施自主学习管理，充分发挥学生之间朋辈心理互助辅导作用，可实现事半功倍之效。

二、实践主题

自主学习管理能力是未来社会对人才的基本要求。高中生自主学习管理涉及如何有效地规划和管理自己的学习时间、学习任务和学习进度等方面。自主学习管理能力的培养需要学生设定明确的学习目标，制订明确的学习计划，培养良好的学习习惯。同时，学生还应该学会必要的时间管理和情绪管理，寻求同伴的帮助和反馈，设定适当的自我激励机制，以持续激发学习动力，提高学习效率，增强成长自信。

三、实践行动

（一）野百合之自助

场景一：自习时间，教室里空了好几个座位；而教室外面、阳台上、隔壁办公室里却各有几个学生或站或坐着读、背、写、练。

场景二：课堂上，老师在精彩地讲解，教室后面却站着几个学生，他们一手拿书或笔记本，一手拿笔，或认真听，或大声说，或沉思。

场景三：去食堂的路上，学生手拿一本书，一边走一边念念有词，时而还看看手中的书。

以上三个场景也许会让人纳闷，这些学生在干吗？是教师的教育惩罚吗？这是一个怎样的班级？其实那只是我班学生的自主学习管理之自助行为。进入高中，学生感觉各科学习压力增大，各种作业增多，如果不调整好每天的学习状态，不合理安排好学习时间，就怕背上学习的"债务"。在争先恐后的学习生活中，他们就主动提出如此"怪招"。

场景一被称为"醒觉环境"。学生认为当睡眠没得到满足时，换个环境就能调整状态，达到赶走睡意、神清气爽的目的。场景二被称为"调适状态"。学生一天从早上七点到晚上十点多，大多是以坐的姿势来完成学业的，很容易产生疲倦感，学习效率较低。为了调适这种低效状态，他们主动提出到教室后面站着听课来调整状态，提高学习效率。场景三被称为"零碎时空"。为识记单词、短语、公式、定理、概念等，在教室里大声读背，一怕影响其他同学，二怕背错了遭人笑话，而在早、中、晚吃饭时间，往返于食堂、操场、寝室的路上，自由、空旷的时空让学生感到放松和坦然，读背一些知识点既充实又高效。

这些都是学生在学习方法上的自主管理、自我帮助，没有师长的外在压力，只有自我提升的内在需求。他们在实践中思考，在思考中收获。俗话说：天助自助者。有了学生的自助，就有了许多学习主动行为，教师只要适时传授一些方法，再做一些指导和调控，师生都会乐在其中并受益匪浅。

自助犹如花之野百合——自由自主，朴素清香。

（二）并蒂莲之互助

场景一：自习课上，有两位学生在教室里前后走动着，时而看看手中的书，时而和某位同学说一说，时而为某位同学指点一下。

场景二：放学后，还有几个学生没离开教室。他们有的已背好书包，手里拿着书本；有的站在教室外窗口边催促教室里的同学"快点、快点"；有的还在座位上慌忙地收拾书本，嘴里回答着"马上、马上"。

场景三：考试结束后，一位小组长双手捧着糖果来到办公室，和我分享成长的快乐。

每一个个体随时都处于不同的群体中。团队中的互助与合作，能让学生学会与人相处、分工协作、分享快乐、欣赏悦纳、共同进步等。以上三个场景就是学生在自主学习管理中的互助表现和结果呈现。

场景一是班级科代表在自习课时利用自己的学科优势辅导同学学习，每天至少两科四个科代表为其他同学提供学习服务，这样既解决了学生的个别问题，又巩固和加深了科代表的知识，实现其存在感和价值感，从而达到双赢。场景二是一群想学好数学但却有很大劣势的同学组建的班级数学兴趣小组，他们马上要去开展互助活动。在这样的时间段，在这样的团队中，在这样的活动后，他们少了自卑多了自信，少了压抑多了自由，少了消极多了积极。场景三是学月小组排名第一的小组长与我分享他们的互助成果，而且还说每一个老师都有份。其实这些东西也是各科教师奖励给他们的，现在分享出来可以放大他们的喜悦，让教师来分享他们的快乐，这也是反哺能力的一种表现。教师应以尽情享受的方式来对学生自主成长表示肯定与赞许。

在学生的学习过程中，教师应采用各种有效方式调动每一个成员的积极性，发现学生特点，挖掘学生潜能，创设展示平台，发挥学生特长，在学生活动中充分发挥同伴互助作用，适时教给一些互助方法与技巧，及时肯定互助成果，施助者与受助者各有收获，学生的互助动力就会越来越足。

互助犹如花之并蒂莲——相生相长，相得益彰。

（三）仙客来之他助

场景一：办公室里，教师与学生成45度角面对面坐着。他们专注于诉说和倾听，还不时地点头、拍肩、擦拭眼泪。

场景二：教室里，两位家长坐在其中。课桌上还有课本、练习本和笔，他们听听、写写、算算。

场景三：学校花园里，七八个学生围成一个圆圈，开心地做游戏。

爱因斯坦曾说："我们吃别人种的粮食，穿别人缝的衣服，住别人造的房子。我们的大部分知识和信仰都是别人创造的，由别人传授给我们的。"每个人都处在社会中，个人不可能离开社会独立存在，而一个人的价值又体现于给别人以满足，所以他助与助他是必不可少的。

场景一中学生因为找不到正确的学习方法来突破学习瓶颈，去寻求教师的帮助。教师帮助他分析问题、找到优势、改变不足、树立自信。这是一条较轻松的快速通道，因为有师长的引领与帮助，学生可以在达成目标的过程中少走弯路。场景二是在高三复习时两个学生找不到学习的动力，陷入情绪的低谷后，主动提出让家长陪读。一是让学生感受到家长的真切期望，有外在压力；二是让家长体会学生学习的辛苦，有同理心；三是督促上课教师更加认真仔细，有紧迫感。这样让学生、家长、教师更自主、自律。场景三是心理辅导教师针对几个性格孤僻、易怒的学生进行的"打开心门交朋友"团体辅导，当学生较长时间不能自我调控时，必须借助专业心理辅导员的力量对他们进行专业心理干预，才能让学生战胜自我、了解他人、认识生活。适当的心理调适能很好地促进学生自主学习能力提升。

他助犹如花之仙客来——摇曳生姿，经久不衰。

四、实践成效

（一）学生学习的主动性和积极性大大提高

在自主学习管理模式下，大多数学生能够根据自己的兴趣、能力和需求来选择学习内容和方式方法，从而更加自觉、主动地参与到学习中来。

（二）学生独立思考和解决问题的能力逐步提升

在自主学习管理过程中，学生需要独立面对各种学习问题和挑战，通过思考和实践来找到解决问题的方法；需要合理安排自己的学习时间，确保各项学习任务能够按时完成。这种经历锻炼了学生的思维能力和解决问题的能力，让他们更加自信地面对未来的挑战。

（三）学生之间、师生之间的互动能力明显提升

在自主学习管理模式下，学生通过与教师、同学积极地沟通和合作，共同解决学习问题，增强了师生、生生、家校之间的信任和理解，还为学生提供了更多的学习资源和情绪支持。

基于自主学习管理能力培养的班级建设实践，让学生的主观能动性更强，自主意识更到位，多元化发展更充分。学生在自助、互助、他助中收获知识、收获自信、收获成长，班级建设成果呈现"万紫千红春满园"的美好景象。

四川天府新区教育科学研究院　刘春琰

班主任助力高中生走出心理困境的教育策略探索

健康不仅是个体的生存和发展需要，也是人类可持续发展的基础。世界卫生组织将健康定义为人在身体、心理、家庭和人际等各方面的和谐状态。本文以普通高中学生为例，结合笔者多年担任班主任工作的教育教学经验，对解决高中生的健康问题特别是心理困境，探索出助力高中生走出心理困境的教育策略，以增强学生的心理自愈能力，促进学生健康成长。

一、研究背景

（一）政策依据

党的十八大以来，以习近平同志为核心的党中央高度重视和关心广大学生的心理健康和成长发展，国家相关部门相继印发了《生命安全与健康教育进中小学课程教材指南》《关于加强学生心理健康管理工作的通知》《全面加强和改进新时代学生心理健康工作专项行动计划（2023—2025年）》等系列政策文件，对学校开展心理健康教育提供了明确的政策指导，明确了课程设置、教师培训、学生支持等方面的要求，以促进学生全面发展。

（二）理论依据

高中生正处于从青春期向青年期过渡的阶段，根据爱利克·埃里克森的人格发展理论，正处于12～18岁面临"同一性对角色混乱"冲突的阶段。社会学家罗伯特·哈维格斯特则进一步提出了青少年的八种发展任务（见图1）。

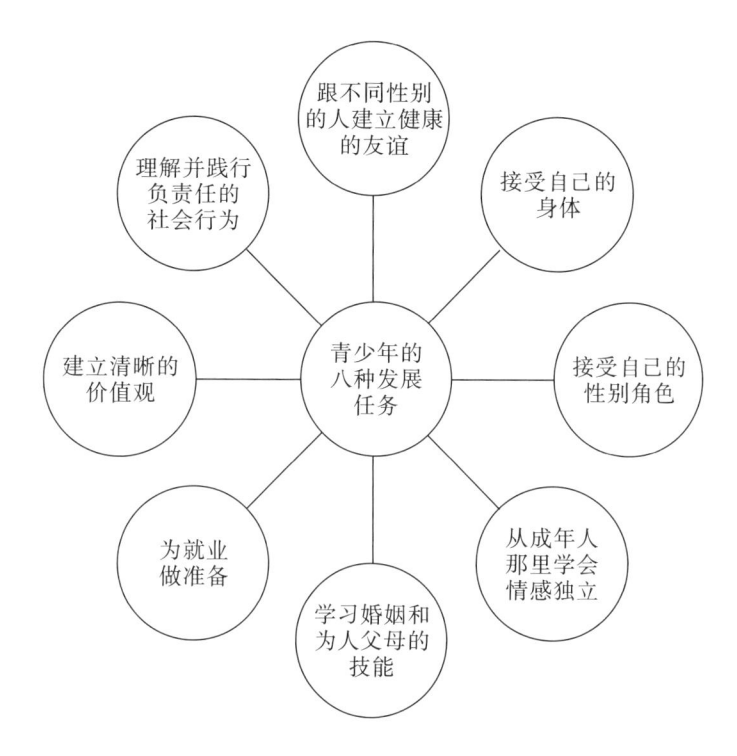

图1 青少年的八种发展任务

这一阶段的任务发展水平对于青少年建立健康的自我认同和发展良好的心理素质至关重要，并影响青少年以后的人格发展。人本主义心理学家卡尔·罗杰斯认为，每个人都有一种自我概念，即对自己的理解和评价，而这种自我概念影响着个体的行为和感受。人是有自我实现和成长的潜力的，这种潜力是内在的、积极的、建设性的，心理健康的关键是能够实现自我。

这些心理学理论为激发高中生的主体性及探索助力学生走出心理困境的教育策略提供了重要的理论依据。

（三）实践依据

笔者所在学校每年开学初期都会通过心理健康调查问卷对全体学生进行心理筛查，结果发现学生在多种维度均存在不同程度的心理困境（见图2）。

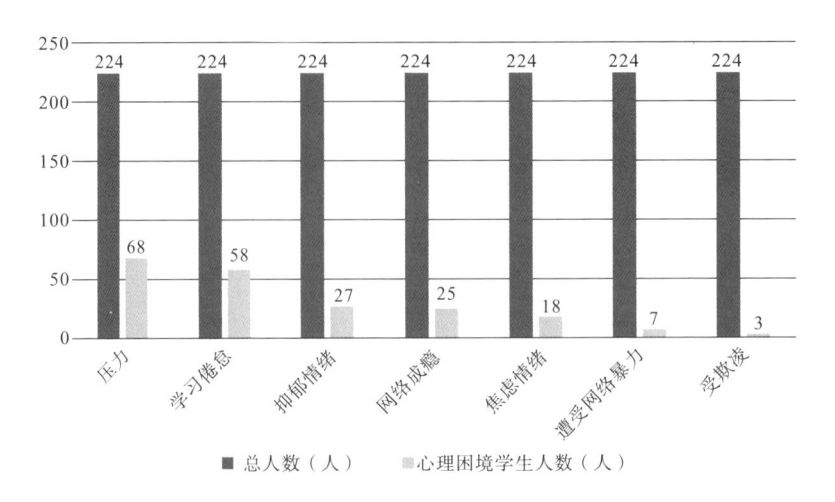

图 2　学生心理困境情况

由此可以看出，学生心理困境呈现出多种样态，包括压力、学习倦怠、抑郁情绪、网络成瘾、焦虑情绪、遭受网络暴力和受欺凌等各方面。其中，压力和学习倦怠是最突出的问题，这显示出学生在应对学业压力和学习动力方面可能存在一定困扰，同时学业压力与抑郁情绪、网络成瘾、焦虑情绪等问题的相关性也值得关注。

二、高中生心理困境及其成因

（一）心理困境

心理困境是指个体在心理层面遭遇到的一系列困难和挑战，这些困难和挑战可能导致个体的心理健康状况受损，影响个体的学习、生活和人际关系等。心理困境可能源于外部环境的压力和挑战，也可能源自个体内在的心理矛盾和焦虑。

（二）心理困境的表现

高中生心理困境因个体差异性而在不同维度有不同表现（见表1）。

表 1　高中生心理困境的表现

心理困境	内在含义	外在表现	危害
学习压力	个体在面临学习挑战时所感受到的一种紧张状态	情绪波动、易激动、注意力不集中、出现睡眠问题、食欲变化等	形成一系列问题行为，如逃学、旷课、沉迷网络等
学习倦怠	对学习任务的兴趣减退或者不愿意投入精力	拖延、注意力不集中、学习效率低下、缺乏动力等	学业成绩下降、自我效能感降低、对学习的兴趣减退等

续表

心理困境	内在含义	外在表现	危害
情绪问题	情绪的失控或者不稳定,包括情绪波动较大或者长时间处于负面情绪状态	长时间感到沮丧、悲伤或者无助,对日常生活失去兴趣。对日常事务、学习或未来过度担心,担心的事情明显超过实际情况等	人际关系紧张、学习效率下降、出现身心健康问题等
网络成瘾	对网络使用产生强烈依赖和无法控制的渴望	无法控制自己的上网行为,过度使用社交媒体、在线游戏、聊天应用等工具,忽视其他日常活动和学习任务	疏远现实生活中的社交圈,导致社交技能下降和人际关系紧张。无法上网时会感到烦躁不安、情绪低落,甚至出现暴力倾向
受欺凌	遭受他人的持续性伤害或威胁,导致自尊心受损和产生心理创伤	受欺凌者可能会感到害怕、无助和孤独,甚至出现自杀的想法。表现出社交障碍的行为,如退缩、避免与同学交往、孤僻等	退缩、学习成绩下降、出现社交障碍等

(三)心理困境的成因

每个人在人生的某个节点或多或少都会陷入心理困境。高中生正处于加速成长的阶段,身心发展的不协调最易使其陷入心理困境,其成因有如下几种(见表2)。

表 2 高中生心理困境的成因

成因类型	诱发因素	具体表现
学习压力	学习容量和难度更大,学习竞争更激烈,学习成绩下降	注意力不集中,情绪波动大,自卑心理明显
家庭矛盾	离异或单亲家庭,家庭成员价值观或生活习惯差异大,家人之间沟通不畅,缺少必要的亲子活动	性格孤僻,情绪低落甚至焦虑,行为叛逆,缺乏安全感
同学关系紧张	性格差异,过度自负或自卑,竞争压力,沟通障碍,暴力和欺凌	以自我为中心,妒忌猜疑,胆怯冷漠,回避或张扬
师生关系不和谐	因代沟而显现的认知差异,尤其是教与学的方式方法不同	缺乏参与课堂的积极性,对教师不尊重,言语或行为存在挑衅或反抗

三、助力学生走出心理困境

面对陷入心理困境的高中生,学校特别是班主任在做好常规心理健康教育的基础上,还要密切关注学生的动态发展情况,多鼓励引导,激发他们的内驱力,助力学生走出心理困境。

（一）家校协调的教育策略

学校高度重视心理健康工作，建立了以班主任和心理教师为主体、全体教师共同参与的心理健康教育工作机制。充分发挥三名心理健康教育专职教师的作用，按照规定开齐开足心理健康课程。加大硬件投入，建设心理健康中心，包括个体辅导室、团体辅导室、宣泄室、虚拟放松室、沙盘室等多个功能区域。结合高中学生的发展任务，围绕青春期成长、考试焦虑、亲子关系等主题开展了丰富多彩的活动，包括家长学校、心理文化长廊、心理调适讲座等。

（二）班主任的帮扶指导

积极心理学和人本主义心理学告诉我们，孩子的正向发展和自我价值的实现更有利于心理健康发展。据此，我们制定了班主任帮扶策略（见表3）。

表3　班主任帮扶策略

策略	具体做法	效果
加强家校沟通	引导家长改进教育孩子的方式方法；教育孩子要主动给父母反馈学校生活情况	让学生感受到家庭的温暖、安全
学习生活指导	落实个体学科辅导；构建班级、小组、寝室一体的人际交流圈；做好个人的情绪管控，遵循"宽以待人、严于律己"的处事原则	学生能客观、公正地评价自己并学会欣赏自己
密切跟踪反馈	对孩子做得好的要及时表扬肯定，激发孩子的内驱力；指出不足并及时了解原因，提出行之有效的改进方法；对于孩子在校在家表现，老师和家长保持联系，统一教育管理尺度、方法等	让学生有则改之、无则加勉，通过点点滴滴的进步，增强自信心，获得成就感

（三）学生自助走出困境

尽管班主任助力高中生走出心理困境很有必要，但毕竟是外在因素，事物的发展最终是内因起决定作用，因此高中生心理困境的自愈就显得格外重要。心理困境自愈是指个体在面对心理困境或挑战时，通过自身的心理调适、认知重构、情感调节和行为改变等过程，逐渐摆脱困境。心理困境自愈不仅仅是减少对外部帮助和支持的依赖，更是个体内在力量的体现。班主任指导高中生形成心理困境的自愈策略如表4所示。

表4　高中生心理困境的自愈策略

方法	具体做法	效果
加强体育锻炼	跑步、爬山、打球等	强身健体，减压放松，缓解不良情绪
培养兴趣爱好	唱歌、跳舞、画画、看书等	减压放松，培养专注力，获取成就感
亲子活动	主动和父母交流，协助父母做家务	增强家庭责任意识，感受家庭的温暖、安全
同学交际	交一两个知心的同学朋友，相互尊重，相互帮助，共同进步	同龄人陪伴成长，学习生活更有尊严感
师生交流	定期主动和班主任交流沟通	宣泄情绪，释放压力，感受到被尊重和被关爱
心理咨询	根据自身情况积极寻求专业帮助	增强自信，构建正确的价值观，打开心结

四、实践成效

（一）学生的变化

那些陷入心理困境的高中生通过自助行动，加之班主任助力帮扶，有了一定的变化，相较于过去，该类学生的情绪状态有了显著的改善。过去面临问题时，他们倾向于采用对抗性的应对策略。这种状态下，个体更多地关注自身的情绪宣泄，而较少顾及他人的感受。现在，听从老师的建议，迈出实践的步伐，随着时间的推移，他们逐渐学会了更为健康和有效的情绪调节方式，比如能够主动向老师倾诉内心的困扰，主动与父母进行交流，从而更好地处理和表达自己的情绪。这种情绪状态的积极转变也反映在人际交往和学习态度上，与同学之间的交流增多，使得人际关系更为和谐。同时，学习态度也有了明显的改善，可能表现为更加专注、积极和高效。此外，还学会了悦纳自己，能够以更为客观的态度来评价自己的能力和价值。这种自我接纳的态度进一步增强了个体的自信心和自尊感，使得整个人看起来更加阳光、积极和自信。

（二）教师的成长

在助力高中生走出心理困境的过程中，班主任也获得了一定的成长。

促进教育观念改变。教师需要了解班级每个学生的家庭情况、成长经历和思想动态，为助力帮扶做好准备，更加注重尊重和关爱每一个学生。

促进教师不断学习。教师需要不断更新和深化专业知识，包括心理学、教育学、社会学等相关领域的知识。为此，教师要加强学习，保持对最新理论和实践的了解及运用。

促进教师不断反思。教师需要经常对自己的教育教学思想和行为进行反思总结，认识到自己的优点和不足，进而调整和改进自己的工作方法。

促进教师自我关怀。教师需要关注自己的心理健康，增强情感智慧，学会应对压力，促进个人的持续发展。

（三）实践反思

助力高中生走出心理困境是一项有意义的工作。那些陷入心理困境的高中生并不能通过单一的心理筛查、简单的心理治疗就走出来，而是要找到造成心理困境的根源，从根本上解决矛盾，在平时的学习生活中体验到成长过程中的进步，正确认识自己，学会悦纳自己、欣赏自己，不断自我激励，学会自我疗愈，走出心理困境。

当今时代，互联网兴盛，世界变得更"小"，各类信息传播更快，学生获取的信息更多，其中不乏负面信息，对高中生造成的冲击很大，加之学习压力、人际关系、青春期等问题，高中生陷入心理困境的现象依然不容乐观。班主任助力高中生走出心理困境依旧任重道远。

四川天府新区综合高中　陈兴龙　李博文

我的班会课我来上

——基于治理理论的中职生自主班会课实践

随着时代的发展，职业教育更加重视对学生实践能力的培养，这就要求我们的教育方式也要不断创新。班会课是教育的一个重要手段，是一个班主任实行班级治理的有效方式，中职生自主班会课实践可以为他们的自主发展助力。

一、研究背景

（一）政策依据

《中国学生发展核心素养》可概括为七个方面：道德品质是基石，包括诚信、尊重和关爱他人；学习能力是成长的动力，注重创新思维和求知欲的培养；实践能力是行动的体现，强调动手能力和问题解决能力；身心健康是发展的保障，重视体育锻炼和心理健康；艺术素养提升审美能力，培养对美的感知和鉴赏能力；社会责任强调贡献，鼓励学生积极参与公益活动；国际视野要求开阔思维，培养跨文化交流能力。通过这些素养的培养，学生们能够在日常的教育和实践中获得更好的表现，并在未来的竞争中形成更大的优势。

（二）理论依据

积极心理学是从积极角度研究心理的一门新兴科学，旨在探索人类内在的潜能，并致力促进人们的身心健康、幸福感和社会和谐。运用积极心理学来引导学生树立正确的世界观、道德观和价值观，从多元主体性、互动性、协作性、团结性等多维度引导锻炼学生，学生无论是在未来日常生活中还是在职场中都大有可为。

（三）实践依据

班会课是政策规定的课程，是班主任开展德育工作的主阵地，是培养学生独立自主能力和对学生进行素质教育的重要方式，更是一种有效的学生自我教育的方式。中职生正处于一个重要的转折阶段，他们的理想信念、价值观、思想道德状况将会对他们自身乃至我国未来的发展有至关重要的影响，因此必须给予他们充分的指导。

大多数中职生都属于"Z一代"，即 20 世纪 90 年代中期之后出生、年龄处于 22 岁以下的人群。他们从出生开始就被数码信息技术等新兴科技影响，他们获取信息的途径更加多元，想法也更加多样，会用自己的方式去学习、去传递正能量。

"Z一代"的青少年拥有较强的自主性，因此，要想让学生们发挥出最大的潜力，就必须以多样的形式如班会课等激发他们的积极性，并且鼓励他们去关注世界、观察自己，从而获得真正的成就。有了情感的体验，有了灵魂的触动，才能达到德育工作的最佳效果。

二、实践主题

（一）关键词解读

1. 中职生

中职生是指中等职业学校的在读学生，也称为职业高中生。中职生主要接受职业教育，以获得实际职业技能和就业能力为目标。中职教育是培养技术工人、服务人员和中级职业技能人才的重要途径，对促进国家的产业发展和劳动力素质提高具有重要作用。

中职生的升学途径主要有对口升学（也称对口高考）、高职单招、五年制高职等。中职生的未来发展取决于他们的兴趣、能力、职业规划和学习成绩等因素。无论是选择就业还是升学，中职生都需要根据自己的实际情况做出选择，并努力提升自己的综合素质，以适应不断变化的社会环境。

2. 自主能力

自主能力指自我掌控、自我主张和自我表达，选择和追求有意义的目标，并勇于承担风险以实现个人权利的能力。它包括独立思考、解决问题的能力，自我管理、自我约束的能力。

3. 班会课

班会课具有重要的意义，因为它能够帮助学生更好地理解和掌握知识。班会课的形式多种多样，包括主题班会、座谈会和研讨会等，必须遵循一定的流程，应包含明确的目标、主题、内容、方式、流程和评估。但最重要的是让学生自主参与设计和实践。中职生自主班会课的实践就是"对症下药"，既能让他们展示自己的优势，又能激发他们的学习热情，在不断实践中挖掘他们的潜能。

（二）培养目标

1. 总目标

充分发挥班会课的教育功能，提升班主任课程领导力，让学生在主体性体验过程中增强自我教育意识和能力，以主人翁姿态建设班级，整体优化班风学风，为未来的学业发展和人生幸福奠基。

2. 具体目标

通过自主班会课的设计及实施的全过程，培养学生的自我认知能力、时间管理能力、团队协作能力、情绪管理能力、思维创新能力（见表1）。

表1　培养目标

目标	学生收获	教师引导
自我认知	学生能够更好地了解自己的兴趣、优势和不足之处，从而明确自己的发展方向	教师可以引导学生进行自我评估和反思，鼓励他们分享自己的想法和感受，并给予积极的反馈和建议
时间管理	学生能够更好地规划自己的时间，提高自己的学习和工作效率	教师可以教授学生时间管理的技巧和方法，如优先级排序、番茄工作法等，并引导学生进行实际操作和练习
团队协作	学生能够更好地了解团队合作的重要性，提高自己的沟通能力和协作能力。	教师可以提供一些引导，鼓励学生积极地交流和互动。比如，组织讨论、小组讲解、角色扮演等活动，可以激发学生的思维，促进彼此之间的交流和互助
情绪管理	学生能够更好地控制自己的情绪，提高自己的心理调节能力	教师可以教授学生情绪管理的技巧和方法，如深呼吸、冥想等，并引导学生进行实际操作和练习
思维创新	学生能够更好地发现和解决问题，提高自己的创新能力和综合素质	教师可以引导学生进行头脑风暴、逆向思维等思维训练，鼓励他们勇于尝试新方法和思路

（三）自主班会课的课程框架

1. 大主题

每月主题由班主任提出，如：9月是"文明礼仪"，10月是"爱国"，11月是"感恩"，12月是"收获成长"，班会课需按照大主题设计实施。

2. 小主题

小主题由负责小组自己制定，教师带领学生组建学习小组、明确成员分工、拟定班会课主题、梳理班会课流程并付诸行动。通过班会课的完整实施，同学们学会了选择素材、撰写文案、设计活动、营造氛围、制作PPT、主持活动、积极评价等。小组成员轮流完成班会课设计任务，这为学生寻找自己的优势和劣势、挑战不同的自己创造了机会。

3. 参与主体

班会课的参与主体有很多，包括家长、任课教师及领导，学生也可以选用辩论、讨论、观看影片或参与活动等形式来开展班会课，但是班会课的参与主体和形式的选择最终都应该由组织设计团队来决定。

三、实践过程

（一）实施机制

设置机制时保留了学校传统的行政管理部门，同时增设了班级自主机制，每学期轮换一次，让每位同学在不同岗位上得到不同的锻炼机会。自主班会课运行机制如图1所示。

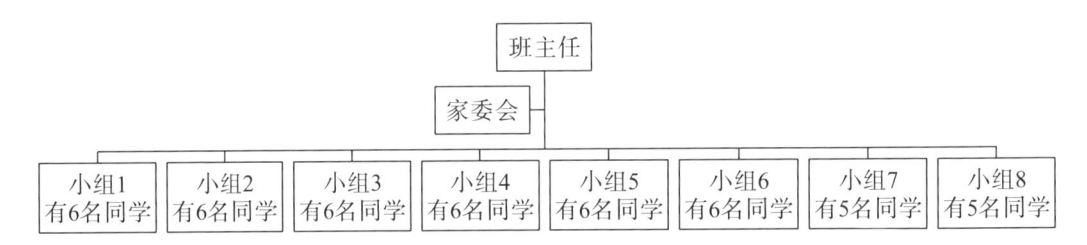

图1 自主班会课运行机制

（二）完善制度

1. 组长负责制

全班同学全员参与，分小组（小组按照座位顺序一列为一组，人员会因为座位的变动而变动，这样可以锻炼同学们的交际合作能力），小组合作完成班会课设计实施。小组长负责分工协调，职位有主题策划、主持人、文稿撰写、PPT制作、气氛组。人员职位是变动的，例如：这一次做主持人，下一次就是文稿撰写或PPT制作，互相轮换，锻炼每一位同学的基本素养和实践应变能力，同时展示自我的能力。

2. 实施流程

根据中职生德育目标，采用自主班会课来培养学生爱党爱国、遵纪守法、勤奋学习、敬业乐群、积极进取的良好品质。具体操作流程如图2所示。

图2 实施流程

3. 评价标准

为了让学生在实践中不断成长、全面发展，制定评价标准（见表2）。

表 2 评价标准

分项	评比细则	满分	得分
布置	适当布置教室黑板。环境营造得体，较好地烘托班会主题	10	
主题	班会主题鲜明，重点突出。整个班会自始至终都能围绕主题展开	10	
主持	主持人声音洪亮，口齿清晰，能灵活控制班会气氛	10	
内容	班会内容能结合主题，针对本班学生存在的实际问题，不空洞，贴近学生生活	10	
形式	切合主题，可采取讨论、演讲、表演、朗诵等新颖多样、生动活泼、学生喜闻乐见的形式	10	
气氛	学生积极参与，气氛热烈，发挥学生在班会课中的主体作用	10	
总结	主持人总结紧扣主题，发挥主持人在班会中的主导作用。不得把主题班会变成单纯的班级活动	10	
效果	具有较强的针对性和实效性，班会内容具体而不空洞，达到教育全班学生的目的，效果显著。能完整、连贯完成班会课的各项议程，班主任的指导作用得到体现，班会课给学生留下较深印象，使学生受到教育	10	
合计		100	
自评	本次班会课的参与度如何？你有什么建议？		

（三）实施课例

每年5月的第二个星期日是母亲节，因此把这个月班会主题定为"感恩"。班会课目标是增强学生的感恩意识，培养感恩心态，学会感恩行为，弘扬家庭美德，促进班级团结，营造和谐校园文化。

设计与实施小组由4名女生、2名男生组成，动静结合，男生比较活跃，想法很多，女生注重细节，善于抓关键点。课例实施流程如表3所示。

表 3 课例实施流程

序号	步骤名称	具体内容
1	讨论制定主题	感恩
2	学生收集资料	学生收集有关感恩的资料，设计自己的班会课主题为"爱从感恩开始"
3	教师审核资料	学生对收集的资料做取舍、整理

续表

序号	步骤名称	具体内容
4	学生设计班会课	导入感恩节的来历，为什么要学会感恩——感恩事迹——身边的感恩事迹（请同学讲）——游戏环节——颁奖——主持人总结
5	教师指导	导入感恩节的来历——为什么要学会感恩——感恩事迹（名人效应）——身边的感恩事迹（请同学述说，发现身边的感动）——游戏环节（与感恩相关的主题游戏，积极调动同学们的情绪）——颁奖——主持人总结
6	学生课堂实施	主持人开场——导入——感恩节的来历——抽取班上任一同学讲他知道的名人感动事迹，主持人再补充名人感动事迹——寻找身边的感动事迹（请同学讲述）——游戏环节（猜谜，与感恩相关的）——颁奖——主持人总结
7	评价	各组派一名代表按照评价标准打分

四、成效

（一）学生成长

学生的日志中充满了对自主班会课的回顾、体验、理解以及成长的感悟，教师可以感受到学生的变化——技能学习专注、实践操作熟练、学习态度积极、团队合作力增强、职业素养初显、个性发展多样、未来规划明确，不仅各科学业水平在同类班级领先，而且升学率达到 100%。还有多人次在技能大赛、象棋比赛、绘画比赛中获奖，多名学生被评为社会实践先进个人、学生会优秀干部及优秀部员。

（二）班主任成长

通过一段时间和学生们的合作与相互学习，笔者的组织协调能力、课堂创新能力、问题解决能力得到了提升；深化了对教育理念的理解，增强了学生管理技能、团队合作精神及自我反思能力。

（三）问题改进

自主班会课的实践尚有几个方面需要改进，如小组分组应注意男女生搭配合理、学生需求调查、互动方式以及评价方式有待改进。

成都电子信息学校　唐华芹

激发潜能 个性发展

——基于多元智能理论建构中职学生发展性评价方案

马克思主义关于人的主体性教育思想的实质是强调学生在教育教学活动中的主体地位，因中考成绩较差未能进入普通高中而选择就读中职学校的学生，同样有学好的愿望和潜质。20世纪80年代，美国心理学家霍华德·加德纳创立的多元智能理论颠覆了传统智力理论，他关于智能的内涵、多元性及差异性的阐述为中职学校的管理及教师的教育教学带来新的启发。2003年开始，笔者应用多元智能理论，通过中职学生发展性评价方案的建构与实施，引导教师教育教学方式、学生学习方式的创新和变革，保护、挖掘和培养学生的兴趣，激发学习热情，信任学生并促使他们取得进步和成功。

一、研究背景

（一）政策指引

改革开放以来，"大力发展职业技术教育"不断在国家及地方政策中提及，要求加大投入，重视德育、美育，强调课程内容的适应性、实用性和灵活性。2005年《国务院关于大力发展职业教育的决定》明确提出，把德育工作放在首位，全面推进素质教育，坚持育人为本，突出以诚信、敬业为重点的职业道德教育。

（二）理论依据

教学做合一是我国现代著名教育家陶行知提出的教育观，强调教与学都以做为中心，明确了学生是学习的主体，教育的核心是培养学生的做即实践应用能力，这为职业教育树立以技能为核心的教学观和评价观提供了理论支持。

霍华德·加德纳从智能的概念、智能的多元性以及个体智能结构的差异性等方面对人类智能提出了全新的认识。他根据8项判断标准先后提出了音乐、身体—动觉、逻辑—数学、语言、空间、人际、自我认知、自然认知 8 项智能。由于每个人的自身和外部环境不同，这 8 种智能在每个人身上的发展是有差异的，人的区别不在于智能水平的高低优劣，而是智能的结构、组合及发展速度和水平不同。教育的过程就是发现强项智能，并用强项带动弱项，进而促进学生全面发展。

（三）实践依据

精英式的人才观亟待变革。受"学而优则仕"的传统观念影响，升学考试在客观上把中职学生判定为"差生"及中考"失败者"，这对学生个人、家庭以及社会都是不利的，也难以支撑产业发展的多元人才结构需求。中职生在专业技能及书法、歌舞、表演、体育等活动中所表现出的兴趣和能力说明急需重塑人才观。

单一化评价观亟待变革。随着升学考试制度的日趋成熟，以结果导向催生出以考试分数为标准的单一评价或终极评价模式，即"一考定终身"，难以适应产业发展的多元人才需求以及中职学生发展的个体差异性，急需重构教育评价观。

统一化教学观亟待变革。指向升学考试的教学及学校管理行为使得学校的课程建设非常薄弱，中职教材的实践性不足，教学资源缺乏，教学方法单一，难以支撑学生多元发展需求及行业的人才要求，急需丰富学校课程和创新教学模式。

综上所述，教育理念和评价迫切需要变革，推动课程建设和教学改革，以促进每一位学生都能成为最好的自己，为国家发展和社会培养更多优秀多元的产业人才。

二、改革主题

以"中职学生发展性评价方案的建构与实施"为改革主题，撬动学校的教育管理和教学改革，提高教育质量和人才培养质量。

（一）关键词

中职学生是指完成义务教育，初中毕业后就读中职学校的学生。

多元化是指多元智能，依托学校的课程、社团及各类活动等，观察学生的智能结构及发展优势，以强带弱，促进学生成长。

发展性是指对学生自我成长的纵向比较，即在一个周期内观察学生的起点水平与终点水平的变化，评估学生的成长情况，帮助学生树立自信，增强自尊，成为更好的自己。

评价方案是评价对象、评价理念、评价主体、评价内容以及指标权重等要素的系统建构，将学校人才培养目标细化到课程、教学及活动的具体目标，将过程评价和终极评价相结合，以对学生在一个学习周期内的成长状况进行全面评估。

（二）改革内容

全面贯彻党的教育方针，实施素质教育，体现职业教育的特点，变革学校办学理念及人才培养目标，构建中职学生发展性评价方案，引领教师更新教育教学理念和方法，在工作中更好地保护、挖掘和培养学生的兴趣，激发学生的学习热情和潜能。具体而言，变革内容包括对学生的职业道德、能力发展、技能、心理、兴趣爱好及特长等方面进行多元化、个性化、动态化的评价，促进学生德智体美劳全面发展，适应企业对人才的需求，为国家建设和社会发展贡献力量。

（三）改革目标

学校着眼于学生学习过程的评价和学生的终身发展，促进学生在意志、情感、行为、职业素养、职业技能等方面的发展；促进教师转变教育理念，开展健康和谐、积极有效的课堂教学，提高学生的学习兴趣和主动性，提高教育质量，促进教师专业化发展。

三、实践过程

（一）建立评价指标体系

根据职业教育的特点，结合学校"一专多能"的人才培养目标，以培养学生实践能力为突破口和切入点，中职学生发展性评价方案的指标体系由 1 个 A 级指标即学生的全面综合发展、5 个 B 级指标及若干项 C 级指标构成（见表1）。

表 1　中职学生发展性评价指标体系

A 学生的全面综合发展 100分	B1 思想品德 (15%)	指标级	C1	C2	C3	C4	C5	总分
		内容	遵纪守法	道德品质	学习习惯	行为习惯	礼仪礼貌	
		成绩	在75分基础上按标准加减					
	B2 学业水平 (40%)	指标级	C1				C2	C3	平均分
		科目	文化课程				专业课程	其他课程	
			英语	语文	数学	体育	德育	每期不同专业	
		成绩（100分）							

续表

A	B	指标级	C1	C2	C3	C4	C5	
学生的全面综合发展 100分	B3 五项基本技能 （15%）	技能名称	英语口语	普通话	计算机操作	礼仪	钢笔字	平均分
		成绩						
	B4 专业技能 （25%）	指标级	C1		C2		C3	总分
		内容	技能等级证书		技能操作水平		技能比赛获奖	
		分值	40		40分		20分（以5分为基础，校级三等到国家级一等的15个等级每级1分）	
	B5 特长发展 （5%）	指标级	C1	C2	C3	C4	C5	总分
		比赛获奖作品发表	国家级	省级	市级	县级	校级	
		等级	1　2　3	1　2　3	1　2　3	1　2　3	1　2　3	
		分值	55　50　45	45　40　35	35　30　25	25　20　15	15　10　5	

（二）各项指标的评价内容

以上评价指标的C级指标包含了具体的评价内容（见表2）。

表2　评价内容

B	C	评价内容
B1 思想品德	C1 遵纪守法	（1）遵守《中华人民共和国治安管理处罚条例》《中华人民共和国宪法》《中华人民共和国刑法》《中华人民共和国教育法》《中华人民共和国预防未成年人犯罪法》等国家法律法规。（2）遵守《中学生守则》、学校的《学生管理条例》《住校生寝室管理条例》《外出实习实践管理条例》《学生集会制度》等校纪校规。（3）严格遵守作息时间
	C2 道德品质	（1）遵守社会公德。（2）保持良好的就寝秩序。（3）爱护寝室、教室及校园的清洁卫生。（4）热爱集体，有强烈的集体荣誉感和为集体争光的精神品质。（5）乐于助人，积极帮助他人。（6）尊敬老师，团结同学
	C3 学习习惯	（1）遵守课堂纪律，上课认真听讲。（2）按时完成作业。（3）按照"五项基本技能"的要求，积极训练。（4）努力提高专业技能水平，积极考取职业资格证书

续表

B	C	评价内容
B1 思想品德	C4 行为习惯	（1）不乱扔果皮纸屑、不随地吐痰等。（2）讲究个人卫生。（3）无抽烟、酗酒、赌博、上网吧等不良行为。（4）善待家人、老师、同学和他人。（5）爱护公物和各种教学生活设施。（6）增强安全意识，遵守《大型群众性活动安全管理条例》
	C5 礼仪礼貌	（1）遵守中学生礼仪规范。（2）公共场合保持安静、有序和文明。（3）规范发式和着装。（4）佩戴校牌。（5）有文明的站姿、坐姿、走姿。（6）习惯使用文明用语
B2 学业水平	C1 文化课	（1）包括语文、英语、数学、德育、体育，均实行百分制。（2）在教师的教学引导下，完成学习任务，期末测试达到合格及以上水平。（3）根据教材要求形成相应的能力
	C2 专业课	（1）根据专业的不同开设不同的专业课，实行百分制。（2）在教师的教学引导下，完成学习任务，期末测试达到合格及以上水平。（3）期末考试成绩结构为（100分理论×60%×+100分操作×40%）。（4）学习期间必须参加实践，培养专业技能
	C3 其他课程	（1）这些课程包括礼仪、音乐、形体、美术、普通话、公共关系、心理健康教育等，根据专业特点开设相应的课程，实行百分制。（2）在教师引导下，完成学习任务，期末测试达到合格及以上水平
B3 五项基本 技能	C1 英语口语	（1）在高一上期学会用熟练的口语介绍个人情况、家庭和朋友以及自己的兴趣爱好等。（2）在高一下期学会用熟练的口语谈自己的计划和愿望，与人聊有关天气、购物等话题。（3）在高二上期学会用熟练的口语谈日常生活、健康状况、文体活动等话题。（4）在高二下期学会用熟练的口语谈交通与旅游、职业等话题
	C2 普通话	（1）幼师专业训练幼儿诗歌、幼儿故事、幼儿教师用语。（2）旅游专业训练日常交际用语、景点介绍以及服务用语。（3）文秘专业训练日常交际用语、办公室接待礼仪用语以及其他专业用语。（4）会计及营销专业训练专业术语以及产品销售过程中的用语。（5）其他专业要达到用流利的普通话介绍自己和自己的专业，能够流利地朗读一段文字
	C3 计算机操作	（1）打字速度，从第一学期的10字/分钟到第四学期80字/分钟。（2）文档编辑，高一能够对照样文完成编辑排版，高二能够按照要求进行编辑排版。（3）电子表格，能启动、输入、排序、计算以及编辑电子表格
	C4 礼仪	（1）在高中期间持续进行举止礼仪、日常礼仪、专业礼仪以及其他社交场景礼仪训练。（2）参与校内外礼仪接待和服务

续表

B	C	评价内容
B3 五项基本技能	C5 钢笔字	（1）在高中期间持续进行楷书或行书的训练。（2）按照字的结构、字间距、行间距以及页面整体布局给予规范、优秀及艺术等三个等级
B4 专业技能	C1—C3	（1）在高中学习期间获取与专业相关的技能等级证书或职业资格证书。（2）完成每学期技能操作考核达合格以上。（3）参加学校及上级组织的技能大赛并获相应等级奖
B5 特长发展	C1—C5	（1）在高中学习期间积极参加学校艺术团训练以及其他兴趣活动训练，积极参加各级各类比赛。（2）在高中学习期间积极参加学校各运动队或其他兴趣活动训练，积极参加各级比赛。（3）在各级活动中创编或展演语言节目。（4）积极在各级刊物上发表作品，使自己不断得到锻炼和提高

（三）评价方案的实践

2005年秋季学期开始，成立了以学校党支部书记、校长为组长，教务处、德育处协同，各班班主任及任课教师共同参与的实施机构，在学前教育、文秘、电子、计算机、机械、汽修等专业的班级持续进行试验。在运用指标体系时，首先对C级指标进行量化评估，计算出B级指标的得分，根据B级指标所占百分比，得出A级指标的量化数据，即学生发展综合评价得分，评价学生在校学习过程中的发展情况，同时对学生进入社会后的发展潜质和可能进行预测并给出指导性建议。根据对B级指标按百分比的计算，得到综合评价得分，给出评定等级：优（85～100分）、良（75～84分）、合格（60～74分）、不合格（不足60分）。由班主任在每一位学生的学期评语中对其发展性进行综合描述，为家长了解孩子成长提供依据，帮助学生认识自己的发展情况，增强信心，形成自主发展的意识和持续发展的能力。

四、实施成效

通过建构和实施中职学生发展性评价方案，促进了学生、教师、学校在各方面的改善。

（一）学生成长

学生的精神面貌以及班风得到改善。学校举办的各类社团、学生艺术团、体育比赛队等，填补了课程结构单一和学习资源匮乏的局面，为学生发现潜能、张扬个性提供了学习机会和展示舞台，增强了学生的自信心。学校舞蹈队、合唱团、美术书法等作品在县级比赛中与普高、艺体类学校同台竞技并获得一等奖，教师风采展演等逐步扩大了学校的社会影响。

（二）教师发展

教师对过程评价的方式、策略认识由模糊转向清晰，能够在学科教学中加以应用，对学生的分析和研究更具有针对性，有助于改进课堂教学，构建和谐的师生关系，使因材施教得以落地，提高了教学质量。

（三）学校发展

学校的办学规模逐年扩大，教学秩序及学生日常管理日趋科学和规范，校风校貌得到改善，在创建四川省重点职业高中的评估中以高分通过专家评估，极大地提升了学校的社会声誉，赢得了地方政府、企业、家长及社区的认可。

结束语

时间过去了近 20 年，回想过去的实践和思考，感觉非常粗糙和肤浅，但也表现出老师们勇于创新的教育探索精神。今天的教育已是一番令人惊喜的新景象：霍华德·加德纳在 2007 年出版了《多元智能新视野》，将人类智能扩展到 10 种并展望未来；中国进入了新时代，在习近平新时代中国特色社会主义思想指引下，深化教育领域综合改革，建设现代化教育强国；职业教育也依法取得了与普通教育同等地位而成为一种类型教育；中共中央、国务院于 2020 年 10 月印发《深化新时代教育评价改革总体方案》……新时代中国特色社会主义教育的系统性改革将为学生成长带来更多福祉，为建设富强民主文明和谐的社会主义现代化强国造就一代又一代的建设者和接班人。

成都电子信息学校　李春兰

在一起·融合共生

——听障类随班就读学生成长指引策略的小学实践

随班就读与同班就读是残疾孩子求学的两种途径，随班就读指残疾孩子到普通学校与健康孩子一起学习，同班就读是指残疾孩子进入特殊教育学校与其他残疾孩子一起学习。普通教育与特殊教育在社会背景、理论基础、核心内涵、实践方式和教育体系方面都有很大的区别。本文以所带班级中的听力障碍类随班就读学生的教育实践为例，结合"融合教育"理念，从小学语文教学和班主任工作中探索"残健融合"教育的操作方法和策略。

一、研究背景

（一）政策导向

最早明确提出"随班就读"一词的文件是 1987 年 12 月 30 日由原国家教委发布的《关于印发〈全日制弱智学校（班）教学计划〉（征求意见稿）的通知》。政策的初步规范以 1994 年原国家教委印发的《关于开展残疾儿童少年随班就读工作的试行办法》为标志。1989 年 4 月 12 日颁布的《中华人民共和国义务教育法》中明确提出"随班就读"，我国开始了具有中国特色的融合教育。

进入 21 世纪后，国家于 2006 年修订了《中华人民共和国义务教育法》，2017 年制定了《第二期特殊教育提升计划（2017—2020 年）》。这些政策法规都是残疾儿童顺利进入班级随班就读学习的重要前提和保障。

（二）理论依据

融合教育（Inclusion）是继"回归主流"教育理念后的全新特殊教育理论，是将身心障碍儿童和普通儿童放在同一间经过特别设计的教室，采用特别的教学方法，以此来适应不同特质孩子的学习需求的教育理念。针对不同特质的孩子设定不同的学习目标，以小组内合作学习、互相帮扶等各种策略达到基本融合的目的。

（三）学情分析

目前大多数普通学校随班就读工作的开展和落实基本上得到了制度保障，学校也建设了资源教室，聘请了专业心理健康教师进行课内课后的干预和帮扶。但部分学校仍然存在专项资金投入不足、资源教室功能不全、随班就读班级师资特教专业技能培训不到位等问题，虽然开展了一些有助于特殊教育的校本化课程，但实践性需要进一步优化。

随班就读中特殊学生随班就读的交流与合作不够平等（无意识伤害）；特殊学生随班就坐不就读，只是形式上融合（仅仅是坐在一起）；普通教室与资源教室割裂（特教专业的支持局限于特定场合，即资源教室）。普通学校大多为肢残、轻度弱智、弱视和重听等残障孩子安排随班就读，但由于家长教育理念不同，与学校共育的意识薄弱，没有良好的沟通模式，所以亲子关系普遍比较紧张。

二、融合共生

（一）学生特点

听障是指听力因先天遗传或后天因素而受损的残疾人，也叫听力障碍者，简称听障人。由于听觉障碍，听觉障碍儿童在语言、认知等方面往往表现出不同于健听儿童的特点。

班级的孩子都能知道并感受特殊学生在班级中的特殊性，在平时的学习生活中都能在教师的引导下给予他们更多的关爱。普通学生能做一些力所能及的事情，处处为他们着想，尽可能地使特殊孩子变得"不特殊"。

（二）融合共生的内涵及意义

融合共生指融合所有的教育资源（即学校、家庭、社会等资源），将特殊教育和普通教育相融合，也可以说是将残障学生和普通学生相融合。这两种不同的学生在一起学习，相依相存，对彼此都有利，这种学习方式叫作共生。

普遍性实施融合教育不仅能对特殊学生有所帮助，而且可以使全社会共同参与，携手共进，正确认识这个特殊的群体，给予这个群体更多的关爱，形成平等对待、同等交流、对等共享的相处模式，促使特殊教育的孩子在班级中健康发展、和谐成长。

（三）融合共生的途径

在双流区教育局和教科院引领下建设一批资源教室，并推出一个普特融合示范校供教师参观学习；在学校设立专题讲座和开展示范课，对随班就读的教师进行培训，使随班就读的班科教师更加专业化；充分利用社区工作人员和家庭教育指导师等丰富的社会资源，对特殊学生的家长进行专业化培训，组织亲子活动，让家长接受更专业的指导，也让孩子能够感受到来自社会的更多的关爱。

三、学科教学的帮扶策略

以课题"技术冠能，打造'三融'智慧课堂——'宇宙的另一边'"为例，在小学语文课的教学实践中，针对听力障碍的随班就读学生建立"视觉型学习单"，帮助学生顺利完成学习任务。该案例荣获第二十一届全国小学信息技术与教学融合创新优质课二等奖。

（一）以学定教，优化目标

对班里的两名听力障碍的随班就读学生开展听障程度和特点的具体情况分析，为优化教学设计和实施提供准确的信息支持。

学生 A 左耳听障佩戴助听器，完全能听清对方的语言，口语表达清晰，能按要求完成各项学习任务。学生 B 双耳听障佩戴助听器，能通过口型和手势接收信息，口语表达速度很慢，不够清晰，能在同学和教师的提醒下完成学习任务。针对这两位听障学生，教师们在语文课程中为孩子设置了个性化的学习单，来辅助孩子的学习。

为了优化学习路径，培养学生良好的学习习惯，提升学生的综合素养，特制定以下教学目标和重难点（如表1所示）。

表1 教学目标和重难点

教学目标	1. 学生能通过联系上下文、找近义词、手语等多种方法理解"浩瀚""倒影"等词语，通过师生合作，读好连续问句，读出想象的大胆奇特
	2. 学生能抓住关键词、借助表格梳理文本内容，在对比中发现宇宙另一边的秘密，并在朗读和交流中感受"我"大胆而奇特的想象
	3. 学生能借助"逆向思考来想象"的方法，从"我的生活""大自然""课堂"等不同角度展开想象，交流并创作小诗，体验大胆想象的快乐
教学重难点	教学重点：学生能通过多种方法理解词语，读好连续问句。学会抓住关键词、借助表格梳理文本内容，在对比中发现宇宙另一边的秘密，并在朗读和交流中感受"我"大胆而奇特的想象
	教学难点：学生能借助"逆向思考来想象"的方法，从"我的生活""大自然""课堂"等不同角度展开想象，交流并创作小诗，体验大胆想象的快乐

（二）学习单——个性化学习的脚手架

学习单也称学习任务单，它是记录学生获得的技能和知识的练习纸。它可以分为

"共享单"和"差异单",全班同学用的同一张学习单就称为"共享单";个别学生用的学习单就称为"差异单"。这里所说的学习单专指"差异单"。

学习单包括学习目标、学习过程与学习评价,着力构建特殊学生学习生态系统,涵盖资源教师辅导、同伴互助、随班就读教师引导等内容板块。其中重点、难点部分为同学和教师协助完成,拓展、补充、巩固的部分主要在资源教室完成。比如,差异教学之弹性调整学习单:残疾学生"学"——助学伙伴"助"——随班就读教师"导"——资源教师"辅"——家长"纳",这是由弱到强的过程;具体操作:期初个案评估——对比课标分析教材——制定学科单元及课时个别化学习目标——制定学习单——以学习单为支架多元化助学、评价——期末测评。

(三)教学过程描述

课前垫一垫:课前,教师设计一张听障学生的学习单,由听障学生的助学伙伴陪伴其先学习。进行看话和发音训练的一种补偿性训练,策略是课前铺垫重点字词,一方面提高学生起点,另一方面是让学生熟悉这几个重点字词的口型和语音,等教师上课的时候,能很好地识别。

课中牵一牵:课堂上同桌交流时,助学伙伴再次和听障学生共学,并适当地加以引导与实践创作,使学生能在汇报时更准确、更自信。

课后练一练:课后孩子回到资源教室,再由专业的教师对他进行学习活动的帮扶,使学生既能巩固学习知识,也能在教师的引领下进行活动干预,使孩子在更加轻松的环境中学习、交流。

在课堂上,孩子们在互动与合作方面表现出色。普通学生能够主动关心特殊教育学生的学习情况,为他们提供帮助。在同桌交流过程中,学生们能够充分发挥自己的优势,共同解决问题。同时,他们也能够尊重彼此的差异,学会包容和接纳不同的观点和方法。

四、实践成效

(一)教师成长

在区教科院和学校教务处的引领下,定期就随班就读班级的师资力量开展专业培训。教师也用发展的眼光去看待特殊学生,以主题班会、实践活动等形式融入积极心理学的理论知识,培养他们的自信心和对生活的爱等积极品质,从而指引随班就读学生实现个性化成长,同时又提升教师的成就感和幸福感。

（二）学生成长

通过各部门的关注和大家的努力，孩子们变得更加自信、阳光、有责任感。课堂上能主动举手回答问题，课后和教师、同学共同探讨，课后作业的质量也提升了很多。课间每次和听障学生擦肩而过时，总能看到他们快乐的笑脸。

（三）家长成长

家长接受了学校和社区的家庭教育指导后，能用较专业的眼光看待听障学生的日常生活和学习状况，能站在孩子的立场思考问题、倾听他们的需求，并用阳光、积极的心态面对孩子的每一天。

结束语

普通教育和特殊教育虽然在社会背景、理论基础、核心内涵、实践方式和教育体系方面都有很大的区别，但我们的目标都是让孩子体会到学习的快乐、生活的幸福。尽管孩子们还有很多学习、生活、心理方面的问题需要我们关注和引领，但实践的路变得更宽广也更有意义了。也许一个小小的眼神、一节备受关注的课堂、一次不经意的善举，都将改变孩子的一生。愿我们的特殊教育能达到融学、融心、融情的美好境界。

成都市双流区棠湖中学实验学校　王萍

积极品格促成长，教育助残谱新篇

——初中随班就读学生积极品格培育的教学实践

习近平总书记在党的二十大报告中提出，要强化特殊教育普惠发展。国家法律及多项政策都从残障孩子的人权、受教育权、随班就读等方面给予了宏观指导并制定详细具体的保障政策及实施措施。由此可见，重视并关爱随班就读特殊孩子的成长，不仅是弘扬人道主义及博爱奉献等传统美德的必然要求，更是深化教育改革，坚持以人为本，促进教育公平的现实需要。我校特别重视融合教育质量的提升，先后成功申报了与特殊教育相关的区级课题和省级课题，以研促教，持续推进随班就读工作的改进和创新。

一、研究背景

（一）政策依据

自 1989 年颁布的《中华人民共和国义务教育法》从法律层面明确提出"随班就读"开始，我国正式开启了中国特色的融合教育道路。经过三十多年的发展，与随班就读相关联的政策法规也日趋成熟。由此可见，党和国家高度重视随班就读工作的开展和质量提升，尤其注重随班就读工作长效管理机制的建立。

（二）理论依据

积极心理学被誉为"一个探索人类幸福的心理学流派"，主张并推动"优势导向"的积极教育，研发"优势测量量表"，侧重关注每个学生（包括残障学生）的优势，并对这些优势进行强化和促进，将其逐步固化为学生的积极品格。以这些积极品格作为基石，能够帮助学生走出目前的困境，获得更多的积极情绪，并沉浸其中，获得学习和生活的意义和成就，激发他们的潜力，促使他们蓬勃发展，为走向幸福奠定基础。

（三）实践依据

随着我国素质教育的全面推进，学生的心理健康发展状况成为我国教育领域中必须关注的问题，特别是随班就读特殊学生，由于生理上的残缺，心理上更易产生自卑、焦虑等不良情绪，影响心理健康发展水平。从对区域内部分初中学校残疾学生进行问卷调查的结果中发现：约八成的随班就读残疾学生内心呈现出自卑、焦虑、孤独等问题，这些问题导致他们参与课堂的积极性低、学业滞后等。总体而言，多数初中学校的随班就读工作形式大于内容，随班就读教育质量亟待提高。

二、研究主题

我校作为一所乡镇公办初级中学，常年有一定数目的残疾学生按照政策进行随班就读。近年来，我校以"初中随班就读学生积极品格培育的教学实践"为主题开展学校的管理及教育教学改革，并先后立项成都市双流区青年专项课题"初中随班就读学生积极品格培育指引策略研究"及四川省特殊教育发展研究中心课题"初中随班就读学生积极品格培育策略研究"，旨在通过课题研究，探索出有效培育初中随班就读学生积极品格的教学实践策略。

（一）关键词

1. 随班就读学生

本文所指的"随班就读学生"主要是听障学生，即指平均听力损失为 41～70 分贝，以及听力损失在 70 分贝以上，但经过听力语言训练或佩戴助听器已经具有一定语言能力，能够与普通学生共同学习和参与活动的残疾学生。

2. 积极品格

依据积极心理学提出的人类共有的 6 大美德共 24 种积极品格，根据问卷测试结果对随班就读学生的积极品格发展给予指引。

3. 教学实践

教学实践指在实际教学工作中所进行的教育活动，是对教育教学实际操作过程的本质性概括。本文涉及的教学实践是本校 5 个随班就读班级的班主任借助开展班会课，科任教师通过开展语文、数学、心理健康等学科教学来开展的。

（二）研究目标

（1）通过研究，丰富教师对随班就读的理论认知。

（2）通过研究，整理出对初中随班就读听障学生积极品格培育的指引策略。

(3) 通过研究，提升随班就读班级的教师开展普特融合教育教学的能力。

（三）研究内容
(1) 我校随班就读学生的积极品格发展现状。
(2) 初中随班就读学生的积极品格培育指引策略。
(3) 我校随班就读学生的培育指引策略运用后的效果测评情况。

三、实践策略

听障学生无法像普通学生一样正常接受外界声音信息，必须借助人工耳蜗或者助听器等设备的辅助才能接收到外界声音信息。由于有了电子设备的支持和辅助，听障学生相较肢体残疾或智力低下等类型的随班就读学生而言，喜爱学习这项积极品格发展水平更高，因此课题组高度重视对听障学生的这项优势品格进行正向强化和刺激，探究出了针对初中随班就读听障学生喜爱学习这项积极品格培育的教学实践策略。

（一）打造沉浸式课堂——场景式教学

所谓场景式教学法，就是借助多媒体等现代技术资源，以兴趣激发作为出发点，将情景创设作为有效手段，注重改善影响学生能力的内外因素，把智能训练、语言表达、性情陶冶、思想教育等有机结合起来，从课内延伸到课外，变单一封闭式教学为多元开放式教育，引导学生用眼观察生活，用心体会情节，而不仅仅是单纯靠听接受知识，这恰好弥补了听障学生在听力方面的不足。

如随班就读班级的语文老师在进行《皇帝的新装》教学时，可以将枯燥的讲述式教学转变为场景式教学。具体做法：随班就读教师组织学生提前预习、查阅资料、积累素材，鼓励听障学生积极参与，当编剧、演员，与健康学生一起自编、自导、自演。这种教学方式以教材作为鲜活的剧情蓝本，将枯燥的讲堂变为互动交流的灵动舞台，将课堂的主体权交还到学生手里。孩子们在这个过程中，不仅可以掌握基本知识，还可以融入自己的理解和体会，创造听障学生与同伴的交流机会，增强彼此的团队协作精神。场景式教学法有效弥补了听障学生的缺憾，让听不见的声音被看见、被感知、被体会。

（二）构建思维台阶——结构导图

听障学生由于自身不足，一般各方面能力的发展都明显滞后，尤其是当他们步入初中阶段后，学习能力要求由具体形象思维逐步向抽象逻辑思维过渡，此时他们极其容易丧失学习兴趣和积极性。在面向初中随班就读听障学生进行教学时，学科教师若能充分发挥结构导图的魅力，便能以学生对图形的直观感知能力为生长点，潜移默化地对听障学生的逻辑思维能力和抽象概括能力进行有效的锻炼和提升。

（三）搭建多元沟通桥梁——现代媒体教学法

听障学生虽然在准确接收外界声音信息方面面临巨大困难和挑战，但他们的其他健全感官系统如嗅觉、视觉、触觉等对听觉障碍起着一定的补偿作用。因此，教师在针对有听障学生的班级教学时，应尽量避免单纯采用言语教学，要充分运用多种非言语信息载体，充分调动学生的各种感官，尤其是视觉系统，因为对于听障学生而言，视觉代偿效果最为明显。

现代媒体教学法，简单来说，就是教育者和学习者利用现代教育媒体进行教与学的方法的总称，其中最常用的就是PPT教学。PPT能够通过视频、音频、图像、文字、符号等多种形式，直观地向学生展示教学内容，甚至将难以用语言描述的抽象过程以动画等形式清晰地呈现出来。一方面，上课时可以直接播放提前准备好的课件，避免不必要的板书而提高课堂效率；另一方面，动画、视频等画面往往比声音更加直观饱满，不仅可以增强课堂的趣味性和知识性，还更有利于学生对知识的掌握和理解。此外，听障学生如果课堂上理解不透彻，还可以将课件复制下来，对课上的重难点进行反复观看以加深理解巩固。

四、实践成效

（一）听障学生的学业质量明显进步

前后对比5个班级的5名随班就读听障学生的学业测评结果，5人均有较为明显的进步，其中有2名听障学生获得校级荣誉，1人获得区级荣誉。

（二）听障学生的积极品格发展水平提高

通过问卷调查的形式再次进行阶段性测评，结果显示这5名听障学生的喜爱学习、社交智能、爱与被爱等多项积极品格发展水平均有不同程度的提升，他们与教师和同伴间的关系也更加和睦、亲近。

（三）随班就读教师开展融合教育教学的水平提高

实验组的随班就读班级教师能够更加主动关注特殊孩子，根据特殊学生的个性化需求进行分层教学设计。在与特殊孩子相处的过程中，不再只是报以同情怜悯的传统理念，而是重点关注特殊学生的潜力和优势，进行积极教育。

随班就读残障孩子由于生理上的缺陷和不足，不仅在学业上容易落后于普通学生，更容易在心理上出现自卑、焦虑、抑郁等不良情绪。作为一名教育工作者，在日常教育教学过程中，不能只关注听障学生的学业情况，更应该尊重差异性，关注他们的心理状况，积极鼓励他们悦纳自己，去大胆尝试，去直面挑战，去沟通交流，发展各项积极品格，主动融入社会。

成都市双流区公兴初级中学　李韬　郭小丽　苏玥

新时代中国志愿服务的发展现状与未来展望

在党的领导下，中国志愿服务事业取得了历史性成就，志愿服务理念深入人心，志愿服务体系不断完善，志愿服务组织更加活跃，为推动中国社会进步做出了积极贡献。党的十八大以来，志愿服务展现出新的特点和趋势，不再局限于传统的扶贫帮困、环境保护等领域，而是逐渐向科技创新、文化传承等方向拓展。本文深入分析了中国志愿服务的现状，探讨了其面临的挑战与机遇，并提出对策与建议。

一、研究背景

（一）政策依据

志愿服务组织作为志愿服务的主体，应当具备完善的组织章程和规范，确保志愿服务的有效开展。志愿服务组织的章程和规范应当明确组织的宗旨、组织架构、服务内容、管理方式、经费使用等方面的规定，并确保志愿服务的公开透明、公正公平。

我国政府积极参与国际志愿服务合作，加入了多个国际志愿服务公约，如联合国志愿者章程等。这些国际公约为我国志愿服务事业的发展提供了国际视野和参考依据，推动了我国志愿服务与国际接轨，提高了我国志愿服务的国际化水平。

中央政府发布了一系列政策文件，对志愿服务事业的发展提出了指导思想和具体要求。例如《关于推进志愿服务制度化的意见》等文件，强调了志愿服务的重要性和必要性，提出了推进志愿服务制度化的要求和措施，为志愿服务组织的健康发展提供了政策支持。为规范和推动志愿服务发展，国家制定了一系列法律法规，其中包括《中华人民共和国公益事业捐赠法》《中华人民共和国慈善法》等，明确规定了志愿服务的法律地位和社会责任。这些法律法规为志愿服务组织开展活动提供了重要的法律保障，确保了志愿服务的合法性和规范性。

（二）理论依据

新时代中国志愿服务的理论依据涵盖了多个学科领域，这些理论为志愿服务的发展提供了重要的指导和支持。

新时代中国志愿服务的发展理念是"以人为本",注重志愿者的权利和尊严。这源于"利他主义""亲社会行为"等社会学、伦理学的理论。这些理论强调个体对社会的贡献和责任,认为志愿服务是一种高尚的行为,能够促进社会的和谐与进步。

志愿服务的有效组织和管理也受到了管理学理论的指导。例如:激励理论主张通过有效的激励机制来提高志愿者的参与热情和服务质量;社会资本理论则强调通过志愿服务建立社会网络,提高社会凝聚力。

同时,团体动力学理论也对志愿服务的发展产生了影响。该理论认为,集体行动可以增强个体在社会中的归属感和责任感,从而更好地实现个体的价值。志愿服务组织正是在这种理论的指导下,通过集体行动的方式,推动个体参与到社会公益事业中来。

(三) 实践依据

新时代中国志愿服务是社会主义精神文明建设的重要组成部分。在社会主义制度下,志愿服务具有广泛的社会基础和群众基础,是推动社会主义精神文明建设的有力抓手。通过志愿服务活动,可以弘扬社会正气,树立文明新风,推动形成良好的社会道德风尚。

新时代中国志愿服务是践行社会主义核心价值观的重要途径。社会主义核心价值观强调爱国、敬业、诚信、友善,这些价值观在志愿服务中得到了充分体现。志愿者通过无私奉献、帮助他人,传递了爱心和温暖,弘扬了社会主义核心价值观,增强了社会的凝聚力和向心力。

新时代中国志愿服务源于社会需求,服务于人民群众的现实需要。在社会经济发展过程中,人们面临着各种困难和挑战,如贫困、疾病、自然灾害等。志愿服务组织通过开展扶贫帮困、医疗救助、抢险救灾等活动,满足人民群众的现实需求,帮助他们解决实际困难,提高人民的生活质量和幸福感。

新时代中国志愿服务的发展,离不开传统文化的滋养和传承。中国传统文化中蕴含着丰富的利他主义和慈善思想,如"仁爱""兼爱""天下为公"等。这些思想为志愿服务提供了深厚的文化底蕴和思想基础。同时,随着时代的发展,志愿服务也在不断创新,融合新的文化元素,满足人民群众日益增长的精神文化需求。

二、中国志愿服务的发展现状

(一) 志愿服务活动多样化,全民参与形成浓厚氛围

在新时代,志愿服务活动的形式和内容日益多样化。据统计,截至 2022 年底,全

国志愿服务活动已超过 100 万场，参与人数超过 5000 万人次，涵盖了教育、文化、体育、环保、社区建设等多个领域。这些多样化的志愿服务活动不仅满足了人们的精神需求，也为社会带来了更多的正能量。同时，随着志愿服务理念的普及，各类志愿服务组织如雨后春笋般涌现。截至 2022 年底，全国志愿服务组织总数已超过 1 万个，涵盖了社区、学校、企业等多个领域。这些组织在动员社会资源、组织志愿服务活动等方面发挥了重要作用。随着社会对志愿服务的认可度不断提高，越来越多的人参与到志愿服务中来。据调查，超过 80% 的公民表示愿意参与志愿服务，而年轻人更是成为志愿服务的主力军。这种高涨的参与热情不仅体现在个人层面，还体现在企业、学校等各个组织层面，形成了全民参与的志愿服务氛围，人们用实际行动践行着"奉献、友爱、互助、进步"的志愿服务精神。

（二）志愿服务法治化、信息化发展取得显著成效

为规范志愿服务活动，国家出台了一系列相关法律法规。据不完全统计，截至 2022 年底，全国各级政府共出台了超过 100 部与志愿服务相关的法律法规，为志愿服务的健康发展提供了有力保障。这些法规的出台不仅为志愿服务活动提供了法律保障，也规范了志愿服务活动的行为和标准，使得志愿服务活动更加健康、有序地发展。借助互联网技术，志愿服务信息平台迅速发展。据中国互联网络信息中心的数据显示，截至 2022 年底，全国志愿服务信息平台注册用户已超过 1 亿人，覆盖了全国 90% 以上的地区。这些信息平台实现了志愿服务供需双方的精准对接，提高了志愿服务的效率和影响力。

（三）志愿服务创新成果显著

在新时代，中国的志愿服务组织不断创新服务模式和内容，涌现出一大批优秀的创新成果。在互联网技术应用方面，截至 2022 年底，全国共有超过 5000 家志愿服务组织利用互联网技术开展线上志愿服务，为超过 2000 万受助者提供了在线咨询、心理疏导、远程教育等服务。这不仅打破了地域限制，也大大提高了服务的便捷性。同时，根据不同受助群体的需求，志愿服务组织不断推出专业化、定制化的服务项目。例如，针对老年人的健康管理、针对留守儿童的心理健康教育等，截至 2021 年底，专业化、定制化服务项目在全国范围内的志愿服务中占比已超过 60%。越来越多的志愿服务组织开始寻求其他领域的合作，如与企业、医疗机构、政府机构等进行跨界合作。这种合作模式有效地整合了各方资源，提高了服务的整体效益。这些创新成果不仅提高了志愿服务的质量和效率，更为中国的志愿服务发展注入了新的活力。

三、中国志愿服务的发展特点与趋势

（一）志愿服务全民化

在新时代背景下，志愿服务已经从一种传统的、单一的公益行为，逐渐演变为一种普及化的生活方式和社会风尚。据统计，截至 2022 年底，全国志愿服务信息系统中的志愿者人数已经超过 1.9 亿人，较前一年增长了 6.9%。这一数字不仅体现了人们对志愿服务的认可度和参与度，更说明了志愿服务在满足人们精神生活需求方面所起到的日益重要的作用。在这个时代，无论是在城市还是乡村，无论男女老少，越来越多的人愿意贡献自己的力量，参与志愿服务。这种"人人可为、处处可为、时时可为"的志愿服务新格局，不仅提升了社会的整体文明水平，也为构建和谐社会注入了强大的正能量。

（二）志愿服务数字化

随着科技的不断发展，数字技术已经成为志愿服务创新发展的重要驱动力。从线上募捐到在线培训，再到虚拟志愿服务团队，数字技术打破了地域和时间的限制，让更多的人能够参与志愿服务。据统计，截至 2023 年第一季度，全国志愿服务信息管理系统中线上活动发布数量超过 120 万条，较前一年同期增长了 21%。其中，通过数字平台开展的募捐活动资金总额达到 5.3 亿元，较前一年同期增长了 18%。通过直播平台，实时为受众提供各类服务，如教育辅导、心理咨询、健康咨询等。志愿者还可以将自己的专业知识或技能制作成慕课，通过在线平台分享给需要的人群。这些课程可以涵盖各个领域，如语言学习、职业技能提升、兴趣爱好培养等。还可以通过在线聊天、电子邮件等方式，为受众提供答疑、咨询、心理支持等服务。这种方式能够方便快捷地满足受众的需求，同时也为志愿者提供更为灵活的服务方式。这些充分证明了数字技术与志愿服务的深度融合正在为志愿服务事业注入新的活力。

（三）志愿服务专业化

随着志愿服务全民化的推进，专业化发展已经成为志愿服务的一个重要趋势。从简单的体力劳动到需要专业技能的支持，现代志愿服务对志愿者提出了更高的要求。为适应这一变化，各类志愿服务组织和团队纷纷加强培训，提高志愿者的专业素养和服务能力。截至 2022 年底，全国志愿服务信息管理系统中接受过专业培训的志愿者人数已经超过 8000 万人，占志愿者总人数的 42%。同时，各级政府和社会组织也加大了对专业化志愿服务的支持力度，如设立专项基金、提供场地和设备等。这些措施的实施不仅提升了志愿服务的整体水平，也吸引更多的人才加入志愿服务事业。

（四）志愿服务国际化

中国志愿服务在本土蓬勃发展的同时，中国的志愿服务组织与国际志愿服务组织之间的交流与合作也日益频繁，越来越多的中国志愿者参与国际志愿服务，为推动全球公益事业的发展贡献自己的力量。自从 2010 年以来，已有超过 50 个中国的志愿服务组织走出国门，与国际志愿服务组织合作，共同实施了超过 100 个跨国志愿服务项目。同时，也有超过 30 个国际志愿服务组织来到中国，与中国志愿服务组织建立了合作关系，共同推动了全球志愿服务的发展。通过开展跨国志愿服务活动，中国志愿服务组织的国际化发展也得到了国际社会的广泛认可和赞誉，这不仅增进了各国人民之间的友谊和了解，也为推动构建人类命运共同体注入了正能量。

四、结论与建议

（一）结论

通过对新时代中国志愿服务事业的背景依据以及发展现状的分析与探讨，可以看到，在政策支持、理论依据和社会需求等多方推动下，中国志愿服务事业取得了显著成效，成为社会主义精神文明建设的重要组成部分。同时，志愿服务也在不断创新，向更多领域拓展，展现出新的特点和趋势。中国志愿服务事业展现出了积极的进展，在推动社会进步、传承创新传统文化等方面起到了至关重要的作用。

（二）建议

新时代中国志愿服务事业呈现出蓬勃发展的态势，但仍面临一些挑战和问题。为进一步推动志愿服务事业的发展，还需要进一步加强志愿服务理念的宣传与普及，提高全社会的志愿服务意识。通过各种渠道和形式，如媒体宣传、社区活动、学校教育等，普及志愿服务理念，营造良好的社会氛围，让更多人了解志愿服务的重要性，从而积极参与志愿服务。完善志愿服务法律法规体系，制定更加完善的法律法规，规范志愿服务行为，保障志愿者的权益，为志愿服务的健康发展提供有力的法律保障。加强志愿服务组织的培育与管理，加大对志愿服务组织的扶持力度，提供更多的培训和学习机会，提高志愿服务组织的服务能力和社会影响力。加强国际交流与合作，借鉴国际先进经验，学习国外优秀的志愿服务理念、组织管理、活动开展等方面的经验，可以更好地推动中国志愿服务事业走向世界舞台。

（三）展望

新时代中国志愿服务展现出了蓬勃发展的活力和广阔的前景。随着社会的进步和文明程度的提升，志愿者服务已经成为社会进步的重要推动力。未来，中国志愿服务将继续沿着专业化、多元化、国际化的方向发展。

专业化意味着志愿者将接受更加系统的培训和指导，提升服务水平和质量。多元化则体现在服务领域和形式的多样化，涵盖环保、教育、医疗、文化等多个领域，满足不同社会群体的需求。国际化则要求志愿者服务与国际接轨，参与国际交流与合作，提升国际影响力。

展望未来，中国志愿者服务将为社会进步和文明发展贡献更多力量，成为促进社会和谐、推动人类发展的重要力量。

成都市双流区教科院附属学校　贾锐

实践志愿服务 厚植社会责任

——中职学校志愿服务活动的现状与展望

近年来，国家相关文件明确提出把志愿服务作为中职生德育的重要载体，越来越多中职学校也开始把志愿服务作为重要的德育途径纳入学校的教育教学整体计划中。越来越多的中职生加入青年志愿服务的行列，成为我国青年志愿者大军中的一股新生力量。本文主要通过文献研究及调查走访，从志愿者的服务内容、参与形式、组织方式等方面分析中职学校志愿服务活动现状，提出一些可行性的建议与展望，以期助推中职学校志愿服务活动的开展。

一、研究背景

（一）政策依据

《中等职业学校德育大纲（2014年修订）》明确指出把志愿服务作为提升中等职业学校德育水平的一个有效手段及途径，要求学校将志愿服务纳入教育计划，可以借助青少年爱国主义教育基地、科技场馆等德育活动阵地，有目的、有组织地鼓励学生积极参加社区、企业等活动，发挥专业技能特长，开展形式多样的志愿服务及各项社会实践活动，同时还应进一步将学雷锋活动与志愿服务活动联系起来，在此基础上逐步建立起与志愿服务活动相关的较为完备的工作及运行机制，在全社会宣扬"奉献、友爱、互助、进步"的志愿精神，进一步推动志愿服务活动在全社会的广泛开展，将其覆盖范围及领域扩大到家庭、社区等。

中共中央、国务院印发的《中长期青年发展规划（2016—2025年）》中强调要广泛开展志愿服务等社会实践活动。青年积极参与志愿服务，并且在其中发挥创造热情，创新服务模式，能够为新时代的志愿服务发展带来生机和活力。

（二）理论依据

利他主义是指关注他人福利、乐于帮助他人的心理倾向。志愿者通常具有较高的利他主义倾向，认为可以通过为他人提供帮助获得内在的满足感。

亲社会行为理论认为人们帮助他人是因为他们将他人的利益视为自己的利益，因此志愿服务的动机与这种亲社会行为密切相关。

社会认同是指个人认为自己对某一社会群体具有归属感，与其有共同价值观。志愿服务可以帮助志愿者与特定的社会群体建立联系，并增强对这个群体的认同感。这种认同感促使志愿者更加投入、更有动力地参与志愿服务活动。

（三）实践依据

对于中职学生而言，志愿服务是接触社会、发挥专业特长服务社会的重要渠道。在校园学习生活中，学生可以通过参加各类社团、组织，了解志愿服务。在寒暑假等时间里，学生可以结合自己的专业特长，开展与专业相关的志愿活动，了解社会现状，为志愿服务积累宝贵的经验。所以，有必要为中职学生参与志愿服务创造多样化、灵活化的渠道，构建健全的中职学生志愿服务机制，引导中职学生积极参与志愿活动，服务社会，奉献社会。

二、发展现状

通过文献调查和走访个别中职学校发现，目前组织中职学生参加志愿服务的主要机构是学校。针对参加过志愿服务活动的中职学生调查结果显示，绝大部分的中职学生选择通过学校参加志愿服务，少部分是通过社区、居委会或街道办等组织的社会公益活动参加志愿服务。

（一）志愿组织机构及人数

中职学校志愿服务活动基本是由学校负责学生工作的部门组织实施的，主要负责人是直接分管学生工作的教师，由他们组织协调志愿服务相关工作的开展。大多数中职学校志愿者管理基本分成三层模式，第一层是学校负责教师（校团委、学生中心、德育处教师），第二层是学校各部（各专业）志愿服务教师或同学，第三层是各班志愿服务组织负责人以及各班学生。总的来说，由学校负责教师牵头，各部各专业各班志愿组织负责人负责具体志愿服务工作的开展。

相较于普通高中而言，中职学校在志愿者组织以及活动开展方面有更加充足的时间以及操作空间。通过走访几所中职学校，了解到学生在入学时就全员加入了中国共青团志愿者组织参加志愿活动，如注册成为"志愿四川""青聚锦官城"等线上平台的青年志愿者，加入学校或当地成立的线下志愿者服务队。

（二）志愿服务内容

中职学校志愿服务内容主要涉及校内志愿服务以及校外志愿服务两大类。校内志愿服务主要集中于校园环保、纪律检查、校园后勤服务等领域，校外志愿服务主要集中于社区服务、爱老敬老、环境保护、交通治安、法治宣传、健康管理咨询等领域。同时，各个学校还根据办学特点开展相关的技术类服务，如电子专业开展的家用电器维护修理升级服务，旅游专业开展的景区志愿讲解服务，护理专业开展的社区健康管理咨询服务等，中职学生志愿服务的身影出现在了更多的地方，在社会上产生了积极的影响。

（三）活动开展形式

通过调查发现，绝大部分中职学校的志愿者组织形式还是临时性的，没有形成规范的、系统的固定组织，较少与官方上级志愿者组织建立联系，大部分志愿服务缺乏有效性、专业性。同时大多数学生活动以社团为单位，依托各类专业学习社团开展专业类志愿活动，如电商社团、机电社团、文学社团、舞蹈社团等。由于没有上级志愿者组织或者专业志愿者团队的指导，绝大多数中职学校志愿服务局限于校内志愿服务，学校只在相关节日如学雷锋日、重阳节等日子比较重视志愿服务的开展。参与校外志愿服务的学生占比较少，且大多数是学校接到社会任务或学生利用假期自行参与的志愿服务活动。

三、发展困境

（一）学生全员认知之困

大多数中职学生对公益精神缺乏正确的认识，不能正确认识公益与自身学习成长的关系和对社会发展的作用。因此缺乏主动参与公益活动的意识，大多数志愿服务是学校和班级等组织完成的，学生主动参与度不高。此外，由于认知能力的限制和专业水平的不足，学生的志愿服务能力也亟待提高。

（二）活动内容浅层次之困

中职学生的志愿活动缺乏系统的规划，活动持久性不强。一般中职学校志愿者服务队开展的大多是松散的、零星的、仍处于"学雷锋"等浅层次的社会服务活动，缺乏专业化管理、完善的长效工作机制和活动运行机制、系统的规划和明确的指向性，公益活动形式单一，活动持久性不强，影响力不够。

（三）活动力度不强之困

中职学校志愿服务活动缺乏专业的平台引领，活动规范性不足。当前社会机构对中职学生志愿活动的开放度并不高，由于中职生大多数还处于未成年阶段，以在校生为主体，以低年级学生为中坚力量，活动的开展多局限在校内。同时由于志愿服务活动缺乏激励机制，缺乏自上而下的政策性宣传教育引导，所以中职学生参与志愿服务的积极性不高，不利于志愿服务活动的开展。

四、对策建议

在中职学校推广志愿服务，动员更多中职学生参与志愿服务，推动中职生志愿服务常态化，不仅有利于提高中职学生思想道德水平和综合素质，更对我国青年志愿者队伍的发展壮大有重要的意义。

（一）学校管理

创新学校志愿服务管理模式，转变中职学校志愿服务教育观念。学校结合工作实际、学生特点和专业特色，将志愿服务纳入学校教育管理范畴，建立志愿服务档案，制定完善的志愿服务政策和机制并落实。

（二）激励机制

利用德育学分制及其他激励机制，提升学生社会责任意识。利用学校德育学分制，完善志愿服务积分体系，构成学生毕业的必要条件，推动学生认识并参与志愿服务，从中感悟社会责任。完善志愿服务其他激励机制，让更多学生主动参与志愿服务。

（三）培育特色

打造中职志愿服务特色，多种形式助推志愿服务发展。利用中职学生专业学习技能，提升学生志愿服务专业度，以"理论＋实践"和"校内＋校外"等形式，结合社会力量，丰富志愿服务活动项目，增强中职学生的参与度。

未来展望

弘扬工匠精神，传播工匠文化，对我国当代青年志愿服务长效机制的建立有着重要的战略指导意义。工匠精神是追求卓越的敬业精神，是精益求精的品质精神，是用户至上的服务精神，这与志愿服务所追求的奉献、友爱、互助、进步的精神不谋而合。希望未来在中职学校志愿服务活动的深入开展中，能将工匠精神融入思政课堂，转变认知，将工匠精神真正内化于心，持续推进中职学校志愿服务活动的开展，将课堂专业所学用于志愿服务活动，通过实践活动的开展，塑造更多的青年"志愿工匠"。

成都电子信息学校　徐永志

培育志愿工匠，中职学校在行动

——以成都电子信息学校红柳志愿工匠社团建设为例

开展志愿服务体验活动是新时代提升中职学生道德水平的重要途径。中职学校因其以专业分类开设课程的特点，而与社会建设、经济发展及产业升级有着紧密联系，为将志愿精神和工匠精神融入德育提供了得天独厚的条件。笔者以成都电子信息学校为例，在习近平新时代中国特色社会主义思想指引下，以社会主义核心价值观为基石，以红柳志愿工匠社团为阵地，以"志愿工匠"培训课程为核心，探讨如何开展志愿者精神和工匠精神的融合教育，以期在为社区、特教机构、养老中心等提供专业技能性的服务行动中锤炼志愿工匠精神，用"技能让生活更美好"的理念引导社会形成崇尚技能、尊重劳动、鼓励创造的精神风貌，实现个人价值与社会价值的高度统一，促进社会的和谐与发展。

一、研究背景

（一）政策依据

伴随着国家的改革开放和发展，特别是在党的十八大以来的新时代中国特色社会主义建设中，职业教育作为一种类型教育的重要地位和作用日益突出，要将立德树人根本任务落实到教育教学各个环节和领域。《中等职业学校德育大纲（2014年修订）》将"志愿服务"作为重要育人载体，《中国学生发展核心素养》将理解技术与人类文明的有机联系以及主动参与公益活动作为社会责任的重要内容。我们要通过志愿工匠的培育，弘扬志愿精神和工匠精神，将国家教育政策落到实处，引导中职学生树立"尽我所能，帮助他人，奉献社会"的价值观，在为社会和国家创造幸福的过程中实现个人幸福。

（二）理论依据

习近平关于教育的重要论述是对马克思主义关于人的主体性思想的继承和发展，是新时代中国教育改革的根本指导思想。教育要以学生为主体，充分发挥学生在教育活动中的自主性、能动性和创造性，培养学生的发展核心素养，促进学生健康成长。通过志愿服务的实践可以培养学生的主体意识和能力，使其在体验和经历的过程中提高道德品质，成为具有健全人格和社会责任的公民，成为高素质劳动者和技术技能人才。

（三）实践依据

在《中等职业学校德育大纲（2014 年修订）》颁布后，成都电子信息学校随即开始组建志愿者服务队，由党员和非党员教师以及学生志愿者组成，将志愿服务纳入党团共建的重要内容，始终坚持"统一领导、全面策动、广泛参与、循序渐进"的工作原则，完善机制加强管理，提高志愿者相关知识和技能，发挥志愿者的积极作用。对已经毕业的学生志愿者进行调查分析发现，学生基本具备服务社会的意识，知晓志愿服务的活动规则和流程，能够运用专业技能提高服务质量，学生的诚信、自信等积极品格得到发展。这些为新时代培育志愿工匠奠定了良好的基础，可以根据学生所学专业，将传统志愿者培育转型为志愿工匠培育，建立健全培训课程，丰富实践途径，在志愿工匠服务活动中实现学生发展和社会服务的统一。

二、实践主题

笔者以成都电子信息学校为例，组织开展"中职学校志愿工匠培育"的实践活动。

（一）主题内涵

志愿工匠是自愿无偿地付出时间和精力，发挥智慧、知识、技术、技能等专长为他人和社会提供精心、精准、精细和精致服务的志愿者。这是志愿服务在新时代背景下的发展趋势，由志愿者队伍中具有某种专业能力的人才和工匠中乐于奉献的人组成的群体，具有自新、专业、诚信、奉献、和美等精神品质。中职学生正处于青春期向青年期过渡的重要时期，以习近平新时代中国特色社会主义思想为引领，以社会主义核心价值观为基石开展志愿工匠培育，有助于学生形成正确的世界观、人生观、价值观，实现德智体美劳全面发展。

（二）培育目标

促进学生在志愿工匠精神、综合素质、技能专长等方面的发展和健全人格的形成，树立"尽我所能，帮助他人，奉献社会"的价值观和人生观，唤醒学生的道德自觉，增强社会责任感和使命感。

（三）活动框架

针对不同专业类型的学生，衔接不同类型的志愿服务，以培养其专业服务技能及综合素养，构建志愿工匠服务活动框架（如表1所示）。

表1　志愿工匠服务活动框架

专业类	服务项目
电子技术应用	小家电维修、基础电路维护等
旅游服务与管理	礼仪接待活动、茶艺培训等
汽车运用与维修	汽车基础保养、汽车基本常识介绍等
计算机应用	计算机日常维护、活动海报制作等
幼儿保育	文艺活动表演、社区老年人或儿童陪伴等

三、培育实施

（一）社团实践基地建设

红柳志愿工匠社团（以下简称"社团"）是成都电子信息学校培育的服务品牌。"红"代表着喜气、温暖、热烈、勇气和激情；"柳"代表着顽强的生命力，象征平凡而伟大的精神，体现出中职学生不怕困难、勇于挑战、自强不息的精神。"红柳"旨在将志愿服务精神与工匠精神相融合，引领中职学生用专业技能开展志愿服务，弘扬社会主义核心价值观，树立"尽我所能，帮助他人，奉献社会"的价值观。

按照校内和校外两个系列建设实践基地，结合社团的成员情况分别开展校内服务和校外服务。校内服务主要以班级为单位进行为期3天的志愿服务，通过安排将学生分配到各个部门或岗位，针对教师和学生的需要进行服务，通过服务让学生了解学校的相关机构和职能配置，形成爱护校园、互帮互助的意识。校外服务依据领域和志愿者所学专业的不同，如特殊学校、公园管理、敬老院、社区照护等，有针对性地开展服务活动，实现志愿服务活动的系统化和专业化，在行动中展现中职学生良好的精神风貌，提高职业教育的社会认可度。

（二）建立协作培育机构

学校成立了学生素养教育工作小组，以社团为载体，以指导教师为主导，吸纳教师、家长及社区力量加入培育工作。社区为学生志愿服务提供场所；教师特别是党员教师向社区党员群众宣传习近平新时代中国特色社会主义思想及国家各项政策等；发挥家长的专业特长，通过家长志工进校园参与学生教育活动，给学生带来不一样的课堂体验。家校社一体化协同培育机制有效地促进了中职学校的志愿工匠培育。

（三）开展培育活动

针对不同专业类型的学生，衔接不同类型的志愿服务，开展志愿工匠的培育实践，培养学生的专业服务技能及综合素养，锤炼志愿工匠精神。学校在培育过程中逐步形成体系化的培育活动，如电子技术应用专业学生开展家电维修，教育类专业学生参与社区育儿帮扶，康养专业学生到社区日间照护中心帮助老人，旅游类学生参与各种赛事及会展服务等。

四、培育成效

（一）学生层面

社团成员在形式多样的服务活动中获得积极的情感体验和较大的能力提升，人际交往能力、综合协调能力、表达书写能力等都有显著提高。从社团中诞生了一大批优秀人才，他们荣获了市区级三好学生、优秀团员、优秀学生干部等荣誉称号。通过学校宣传等方式树立志愿者在其他学生心中的高大形象，在其他学生心中，社团是一个高尚的组织，社团成员是一群无私友爱的优秀青年，以此来激发学生的尚美之心、奋发之情和加入社团之志，促进学生树立正确的世界观、人生观与价值观。

（二）学校层面

通过志愿工匠培育实践，在学校内形成积极向上的氛围，学校利用活动带来的向善因子，扩大其影响力，能从侧面对学校的教育教学起到良好的推动作用。在学校创建国家职业教育改革创新示范学校、教育部中外人文交流建设项目学校、四川省三名工程"四星"学校、成都市教育国际化窗口学校等重要建设项目中，都有很多志愿工匠的身影，为学校发展做出贡献。

（三）社会层面

志愿工匠对社会带来的影响是积极正面的，是有形且显著的。以李春兰老师为例，作为四川省特级教师，先后参与四川省人社厅"智兴天府专家行"活动，以及脱贫攻坚和乡村振兴的智力帮扶活动，为多地市教育系统无偿开展教师培训及教学指导，用实际行动弘扬志愿工匠精神，扩大中职教育及成都电子信息学校的影响力。其他师生在双流区各机关单位、社区及公共场所开展的志愿服务活动，为区域社会建设贡献了中职教育的力量。

成都电子信息学校　何颖

志愿工匠

——创造美好世界的重要力量

"当有人需要帮助时，大家搭把手、出份力，社会将变得更加美好。"习近平总书记用朴实的语言诠释了中华优秀传统文化所蕴含的仁爱、奉献、善良等思想精华和道德精髓。我们应大力弘扬爱国主义精神、雷锋精神、志愿精神、工匠精神、劳模精神，让更多的大国工匠、劳动模范、技术能手参与志愿服务，让志愿服务更加专业化，让工匠的精神价值更加彰显，培养新时代的志愿工匠，使其成为推动实现中华民族伟大复兴中国梦的时代新人，成为构建人类命运共同体、创造美好世界的重要力量。

一、志愿工匠的产生背景

（一）中国志愿服务的发展

伴随着新中国的成立和发展，中国开启了独立探索社会主义建设的新篇章，涌现出了雷锋精神等志愿精神的典型代表。改革开放推动了中国特色社会主义建设事业的发展，也推动了中国志愿服务与国际志愿服务的接轨与融合。1993年12月，2万余名青年打起了"青年志愿者"旗帜，在京广铁路沿线开展为旅客送温暖志愿服务，标志着中国青年志愿者行动正式启动。2012年以来，新时代志愿服务在志愿者数量、服务时间及服务领域等方面迅速增长和扩大，中华优秀传统文化赋予了"奉献、友爱、互助、进步"的志愿服务精神以新的内涵。

（二）中国工匠及精神传承

工匠精神沿着中华文明的历史足迹来到了新时代，呼唤工匠人才、弘扬工匠精神成为中国建设现代化强国的自觉行动。党的十九大报告中强调建设知识型、技能型、创新型劳动者大军，弘扬劳模精神和工匠精神，营造劳动光荣的社会风尚和精益求精的敬业风气。在党和国家的大力倡导下，关于工匠精神的哲学思考、理论研究、培育实践蓬勃兴起。"敬业、专注、精致、创新"的新时代工匠精神在各行各业工匠人才的行动中得到诠释和展现，成为全社会崇尚和敬仰的精神品质。

（三）新时代的志愿工匠精神

党的十八大以来，中国消除了绝对贫困，全面建成小康社会，完成了从站起来向富起来的历史转变，并向全面建成社会主义现代化强国、实现中华民族伟大复兴的中国梦迈进。"奉献、友爱、互助、进步"的志愿精神和"敬业、专注、精致、创新"的工匠精神在这个伟大的新时代相遇，孕育和发展出中国特色的志愿工匠精神，培育新时代志愿工匠，成为人才培养和社会文明建设的重要内容。

二、志愿工匠的精神内涵

（一）志愿者和志愿精神

志愿者是指不以获得物质报酬为目的，利用自己的时间、技能等资源，自愿为国家、社会和他人提供服务的人。志愿服务是指志愿、无偿地贡献自己的时间、精力、知识、技术、技能等资源造福他人、提升个人精神价值、促进社会进步与和谐的行为，具有志愿性、无偿性、公益性、组织性等特征。联合国提出的志愿精神为奉献、友爱、互助、进步，其内涵如表1所示。

表1 志愿精神内涵

要素	内涵	价值
奉献	奉是给予，献的原意为献祭，即把实物或意见等恭敬庄严地送给集体或尊敬的人。奉献就是不图利益和回报的付出	不为报酬、不为名利的付出是志愿精神的精髓，是推动社会文明与进步的崇高精神品质
友爱	指人与人之间不受国度、民族、性别和年龄等差别的限制而建立起的相互理解、信任的情感及人际状态	这种跨越国界、贫富、文化、种族等的平等之爱是促进人类和平与安全的重要力量
互助	指通过志愿服务活动，帮助那些处于困境和危机中的人们。受助者走出困境后也参与到志愿服务行动中	这种"互相帮助、助人自助"的精神唤醒人们的仁爱和慈善，付出所余，持之以恒地真心奉献
进步	志愿者通过参与志愿服务，使自己的能力得到提高，同时促进了社会的进步	既促进个体和社会的进步，也推动志愿服务走向高质量和专业化

（二）工匠和工匠精神

工匠在历史上是指具有专业技能、精湛技艺和高度敬业精神的手工艺人或技术工人。工匠精神指工匠们在长期的训练和实践中，掌握了某种特定的手艺或技能并在生产和制造的过程中表现出的精益求精、务实严谨等精神品质。随着新时代中国从工业大国走向工业强国、从中国制造走向中国创造、从小康社会走向现代化强国的发展进程，"敬业、专注、精致、创新"的工匠精神也被赋予了新的内涵（如表2所示）。

表2 工匠精神内涵

	内涵
敬业	是基于对职业的敬畏和热爱而产生的一种全身心投入的认认真真、尽职尽责的职业精神状态
专注	是一种对工作执着、内心笃定而着眼于细节的耐心、坚持的精神
精致	即精益求精，是对每件产品、每道工序都凝神聚力、精益求精、追求极致的职业品质
创新	是追求突破、追求革新、推动世界进步的重要力量

（三）志愿工匠精神

志愿工匠是志愿无偿地付出时间和精力，发挥智慧、知识、技术、技能等为他人和社会提供精心、精准、精细和精致服务的志愿者。这是新时代背景下成长起来的一个新的群体，是由志愿者队伍中具有较高专业能力的人，是工匠人才中乐于奉献的人组成的群体。这样的群体具备"奉献、友爱、互助、进步"的志愿精神和"敬业、专注、精致、创新"的工匠精神，进而融合形成"自新、专业、诚信、奉献、和美"的精神品质（如表3所示）。

表3 志愿工匠精神内涵

	内涵
自新	指不断自主学习，自我更新，不断提升社会适应性
专业	指技艺精湛，在本行业领域处于思想、理念和技术领先地位
诚信	指用专业能力和技术诚实工作、精益求精的品质
奉献	指用专业能力帮助他人、服务社会、奉献祖国的品质
和美	指拥有人类命运共同体的思想格局，为人类进步与和平而努力

三、志愿工匠的服务活动

根据产业划分及《中华人民共和国职业分类大典》，新时代中国志愿工匠的服务活动可分为工程技术类、人文社科类、综合类等。职业院校可结合专业分类开展志愿工匠的培育与实践。

(一) 工程技术类

该类志愿工匠通过提供技术支持、技能培训、科技创新与研发、自然灾害应急响应等方面的专业服务为国家进步及世界和谐做出贡献。国内的多省市及地区陆续成立了以劳模、工匠、技术能手为主体的志愿服务队，展示了中国志愿工匠的精神风貌。如浙江省劳模工匠志愿服务队在2024年2月开展了"开工第一助"活动，队员中一半以上成员领衔省级及以上劳模创新工作室，其中有4名全国技术能手、5名省技术能手，他们用精湛的技能、渊博的知识和丰富的经验帮助企业解决生产技术难题，取得"开门红"。

也有很多专业团队代表国家出境援助，如中国工程团队赴加纳共和国开展造井取水服务活动，是志愿工匠代表国家出境援助的典型案例。加纳的地理环境使得地下水埋藏较深，因技术条件有限，当地居民难以自行解决供水问题，中国工程团队克服了恶劣的交通条件和艰苦的生活环境等重重困难，最终在加纳多个省份成功建造了1029口井，满足民众的日常生活和农业发展所需。随着"一带一路"建设的展开，中国志愿工匠为沿线国家在铁路发展、医疗卫生、地质勘探、灾后重建等方面提供了许多专业性服务，为建设美好世界做出了重大贡献。

(二) 人文社科类

美好世界与和谐社会的建设不仅需要技术的发展和进步，也需要文化建设和文明发展，这就是人文社科类志愿工匠的价值所在。如南京志愿工匠团队用自己的行动在国际舞台上展示出中国风采，有的参与了圭亚那低碳经济发展战略草案的修改和制订，有的到柬埔寨西港中柬友谊理工学院开展中文教学，有的参加助老志愿服务……他们用自己的专业知识为美好世界的建设发光发热。再如长沙心理志愿服务队为公交车驾驶员开展心理健康知识讲座，帮助他们充分认识到心理健康的重要意义，学会自我调节情绪，保持良好平稳的心态，保障行车安全。

(三) 综合类

也有很多志愿工匠团队的组成是跨领域、跨行业的，不仅展示了精湛的技术，也展现了人文力量和价值，更体现了对人类和世界的关怀。如四川省人社厅专家中心所集结的专家，均是各领域技术、学术或管理方面的拔尖人才，堪称新时代综合型的志愿工匠团队。党的十八大以来，四川省人社厅以需求为导向，根据各市、县的帮扶需求组织相关专家持续开展的"智兴天府专家行"活动，不仅涉及传统的农林牧副渔等领域的技术帮扶，也有产业规划、工业园区建设、城市规划、文卫教体、基层社会治理以及文化遗产数字化保护等，为脱贫攻坚做出了突出贡献，在乡村振兴中提供更高更精更专的服务。

四、志愿工匠的意义

志愿工匠在不同的领域和行业中的志愿付出和奉献，不仅带给人民获得感和幸福感，也对推动社会进步和人类文明发展具有很大的意义。

（一）传承并弘扬中国精神

在庆祝中国共产党成立 100 周年时，党中央发布了第一批纳入中国共产党人精神谱系的 46 种伟大精神。"自新、专业、诚信、奉献、和美"的志愿工匠精神与这些伟大精神高度契合，志愿工匠在服务行动中坚定"四个自信"，可以延续中华民族的文化根脉，让中国精神在新时代焕发出新的风采。

（二）建设和谐社会

志愿工匠以自己的奉献和付出为社会、他人提供了实质性的帮助，在社区建设、环境保护、教育、医疗等领域发挥着重要的作用，以自己的行动传递着公益精神，引领更多的人关注和参与公益事业，这有助于形成相互尊重、关爱和帮助的社会风尚，有助于形成积极向上的社会氛围，推动和谐社会的建设。

（三）构建人类命运共同体

志愿工匠跨越国界、种族、信仰、文化等差异开展社会公益活动，这种交流和合作，有助于增进理解和尊重，减少误解和偏见。志愿工匠依据专业技能为解决全球性问题提供解决方案并参与行动，有助于推动构建人类命运共同体。

结束语

职业院校对接产业设置专业，中职学生在学习文化和理论知识的同时接受专业技能的训练和培育，具有成为志愿工匠的得天独厚的条件。各专业学生在实践过程中弘扬志愿工匠精神，承担社会责任和担当，这不仅有利于学生的成人成才，成为创造美好世界的重要力量，也有利于和谐社会的建设。

成都市工程职业技术学校　高燕

后记

出版学术著作，对我而言就是"高山仰止，景行行止"。在各种机缘聚合之下，我和工作室老师们一起把在教育实践中的所思所悟整理为《自育育人·育人自育：积极心理学视角下的中小学班级治理实践》一书，理论成分不够多，学术水平不够高，但还是以学术著作的形象出版，以此表达对学术的顶礼膜拜，向老师们的探索精神致敬！

时光倒回到1981年9月，我考上了高中——双流县中和中学。那时，高中还是两年制。我的升学成绩中等偏上，入学时，爸爸找到徐智谋校长，问我能不能读理科重点班。徐校长看了我的各科成绩后，说："这个娃儿是个学文科的料，建议先到中等班学习，高二分文理科时读文科班。"当时我很不开心，徐校长对我的判断未免也太武断了。未等高考来临，徐校长就去世了，但他的话却始终与我的命运相连。1983年5月，我参加预考，勉强上线。7月高考结束后，我爸爸又和教务处主处任王炳康老师一起讨论我的志愿填报问题，那时是盲填，也就是在分数出来之前就填志愿，志愿的选择就显得相当关键了。他们问我喜欢什么，我说我不知道喜欢什么，但是我知道不喜欢什么，我不喜欢和钱财打交道、不喜欢和机械打交道。他们俩异口同声地说："去教书，当老师，永远和人打交道，而且是年轻人！"就这样，我的志愿从中专到大专再到本科，全部填的师范院校，并且都填报了一个新开设的专业——政治教育。后来我很幸运地入读了四川师范学院的政教系（现在更名为马克思主义学院了，学校在我大学毕业前夕也升格成为四川师范大学）。多年以后回想起来，徐校长的判断不仅不武断，甚至可以用"为学生提供适合的教育"来表达老校长的办学智慧。如他所言，我在文科的道路上的确走得更深更远了。

1987年毕业后，我被分配到双流县于1985年新建的一所省级重点高中——华阳中学（后来更名为四川省华阳职业高级中学）任教，成为一名中学思政教师。2008年，我调入成都电子信息学校担任副校长。无论单位由普高变为职高，还是课程名称由政治课变为德育课、思政课，我教学的内容始终围绕思想政治教育，教学的对象也一直是处于青春期的孩子。2010年11月，我被评为四川省特级教师，12月有幸成为双流区名师工作室导师。10多年来，我与来自小学、初中、普高和职高的年轻优秀的老师们一起，更加系统地探讨了6～18岁学生们的思想教育、品格发展、道德成长，为促进学生们的学业水平提升，引导学生们进行职业生涯规划做出了努力。我实现了我最初的梦想：永远与人打交道，永远与年轻人打交道！无论是青春期的学生，还是年轻有为的老师，都是最富朝气、最有梦想的人，他们身上有敢于尝试、不怕失败的精神！

对于出生于20世纪60年代的人来说，多姊妹、物资紧张、读书机会少是大多数家庭普遍面临的问题，我的父母却能够保证全家吃饱饭，保证每个孩子有学上，尤其在当时"黄荆条子出好人"的家教观念盛行的环境下，我的父母却从不打骂孩子，这实在难得。我的母亲发明了一种特别的教育方式——"跪香"。如果我们犯了错误，她会看在眼里，不吭声，照样一日三餐，该干吗干吗。等星期六下午父亲从单位回家，坐下、泡好茶，再点上一支香烟的时候，母亲就会扔一个垫子到爸爸面前，有时是两个垫子，再点燃一炷香。这个时候，姊妹中犯了错的人就自己主动跪到垫子上去，一般而言都是我和三姐去跪。母亲边做家务活边和父亲聊天，当我们不存在一样。饭煮好了，差不多香也燃完了，母亲就叫我们起来洗手吃饭，当作什么事都没发生过一样。批评，没有；挨骂，也没有；在父亲面前数落我们，还是没有。母亲用这种静默的方式让我们自己反思。如果下次还犯同样的错误，母亲就会找我们谈话了，以各种故事来教给我们做人的道理和需要遵守的规矩。

"跪香"给予了我反思的品格和自我修正的能力，这让我受益终身。因此，在建立工作室之初，我的脑海里自然而然地就冒出了"自育育人·育人自育"八个字，这是父亲母亲赐予我的宝贵人生经验：如果自己不想改变，那么谁也改变不了你。我以此激励自己和来到工作室的优秀老师们，勇于自我革命，敢于自我改变，成为更好的自己，也成为学生成长路上的引路人！

我一直在接受教育和从事教育的交织中前行，教育是传递光、传递爱、传递希望的事业，这是我对教育最深切的认知。

工作以后，无论是面对普高学生还是中职学生，我只要一站上讲台就激情昂扬。多年后遇见已毕业的学生，我以为他们会记住我教给他们的知识、能力和品格，而学生们却说他们记忆最深刻的是我很爱他们。一个学生曾对我回忆起，读书时他因家庭困难，高中毕业后无钱复读，到菜市场卖菜，攒够一学期的学费后再去报名复读，重新参加高考，我曾到他复读的学校看望他，和他在操场散步聊天，他复述了全部聊天内容，而我却一点记忆也没有。这种记忆的反差还有很多，学生们关于"我爱他们"的各种描述时常让我感到惊讶，学生和老师关于记忆的重点竟有如此大的不同。

在后来的工作中，我先后随教育团去了德国、泰国、澳大利亚等国家以及中国台湾地区，到台湾的综合高中、澳大利亚 TAFE 学院、德国双元制职业学校与工厂等进行考察学习，学习他们的法律政策、办学模式、课程与教学法、考核与评价方式等，但真正让我记忆深刻的还是"老师对学生的爱"。记得在澳大利亚新南威尔士州的一所小学里考察学习时，校长和副校长陪我们参观校园，走到一个楼梯拐角处，看到一个男孩独自坐着哭泣。校长立刻示意我们一行人安静地绕开而行，而副校长则过去坐在男孩子旁边，一只手搭在他的肩上，静静地陪着他。后来，我们回到会议室后，那位副校长也过来了，她告诉我们这个男孩与同学发生言语冲突后感觉很委屈，所以躲到那里哭，她陪着男孩子的时候一直没有说话，等他平静下来后主动告知事情原因，她征求男孩意见，询问他是陪他去处理冲突还是男孩自己去。男孩说他想自己去，这个副校长就给予了男孩处理的建议。其实，男孩不只是处理好了与同学的冲突，其实也处理好了与自己内心的冲突。

亲身经历和亲眼见证了这些事情后，我终于理解了为什么在学生心中最重要的是"老师的爱"。因为爱的本质是付出，是不求回报，考量爱的给予者的无私、耐心、奉献和大度。教育是一项传递爱的事业，教师就是爱的使者。

2010年12月，我在国家教育行政学院参加由教育部举办的校长培训项目，培训期间设有学员论坛，探讨中职学校的工学结合、校企合作、订单培养、师徒制等人才培养模式。我代表我们班级上台分享时，以"寡蛋"为主题阐述了自己的看法。母鸡孵化小鸡的时间大约是一个月，等孵化到第10天左右时，会将鸡蛋取出搁到一盆40多度的温水里，等待几分钟后，一些鸡蛋会开始摇动，摇动的鸡蛋将被捡起，擦干后重新放回母鸡窝继续孵化，其余不动的鸡蛋则被称为"寡蛋"，也就是不能孵化出小鸡的鸡蛋。在那个困难年代，这些"寡蛋"是不会被扔掉的，人们会加上香料或煎或煮或蒸来吃。中职学生就好比是经过"中考"被筛选出来的"寡蛋"，不能进入普高去考大学，只能就读中职学校，而中职学生也时常被看作是中考的"失败者"。如果不改变应试教育模式，就无法改变中职学生是中考"失败者"的身份定义；如果不改变中职学校不能升学的现状，那么中职学校对于学生的人生发展而言就是"断头路"，一个个15岁左右的青春少年就会被判定为没有希望的人，这是多么残酷的事情。在这样的大背景下去讨论中职的各种教育模式就正如对"寡蛋"是蒸、是煎、是煮一样，方式再多也改变不了它不能孵出小鸡的命运。

党的十八大以来，党和国家把职业教育放到与普通教育同等重要的地位进行统筹谋划，强调要加快现代职业教育体系建设，从政策上、理论上、实践上为中职学生的学业发展、学历提升和职业生涯打通了多元化的成长通道，彻底改变了中职教育是"断头路"的局面。当我随省人社厅"智兴天府专家行"到各县市参加精准扶贫、乡村振兴等教育支持项目时，我总是传递这样的梦想：虽然职业教育是一种类型教育，但它的学生是经过了九年义务教育的，希望小学、初中学段的学校加快校本课程建设，为学生的兴趣培养和潜能发掘创设条件。中考后，学生可以不再以"失败者"的身份而是带着兴趣和尊严进入中职学校，那么未来实现高质量就业、升入高等院校、出国留学等就都是有可能的。个人的多元化发展，对国家而言就是人才的多元化发展。习近平总书记说："人民对美好生活的向往，就是我们的奋斗目标。"党的二十大报告指出，教育是提高人民综合素质、促进人的全面发展的重要途径，教育、科技、人才是全面建设社会主义现代化国家的基础性、战略性支撑。这些思想传递出一个声音：教育创造美好生活！

李春兰

2024 年 5 月